粒子理論の教授学習過程の構成と展開に関する研究

片 平 克 弘 著

風 間 書 房

まえがき

　本書は，粒子概念の形成を目指した化学の教授学習過程の構成に関する研究成果をまとめたものである。

　すべてのものが原子レベルから構成されているとする粒子理論は，自然事象を統一的に理解するために欠かせない理論である。むろん理科教育においても，原子や分子の構造や性質に係わる粒子理論の学習は，粒子概念を形成することの重要性の主張と相まって中心的な位置を占めている。原子概念や分子概念は，素朴な物質認識から直接的に派生しない概念であり，理科授業を通して新たに学習しなければならない概念なのである。

　粒子理論の学習では，物質を連続体として捉える認識から粒子から成るものとして捉える認識への転換，静的な粒子認識から動的な粒子認識への拡張，そして，最終的には原子や分子に基づいた物質認識の形成が目指される。その過程において，各学年段階に相応しい内容をいかに選択し，それをどのように扱うかということが，難しい課題となっている。

　こうした課題に対して，粒子理論の教授学習過程に関連する多様な研究がこれまでに展開されてきた。研究関心に応じてそれらを分類すると，次の三つに大別することができる。第一に，子ども達の粒子認識の実態に関する研究である。第二に，種々の誤った粒子認識から，科学の正規の粒子理論に変容・変換する理論，いわゆる概念変容（conceptual change）の理論を解明する研究である。第三に，第二の概念変容の理論をも踏まえて，子どもが正規の粒子理論を構成する教授学習過程の在り方を探る研究である。

　これらの研究成果は，子どもの粒子概念の形成に資するものであるが，一方では不十分な点やさらに解明を要する点がいくつか見出される。第一に挙げた粒子認識の実態に関する研究では，物理分野とは対照的に，化学分野の

理論，とりわけ粒子理論をテーマとした認識研究は，それ自体の数が少なく，見られる先行研究も特定の現象や文脈（固体・液体・気体，湯気，空気等）に限定されており，子どもの年齢や発達段階に基づく縦断的なデータはほとんどない。第二に挙げた概念変容の理論を解明する研究では，国内外において，ミスコンセプション（misconception）の根強さやそれによる深刻な影響は解明されてきたが，それらを科学的知識に変容させるための概念変容アプローチの開発は十分に行われておらず，概念変容アプローチで用いられる「葛藤の生起」の有効性や，学習形態としての「共同（協同）学習」の必然性が明らかにされていない。第三に挙げた粒子理論の教授学習過程の在り方を探る研究では，粒子理論に基づく粒子概念は教授すべき概念と考えられており，概念変容理論に基づく教授学習過程研究が極めて少なく，また，長期間に渡るデータ収集が困難なために粒子概念の形成過程が十分に解明されていない。

　こうした状況を踏まえ，本研究では「物質の粒子性」に焦点を当て，粒子概念形成の有効なアプローチを探り，その効果を実際の理科授業で検証することとしたい。具体的には，次の三点を主たる研究課題として設定した。第一に，「物質の粒子性」に関する子どもの認識の発達的特性を明らかにすることである。第二に，構成主義特有の概念変容モデルを分析し，理科教授における有用性を明らかにすることである。第三に，「物質の粒子性」に関する概念変容を目指した授業デザインを構想し，検証するとともに，実証研究から得られたデータの分析結果をもとに，新たな粒子理論の授業デザインを提案することである。

　本研究は粒子理論の教授のための基礎研究であり，生徒が教室に持ち込むミスコンセプションを活かした粒子理論の教授を念頭に置き，「知識は構成されるものだ」とする知識観や，生徒の「学習への責任」を強調する構成主義の原理に基づく授業デザインを構想し，実践を試みている。一般に，子ども達は，様々な概念を日常世界の中で獲得し，学校教育を通してそれを変化させている。このような概念の獲得や変化は子ども達の認知発達の基盤であ

る。ところで，彼らが教室に持ち込むミスコンセプションは日常世界の中では何ら不都合がなくても，学校教育の中では誤った概念として修正を求められる。とりわけ，科学概念を扱う理科の中では，学習者にミスコンセプションの修正を求めなければならないのである。

　本書は，筆者が2011年（平成23年）に筑波大学に提出した博士学位請求論文（「粒子理論の教授学習過程の構成と展開に関する研究―構成主義に基づく理科教授の構想と実践―」）に基づくものであり，書籍としての体裁を整えるため，若干の加筆修正を行ったものである。公刊に当たっての標題を「粒子理論の教授学習過程の構成と展開に関する研究」と改めた。
　なお本書は，独立行政法人日本学術振興会平成27年度科学研究費助成事業（科学研究費補助金）（研究成果公開促進費　課題番号15HP5208）の交付を受けて刊行するものである。

2016年1月

片平　克弘

目　次

まえがき

序章　研究の目的と方法 …………………………………………………… 1
　第1節　本研究の目的と方法 …………………………………………… 3
　第2節　本研究で使用する用語の定義 ………………………………… 12
　　第1項　諸外国の構成主義研究で使用される用語 ………………… 12
　　第2項　本研究で用いる用語の定義 ………………………………… 15

第1章　理科教育における構成主義と概念変容の理論 ……………… 25
　第1節　近年の構成主義の展開と課題 ………………………………… 27
　　第1項　構成主義の基本的立場 ……………………………………… 27
　　第2項　特定の立場からの構成主義の展開 ………………………… 31
　　第3項　社会構成主義の台頭 ………………………………………… 37
　　第4項　構成主義アプローチの課題 ………………………………… 40
　第2節　理科教育における構成主義 …………………………………… 43
　　第1項　理科教育における構成主義研究 …………………………… 43
　　第2項　構成主義研究とミスコンセプション ……………………… 45
　　第3項　構成主義研究と理科カリキュラム ………………………… 51
　第3節　概念変容理論と概念変容アプローチ ………………………… 57
　　第1項　概念変容理論 ………………………………………………… 57
　　第2項　一貫しているミスコンセプションに対する概念変容アプローチ … 59
　　第3項　断片化しているミスコンセプションに対する概念変容アプローチ … 63
　　第4項　概念変容を目指した他のアプローチ ……………………… 65

第2章　粒子理論の教授内容と児童・生徒の粒子認識 79
第1節　理科カリキュラムと粒子理論の教授内容 81
第1項　学校教育で扱われる粒子理論 81
第2項　現行学習指導要領理科で扱われる粒子理論 83
第3項　粒子理論の授業構成 85
第2節　児童・生徒の粒子認識の実態 86
第1項　「物質の粒子性」に関する諸外国の児童・生徒の実態 87
第2項　「物質の粒子性」に関するわが国の児童・生徒の実態 95
第3項　「空気」の認識に関するわが国の生徒の実態 104
第3節　生徒の粒子認識の変化 109
第1項　討論や協働作業の中で見られた生徒の粒子認識 109
第2項　メタ認知から探ったイオンに関する生徒の粒子認識 120
第3項　物質量（単位 mol）の学習時に見られた生徒の粒子認識 136

第3章　構成主義に基づく粒子理論の授業デザイン 147
第1節　粒子理論の授業デザイン 149
第1項　構成主義に基づく教授方法 149
第2項　構成主義の主張に基づく教授学習環境の条件 152
第3項　構成主義の主張に基づく教授やカリキュラムの条件 157
第2節　概念変容の教授アプローチとしてのコンフリクトマップ 161
第1項　コンフリクトマップの特徴 162
第2項　コンフリクトマップの教授シークエンス 167
第3項　本検証授業の化学のコンフリクトマップの構造 173

第4章　粒子理論の教授実践と効果 181
第1節　粒子理論の教授の構成と実際 183
第1項　「気体の性質」の検証授業の構成 183

第2項　「気体の性質」の検証授業の実際 …………………………184
　　第3項　「気体の性質」に対する生徒のミスコンセプションの実態 …………189
　第2節　粒子理論の教授とその効果 …………………………………193
　　第1項　教授学習過程にみられた生徒の概念変容 ……………………193
　　第2項　事後調査に基づく生徒のメタ認知の実態 ……………………213
　　第3項　検証授業による成果 ………………………………………217
　　第4項　概念変容を目指した教授へのコンフリクトマップの有効性 …………218

終章　結語と課題 ……………………………………………………231
　第1節　本研究の成果 …………………………………………………233
　第2節　今後の課題 ……………………………………………………236

引用文献 …………………………………………………………………239
資料 ………………………………………………………………………251
あとがき …………………………………………………………………277

図　目　次

【第 1 章】
図 1-2-1　M. ワッツと A. ジルベルスタジンの調査問題 …………………… 47
図 1-2-2　R.J. オズボーンと P. フライバーグの調査カード ………………… 49
図 1-2-3　電池と豆電球の理解の様子を調査するためのモデル …………… 50
図 1-3-1　D.H. パルマーの調査問題の図（一部）…………………………… 65
図 1-3-2　J. クレメントが主張する「橋渡しアナロジー」………………… 66

【第 2 章】
図 2-2-1　フラスコ内の気体の一部を抜き出す前後の描画 ………………… 92
図 2-2-2　食塩の溶解の問題での応答率の変化 ……………………………… 96
図 2-2-3　三角フラスコから注射器で空気を抜く問題での応答率の変化 … 97
図 2-2-4　物質の粒子性に関する小学生の認識 ……………………………… 100
図 2-2-5　原子や分子からできているものに関する高校生の認識 ………… 102
図 2-2-6　インタビュー法による調査結果（ゆげ，ドライアイス，食塩に対する
　　　　　粒子認識）……………………………………………………………… 105
図 2-2-7　空気の温度による体積変化に関する調査問題 …………………… 107
図 2-3-1　5 人（K 君，G 君，S 君，Y 君，N 君）の粒子認識の変容の全体図 … 111
図 2-3-2　空気の膨張についての実験図（図 1 〜図 5）……………………… 118
図 2-3-3　空気の収縮についての実験図（図 6 〜図 8）……………………… 119
図 2-3-4　三宮によるメタ認知の分類 ………………………………………… 122
図 2-3-5　U さんの変容 ………………………………………………………… 128
図 2-3-6　NT 君の変容 ………………………………………………………… 132
図 2-3-7　モルの理解度に対する生徒の自己評価の変化 …………………… 138
図 2-3-8　モルに対する説明で使用された用語の割合 ……………………… 139
図 2-3-9　学習 1 ヶ月後の定期試験問題 ……………………………………… 141
図 2-3-10　学習 5 ヶ月後の定期試験問題 …………………………………… 141
図 2-3-11　学習 1 ヶ月後の定期試験の結果 ………………………………… 142
図 2-3-12　モル概念獲得状況の判定基準 …………………………………… 142
図 2-3-13　生徒のモルに対する理解の変容 ………………………………… 142

図 目 次

【第3章】
図 3-1-1　学習プロセスの構成主義説の図的表現……………………………149
図 3-1-2　構成主義の教授シークエンスと期待される生徒の認知過程…………151
図 3-2-1　矛盾した事象に対する生徒達の典型的な反応……………………163
図 3-2-2　M.Z. ハシュウェの概念変容モデル……………………………164
図 3-2-3　液体の体積保存に関する M.Z. ハシュウェのモデル………………165
図 3-2-4　矛盾した事象に対応する不十分な適応……………………………166
図 3-2-5　C.C. ツァイの提案する教授シークエンス（一部改変）……………171
図 3-2-6　C.C. ツァイが構想した自由落下の教授シークエンス………………173
図 3-2-7　検証授業構想時のコンフリクトマップ……………………………175

【第4章】
図 4-1-1　中学1年生が描いたシャボン玉の中の気体のイメージ図（1）…………191
図 4-1-2　中学1年生が描いたシャボン玉の中の気体のイメージ図（2）…………192
図 4-1-3　中学1年生が描いたシャボン玉の中の気体のイメージ図（3）…………193
図 4-2-1　Mさんが描いた二酸化炭素の描画……………………………198
図 4-2-2　I君が1回目に描いた二酸化炭素のイメージ図……………………201
図 4-2-3　I君が2回目に描いた二酸化炭素のイメージ図……………………201
図 4-2-4　物質を色で分けたI君の説明……………………………………201
図 4-2-5　Iさんが1回目に描いた二酸化炭素のイメージ図…………………203
図 4-2-6　S君が1回目に描いた二酸化炭素のイメージ図……………………203
図 4-2-7　Iさんが2回目に描いた二酸化炭素のイメージ図…………………205
図 4-2-8　S君が2回目に描いた二酸化炭素のイメージ図……………………205
図 4-2-9　Y君が描いた二酸化炭素ができるときのイメージ図………………206
図 4-2-10　Iさんが粒子的に描いたアンモニアと塩酸から塩化アンモニウムが
　　　　　できる様子……………………………………………………210
図 4-2-11　Kさんが描いたアンモニアと塩酸から塩化アンモニウムができる様子…212
図 4-2-12　気体をイメージすることに関する回答……………………………214
図 4-2-13　「びりゅうし」という用語で説明しているT君の描画………………216
図 4-2-14　検証授業実施時のコンフリクトマップ……………………………222
図 4-2-15　C.C. ツァイの提案する教授シークエンス（図3-2-5を一部改変）……223
図 4-2-16　検証授業構想時の化学の教授シークエンスのモデル図……………225
図 4-2-17　検証授業実施後の化学の教授シークエンスのモデル図……………227

表 目 次

【第1章】
表 1-2-1　伝統的な授業と構成主義の立場に立つ授業の相違点 ………………… 52
表 1-3-1　D.I. Jr. ディクストラが提案した概念変容モデル ……………………… 68

【第2章】
表 2-1-1　小学校・中学校理科の「粒子」を柱とした内容構成 ………………… 84
表 2-3-1　単元学習後の応答パターン ……………………………………………… 124
表 2-3-2　6人の生徒の記述内容 …………………………………………………… 126
表 2-3-3　Uさんの変容過程（振り返り記録用紙・調査用紙の記述から）…… 129
表 2-3-4　NT君の変容過程（振り返り記録用紙・調査用紙の記述から）…… 133
表 2-3-5　Yさんの変容過程（振り返り記録用紙・調査用紙の記述から）…… 134
表 2-3-6　本実践の展開 ……………………………………………………………… 137
表 2-3-7　「生徒がモルの説明に使用した用語」の分類基準 …………………… 139

資　料　目　次

【第2章】
資料1　中学校・高校向けの調査問題 …………………………………………252
資料2　小学校向けの調査問題 …………………………………………………256
資料3　沸騰しているやかんの口から出るゆげに関する応答結果（小学生）………260
資料4　冷凍庫のドアを開けた時に出る白いもやに関する応答結果（小学生）……261
資料5　ドライアイスを入れた透明な袋の膨張に関する応答結果（小学生）………262
資料6　インタビュー調査の問題と回答用紙 …………………………………263
資料7　インタビュー時の児童の回答と児童が描いた絵（ドライアイスの気化・食塩の溶解）……………………………………………………………268
資料8　インタビュー時に児童が描いた絵（水蒸気）………………………273

序章

研究の目的と方法

第1節　本研究の目的と方法

　R.P. ファインマンは「何らかの地殻変動によってあらゆる科学知識が破壊され，たった一つの文章しか次世代の人間に継承されないとしたら，どんな文章を残せば最小限の言葉で最大限の情報を伝えられるだろうか。その文章とは，『万物は原子から構成されている』だ。」と指摘している[1]。粒子理論は人間生活にとってすぐに役立つものではないが，長年に渡る科学者の知的好奇心や探究心とともに発展してきた理論である[2]。近年になるまで，原子そのものを直接目で見ることができなかった[3]ために，「粒子」の実在を巡っては多くの論争が生じた。

　本研究では，粒子理論でいう「粒子」を，原子・分子・イオンなどの物質の構成要素と規定して用いるが，すべてのものが原子レベルから構成されているとする粒子理論は自然事象を統一的に理解するためには根本的に欠かせない理論である。むろん理科教育においても，粒子理論は「物質の粒子性」に関する概念（以下，「粒子概念」）を形成することの重要性の主張と相まって中心的な位置を占めている[4]。粒子概念は日常的な経験を豊かにすることによって身につく自然発生的な概念とは異なり，学校で組織的に学習しなければ身につかない概念である。したがって，粒子理論の教授では，物質を連続体として捉える認識から粒子的な認識への転換，静的な粒子認識から動的な粒子認識への拡張，そして最終的には原子や分子に基づいた粒子認識を目指して段階的に発展させなければならず，小・中・高等学校の学校種に相応しいテーマをいかに教材化し，それをどのように扱うかは難しい課題となっている。

　この課題に対して，「粒子理論」の教授学習過程に関連する多様な研究がこれまで行われてきた。主たるこうした先行研究を研究関心に応じて分類すると次のように3つに分割することができる。第一に，子ども達における粒

子理論の認識・知識の実態に関する研究である。第二に，種々の誤った粒子認識から，科学の正規の粒子理論に変容・変換する理論，いわゆる概念変容の理論を解明する研究である。第三に，第二の概念変容の理論をも踏まえて，子どもが正規の粒子理論を構成する教授学習過程の在り方を探る研究である。

第一の点に関しては，粒子理論に関する子ども達の実態調査を通して，各学校種，各年齢における認識的特性が数多く報告されている[5)6)7)8)9)10)]。

たとえば，代表的な先行研究を見てみると，兵庫らは「原子分子は，生徒にとって極めて抽象的な概念であるが，物性現象の原子分子概念による定性的理解は中学，高校，大学初年にわたる理科教育によっておおむね順当に発達している」[11)]と述べている。しかし，「物質の構成」，「化学的な合成や分解と物質の基本粒子の関連」，「原子の大きさや重さのオーダー等の把握」については学習効果が上がっていないと指摘した。この点に関しては，諸外国の研究でも取り上げられており，B.W.ショーラムは17歳の生徒でも粒子・原子・分子・原子核などの用語の理解があいまいであり，この年齢段階の生徒は，「銅，液体，炎などは，すべてが粒子（原子や分子）からできていると信じていなかった。」と指摘している[12)]。

粒子理論に関する多くの認識研究では粒子の存在を自明のこととして扱っており，国内外の先行研究を総括すると，プリコンセプションやミスコンセプション[13)]の研究成果は中学校（中等教育）段階以降の校種に多く見られ，原子や分子を扱っていない小学校（初等教育）段階の子ども達の認識研究[14)]は少ない。また子どもの年齢や発達段階に基づく縦断的調査は，1980年代にM.シェイヤーやP.アディ（1981）によって，イギリスの化学の教科書であるナフィールド化学の教授内容とピアジェ理論に基づく発達段階との関連性が調査されて以降，このような発達的特性を探った調査研究は管見の限り確認できなかった。この点に関しては，1970年代から始まったJ.ピアジェの発達段階説[15)16)]への批判により，彼が指摘するほど，粒子的な思考が年齢に

伴って質的に変化するとは考えられなくなってきて，発達段階を明らかにするような調査研究の価値が失われたこと，また既に述べたように，粒子認識は自然発生的な認識とは異なり，組織的に学習しなければ身につかないものであり，発達的特性との関わりが学校教育の中では特段注目されなかったことが影響していると考えられる。さらに，わが国に限定して言えば，これまでの学校教育の中では，学習内容としての粒子理論が中学校や高等学校で断片的に扱われ，小・中・高等学校における一貫した取扱いがなかったことも影響している。

次に，第二の点，すなわち，種々の誤った粒子認識を科学の正規の粒子理論に変容・変換させる理論に関する先行研究の成果を検討する。

理科教育における概念変容研究は，ミスコンセプションを正しいコンセプション（概念）に変化させるプロセスを対象としている。M.C. ウィットロック（1985）は，概念変容のプロセスは他教科の学習と理科学習を識別する最も重要な特徴と述べている[17]。それは，このプロセスが科学の発展過程と同様に，生徒の持つ理論が修正されるプロセスとして特徴づけられるからである。

この修正プロセスに関しては，概念変容に対する捉え方の相違から，2つの代表的な見解が存在する。一つは，概念拡張の視点から，概念変容を「急激な理論の変更ではなく，ゆっくりとした段階的な変化である。」と捉える立場からのものである。たとえば，D.I. Jr. ディクストラ（1992）は，概念変容とは，概念の洗練化の進展に伴い，次第に内面的な分化が生じ，それがさらに拡張していく段階的な変化と規定している[18]。この変化は，初心者が専門家になる発達に似ており，一連のプロセスの中では，概念変容は突然に生ずることはなく，緩やかな変化と捉えられている。この立場に立つと，概念拡張の解明には，長期間に渡る追跡的な研究が欠かせないことになる。

もう一つの捉え方は，概念変容を，「単に既存の構造を豊かにすることで

はなくて，構造の本質的な再組織化や再構築を含む。」[19]とする立場からのものである。この立場には，S.ケアリー（1985）が主張するように概念の急激な変化が含意されている。S.ケアリーが唱える急激な変化のプロセスは，M.C.ウィットロックが指摘する生徒の持つ理論の修正プロセスに他ならない。

　ところで，1990年代に入ると，概念変容の捉え方に対する新たな主張が見られる。たとえば，M.T.H.チィら（1993）は，ミスコンセプションを誤った分類の結果生じたものと捉え，その結果，概念変容を概念を正しい分類へ再び割り当てること，すなわち，一つの存在論の区分から他の存在論の区分への移動であると指摘した[20]。この立場では，生徒自らが誤って分類されたミスコンセプションに気づき，かつ再分類するための新たな「カテゴリー」を発見することが求められる。したがって，ここではメタ認知能力の高まりやミスコンセプションの自覚が概念変容を促進するための有用な要因として位置づいている。一方，S.ボスニアドゥ（1994）は，概念変容を新しい情報が生徒自らの説明的な「枠組み（framework）」に統合され，メンタルモデルが構成される試みと指摘した。この生徒特有の「枠組み」は対象とする範囲は狭いものの筋が通ったものが多い反面，安定性が乏しいことが欠点である。このS.ボスニアドゥの理論は，統合的意味論（synthetic meaning view）[21]と言われ，現在も概念変容の中核的な理論として位置づいている。

　しかし，M.T.H.チィらやS.ボスニアドゥの概念変容理論に関して批判がない訳ではない。たとえば，A.A.ディセサ（1993）は，生徒の見方や考え方は，内面的に矛盾のない理論的な枠組みからは構成されておらず，「ばらばらな知識（phenomenological primitives；現象学的プリミティブズ／略称；pプリムズ）」[22]から成り立っていると指摘する。pプリムズは物理的なリアリティーに対する表面的な解釈物であり，生徒が物理的現象を説明する際には重要な役割を果たす知識である。A.A.ディセサは，概念変容はpプリムズの再組織化に他ならず，ある現象の説明に役立つpプリムズが内面的な一貫性

を高めたり,組織を拡張する過程と主張している。

　2000年代に入ると,社会構成主義の興隆とともに概念変容の理論も社会との係わりの中で語られるようになった。ここでは,概念変容を社会的な活動や文化的実践の中で,概念などの認知的道具や物理的道具を用いることによって生じる変化と捉える主張が生まれた[23]。とりわけ,J.アイバーソンら(2002)は,個人の頭の中だけでは概念変容は起こらず,道具との相互作用によって生じる点を強調している。彼らは,種々の道具との相互作用や,道具を用いた社会文化的な支援が,メタ認知の覚醒や認識の発達に係わる能力を高めることができると指摘するが,その吟味は不十分である。理科教育の立場からは,実験室内で行われる器具や薬品等の道具を介在とした相互作用を社会文化的に明らかにすることが求められる。

　そして,第三の点,すなわち,粒子理論の教授学習過程研究で扱われる化学の授業モデルに関する先行研究の成果を検討する。

　構成主義は人間の知識構成を探っており,生徒達は授業の中で教師の話を聞いたり,教科書を読んだりするだけでは深く学べないとか,教師は,生徒がどのような知識(プリコンセプションやミスコンセプション等)を教室に持ち込んでいるかを理解する必要があると指摘している。しかし,構成主義の主張が受け入れられる以前の粒子理論に係わる授業モデルでは,生徒のプリコンセプションやミスコンセプションを踏まえることはなく,教科書に書かれた化学量論の関係性を繰り返し訓練させるモデルがほとんどであった。代表的なモデルには,D.L.ガベルとR.D.シャーウッド(1983)が提案した関係図を用いた授業モデル[24],C.T.C.W.メテスら(1980)のヒューリスティックを用いた授業モデル[25][26][27],F.レイフ(1983)の情報処理アルゴリズムを用いた授業モデル[28]がある。関係図を用いた化学量論の授業モデルは,数学が不得意な生徒や化学量論を学習する初学者には有用なモデルであったが,熟達者にとっては必要とされないモデルであった。また,ヒューリスティックを

用いた授業モデルは，問題の分析，解決過程の計画などルーチン化した解決作業には欠かせないものの，ステップが複雑すぎる解決作業へは応用することが難しいモデルであった。さらに，情報処理アルゴリズムを用いた授業モデルは，熟達者の思考の特徴を授業モデルに組み込んだことにより，問題の構造化が他のモデルに比べ行いやすくなったモデルとして価値があった。しかし，問題を解く過程を情報の入出力や生成・消去・変換といった合理的な処理過程とみなしている点に改善の余地を残したモデルであった。以上，これら3種類の授業モデルは，化学量論の習得に力点が置かれた初学者のためのモデルではあったものの，生徒の理解の実態については全く考慮されていないモデルと言える。

ところが，1985年以降，化学教育の中の構成主義研究が進展するにつれて，生徒のミスコンセプションが授業モデルを構想する際に取り上げられるようになった。その代表的なものは，イギリスの *Children's Learning in Science*[29]（以下，CLIS）とアメリカの *Matter and Molecules*[30]（以下，MAM）である。両者は，生徒の持つミスコンセプションの再構成を目指したモデルであり，それぞれのアプローチを通して粒子概念の形成を目指していた。CLISとMAMの両者は，学習による新しい知識の洗練プロセスを示しているものの，ミスコンセプションの扱いに関しては異なっている。前者はミスコンセプションを，教師が示す反証と対峙するものと位置づけ，後者はミスコンセプションを，単元目標を作成する際に教師が参照すべき前提と位置づけている。これは，CLISが構成主義を採用し急激な概念変容を目指したのに対し，MAMは転移説を採用し緩やかな概念変容を目指したことによる相違によって生じたものである。

この2つの授業モデルは，ミスコンセプションを活用した新たな授業モデルの重要性を広く研究者や実践家に広めることに貢献したが，CLISでは「葛藤」をどのように生徒に意識させるかが十分に吟味されておらず，他方，MAMではミスコンセプションと「反証」との関係性が十分に分析されてい

ない。さらに、CLISとMAMの両者ともに、学習者のミスコンセプションは「新しい科学概念に対して抵抗しない」や「根強く、変化することを拒む」等の概念変容の根本的な問題に対しては十分な答えを示していない。

次に、ミスコンセプションを用いた構成主義に基づく概念変容の授業モデル（以下、概念変容モデル）について述べる。数あるモデルの中で現在まで影響を及ぼしているのは、概念変容の4条件を述べたP.W. ヒューソン（1981）のモデルである。彼によると、概念変容が生じる際には「古い概念の中に幾つかの『矛盾』が存在しており、新しい概念は、分りやすく（intelligible），妥当性が高く（plausible），有益（fruitful）なものでなければならない」[31] のである。このことに関してG.J. ポスナーら（1982）も、概念変容は、生徒が既存の概念に不満を抱いた時、新しい概念を予備的に理解した時、新しい概念をもっともらしいと認めた時、新しい概念が他の問題の説明に役立つと納得した時にのみに生じると主張し、P.W. ヒューソン（1981）の考え方に賛同した[32]。現在においても、P.W. ヒューソンの4条件は教授のための枠組みとは言えないものにも拘わらず、分かりやすく、生徒が概念や信念をどの基準のもとで比較したら良いかについて1つの完成したモデルを提供している。このモデルは、T. クーンやI. ラカトッシュの科学史における理論変化の考え方[33]、すなわち「理論は修正することができ、かつ仮のものである」とする科学の発展プロセスが生徒の科学的知識の成長[34)35)36)]を記述する有力な考え方として援用され、長年に渡り理科教育の研究と実践を導くパラダイムであった[37]。しかし、T. クーンやI. ラカトッシュが示した社会学的枠組みが、個人の学習に単純に転移できるとは考えづらく、また、科学史研究との関係性も不明瞭と言わざるを得ない。さらに付け加えれば、この4条件は認識論的なものであり、心理学的条件が全く反映されていない。現在、P.W. ヒューソンやG.J. ポスナーらのモデルに依拠した概念変容アプローチは、概念変容を説明する認識論の中では「古典的アプローチ」と言われており、子どもを科学者と同じような発想をする存在と見なすこと、科学を学習するプロセ

スが，科学理論が置き換えられる合理的なプロセスと同じプロセスと捉えていることに対し繰り返し批判が生じている。

2000年代に入ると，科学教授の研究者であるC.C.ツァイ（2000）が，概念変容が科学史上の理論変化と異なり，「ミスコンセプションと矛盾する事象や現象の提示だけでは，生徒は正しい科学概念を受け入れることはない」と概念変容アプローチの根本に係わる問題点を指摘した[38]。C.C.ツァイは，綿密に準備した2つの認知的「葛藤」を用いた教授モデル（コンフリクトマップを用いた教授アプローチ）を開発し，「自由落下」に関する教授を構想・実践し，その有効性を示している。C.C.ツァイの教授アプローチでは，扱うミスコンセプションは，自然に対する知覚的な経験から生じたものがほとんどであった。さらに，彼のアプローチは日常現象の接点やその比較から理論が導かれる「物理」という科目の特性を活かしたアプローチであり，ミスコンセプションに対峙する2つの葛藤場面（「葛藤1」「葛藤2」）を用い，学習者に自らの見方や考え方の限界を痛感させている。

以上概観したように，概念変容のプロセスは複雑なプロセスであり，そこで見られる変容の要因については多くの仮説の領域が存在している。また，化学の教授に関しては，多様なアプローチの提案・実践はあるものの構成主義に基づいた教授アプローチは確立されておらず，しかも，粒子理論の教授アプローチで，構成主義の概念変容の理論に基づいて確立されたアプローチは存在しない，と言ってよい。さらに，粒子理論は，知覚的な経験から直接派生するものではない。そのため，以下ではC.C.ツァイのコンフリクトマップを参照しつつも，生徒が粒子理論に関する事前の知識を何ら持ち得ないことを想定した粒子理論特有の新しい教授アプローチの必要性を論じた。

以上のことを踏まえ，本研究の目的は「物質の粒子性」に焦点を当て，構成主義の立場から粒子概念形成の有効な方策を探り，その効果を実際の理科授業の中で検証することにある。

具体的には，

(1)「物質の粒子性」に関する子どもの認識の発達的特性を明らかにする。
(2) 構成主義で用いられる概念変容モデルの特徴を示し,理科教授における有用性を明らかにする。
(3)「物質の粒子性」に関する概念変容を目指した教授モデルを構想し,授業を通して検証する。実証研究から得られたデータの分析結果をもとに,新たな粒子理論の授業デザインを提案する。

次に,本研究の研究方法は以下の通りである。

まず,理論面に関しては文献研究を通して行う。本研究の理論的背景となる構成主義の全体像と教育における構成主義の位置づけを明確にするために,近年の構成主義の動向や概念変容教授の諸相を分析する。次に,ミスコンセプションの変容を目指す授業構成を構想するために,構成主義の立場に立つ実践授業の先行研究から得られた知見を分析する。

実践面に関しては授業研究を通して行う。検証授業では,粒子理論を押しつけたり教えこんだりすることはせず,「なぜ『物質の粒子性』を考えなければならないのか」を考えさせる探究的な授業デザインを構成し実践を行う。評価としては,生徒の理解の様子を詳細に跡づけるために描画やワークシートを用いたポートフォリオアセスメント[39]を行う。また,概念変容時の生徒の知識を分析する際には,使用した教材や授業のプロトコルをもとに分析する。

本研究では,(2)の研究目的を達成するために,すなわち,新たな粒子概念教授の設計原理を探るために,従来の授業デザイン理論にみられる学説を追試するアプローチ(doctrine-based approach)[40]を基本に据えつつもイシュー(論点)に基づいたアプローチ(issue-based approach)も併用した。本授業デザインの実践の中では生徒の反応や実態に即して,学習内容やその扱い方の力点を動的に変更することを試みる。

第2節　本研究で使用する用語の定義

第1項　諸外国の構成主義研究で使用される用語

1．ミスコンセプション

　教育における構成主義では子ども特有の見方や考え方（conception）が学習を考える上で重要視され多様な用語が使われている。わが国では素朴概念，素朴理論，子どもの科学，プリコンセプション，ミスコンセプションなどの用語が使われている。これらの用語は研究者によっていろいろな意味が付与されているが，本研究では表記上の曖昧性が少なく，科学的な概念（scientific conception）との対比を，本論文中でも明瞭に示せるミスコンセプション（mis-conception）を使用することとした[1]。ミスコンセプションの訳語は，「思い違い，誤解，誤った考え方」であるが，本研究では，「正しい情報に基づかない信念や考え方」を総称する用語として用いる。また，子どものミスコンセプションは科学の考え方とは異なっているものの多くの子どもに共有されているものであり，少なくとも従来の教授法によっては極めて変えにくい信念や考え方と捉えた。しかし，本論文中においては十分な情報や経験に基づかない「予断・先入観・偏見」を強調する場合にはプリコンセプション（pre-conception）を用いる[2]。

　次に，上記の用語と諸外国における構成主義の研究で用いられる用語との異同を明らかにするために，先行研究の論文中でよく使用される用語を分類，整理しておく。まず，子ども達の見方や考え方を表す基本的な用語としては idea, meaning, conception, structure, science 等があり，これらは普通複数形で用いられる。それに接頭辞である mis-, alternative-, personal-, children's-, pre- とを組み合わせると20通りを越える用語ができる[3]。これらの用語の使用に際して重要な点は，misconception を使用する研究者と alternative conception や children's science を使用する研究者の間では,「理解」に対する認識論的な相違があるということである。たとえば, J. ギルバートは misconception とそれ以外の用語の使用法は, 客観主義者 (realist) と相対主義者 (relativist) の間で異なっていると指摘する[4]。すなわち, 客観主義者は絶対的な世界が存在していると信じており, mis- という接頭辞を好んで使用する。一方, 相対主義者は, 世界を「見られている知的な状況によって異なった見え方をするもの」と捉えており, misconception 以外の表現を積極的に使用する。この相対主義者の立場では, 概念や理論とは社会的に認められたものであり, それらが変化する本質的な基盤は社会の決定の中にのみ存在していると捉えられている[5]。

これらの用語以外にも, intuitive theory (直観的理論), naïve belief (素朴信念), spontaneous concept (自然発生的概念), gut science (直感科学), mental model (メンタルモデル) などの用語も広く用いられている。いずれの用語も, 科学者や教師の理論と異なっていること, 考え方が直観 (直感) や素朴な経験に基づいていることなどを強調しており, それぞれに力点の違いはあるものの, 子ども特有の見方や考え方を強調している。

以上, 様々な用語を概観したが, いずれにしても普遍的に受け入れられている用語はない。

2. コンセプチュアルチェンジ

概念変容を扱っている研究では, conceptual change 以外にもいろいろな表現が用いられている。これらの表現は, 意味するものが微妙に違っており, 概念形成の複雑性を示している。たとえば, S. キャリー (1985) は, knowledge restructuring (知識の再構成)[6], R.T. ホワイトと R.F. ガンストン (1989) は, principle change (原理変化) や belief change (信念変容)[7] を用いている。

また, J. ピアジェの時代から使用されている概念形成に関係する用語には

次のようなものがある。たとえば，概念形成の過程は conceptual capture（概念捕獲）(Hewson, 1981)[8]，assimilation（同化）(Posner et al., 1982)[9] と，conceptual exchange（概念交換）(Hewson, 1981)[10]，accomodation（調節）(Posner et al., 1982)[11] 等の用語で記述されている。さらに，一部の研究者は，conceptual refinement（概念的精選），incorporation（組み込み），extention（拡張）などの用語も用いている。

それぞれの用語は，それ以前の概念では説明できない現象を説明するために，あるいは，個人が持っている特定の概念構造がより洗練された概念構造に置き換えられる，とする概念変容の特徴を説明するために生まれてきたものである。

3. 知識スキーマとオルターナティブフレームワーク

スキーマやフレームワークは，過去の記憶や経験や知識が集積された知的な枠組みや解釈の枠組みである。したがって，子どもの自然界に対するスキーマは，かなり小さい頃から展開されていると考えられる。子どもが授業を通して学んでいるものは，課題の本質的なものだけではなく，課題の学習に際して発展させた知識スキーマ (knowlege schema) に依存しているのである。自然界に対する知識スキーマ[12][13][14]やその発達の仕方[15][16]に関しては様々な研究成果が報告されている。一連の研究では，学習で利用する知識スキーマを子どもが既に有しているという事実に関心が向けられている。すでに述べたように，学習は子どもの頭の中にある知識スキーマと与えられた経験との間の相互作用であり，構成主義に基づく授業では，生徒の知識スキーマを徐々に変化させ再構造化させることが目指されている。

また，R. ドライバーや J. イーリィは，生徒の思考の中で変更させることが困難な枠組みをオルターナティブフレームワーク (alternative framework)[17]と呼んでいる。このフレームワークは，「自然の事象がどのように生起するかについて子どもが持っている信念や思考の枠組み」のことで，子

どもの信念や思考の強固さを強調するために彼女らが作った用語である。この用語は，1980年代当初，構成主義研究の中で頻繁に用いられた用語である。また，概念研究で用いられている単語連想法や概念地図法は，このフレームワークを特定するための研究方法として発展したものであり，これらは概念間の安定した関係を調べ，概念や認識をある種の構造の中に組み込むことに成功している。

　一方，生徒の思考の枠組みをスキーマやフレームワークとして見ることに疑問を抱く研究者もいる。たとえば，J.ソロモンは，知識には科学的世界と日常世界のそれぞれの世界に属する知識があり，これらは異なった構造を形成していると捉えている[18]。このような立場から，彼女は科学知識の構造と，断片的で構造化されていない生徒のオルターナティブな世界を比較している。また，G.クラクットンは，知識を生徒の考え方が発展するような，全く流動的な方法で何とでも結びつくことができる「ミニ理論」であると論じている[19]。同様に，A.A.ディセサも，生徒の考え方は，直感や経験に強固に基づいているいくつかの基本的な考え方（p-prims；pプリムズ）に分解されると主張している[20]。

　以上のような考え方を踏まえた上で，R.ミラーは，生徒の理解をフレームワークとしてモデル化するよりも「個別的知識の断片」の集合体としてモデル化した方がより生産的であると主張している[21]。なお，pプリムズに関しては，第1章第3節第3項で述べる。

第2項　本研究で用いる用語の定義

　まず，「概念（concept）」に関係する用語を規定する。わが国でも概念形成に係わる用語は多岐にわたり，研究者によっていろいろな意味が付与されている。教室に持ち込まれる子ども特有の見方や考え方（conception）は，素朴概念，素朴理論，誤概念，前概念，子ども達の科学等々の用語で表現されている[22]。たとえば，素朴概念は，子どもばかりでなく初学者が持っている

自然現象に対する見方や考え方で，通常，教師や習熟した人からみると正しくない概念である場合が多い。誤概念はミスコンセプション（misconception）に対する直訳だが，誤訳であり，本研究では，カタカナ表記のミスコンセプションを用いることにした。上記した一連の用語は，理科学習で習得が目指される科学的な概念との対比をより鮮明に表現するために生み出されたもので，辞書にはない用語が多い。本来，「概念」は内包と外延によって厳密に規定されるものだが，これらの用語は時に概念と呼ぶことができないような考え方，先入観，信念，観念なども表しており，わが国では曖昧に使用されている。

次に，「概念」を有する対象に関する用語を規定する。概念を有している人物が子どもか大人かの相違を意識して記述する際には，「子ども」，「子ども達」，「大人」という表現を用いた。小学生・中学生・高校生を意識して記述する際には，小学生を「児童」，中学生・高校生を「生徒」，大学生を「学生」という表現を用いる。しかし，本論文全体を通しては，本検証授業の実践対象が中学生であることを踏まえ，「児童・生徒」の表記に該当する文章でも，あえて「生徒」という短い表現で代表させている。また，校種を超えて教室で学んでいる児童・生徒を強調する場合には「学習者」という表現を用いることとした。

最後に，本研究における「認識」と「構成」の関係，及び「構成主義」の定義を規定する。まず，認識と構成の関係については，本研究では，児童・生徒の粒子認識を研究対象としているが，「認識は感覚に与えられた多様なものを主観が自己の形式によって統一するところに成立する」とする三木の指摘[23]を踏まえ，粒子認識の対象は主観にとって与えられたものではなく，主観が構成するものと規定した。すなわち，主観は対象を構成することによって対象を認識するとの立場に立った。このような「構成説」の特色は，主観の能動性を強調するところにある[24]。ところで，このような構成説が仮想の敵としたのは認識論的には反映論や模写説であり，存在論的には素朴実在

論である。また，本研究では，「構成的」という概念に対比する概念を，経験から得た認識に統一性を与える理性の働きである「統制的」という概念で捉えた。

　次に，本研究での構成主義の定義を示す。構成主義は教育学だけではなく哲学，心理学，社会科学，論理学，科学論，数学基礎論，芸術論，心理療法など様々な分野で展開しており，そこから共通の定義を抽出することが難しい用語である。T.A.シュワントも，構成主義という用語は「どんな言説で用いられるかによって意味が変わる非常に捉えどころのない用語」[25]と指摘している。

　本研究では，人間の行為や出来事の意味が客体として発見を待つような独立に存在するものではなく，人間が世界に関与することを通してのみ表れるとする考え方は，一部の構成主義の分野を除き，おおむね共通している，と捉えた。このような共通要素を理解する上で重要なのが意味実在論である[26]。意味実在論とは，われわれの主観が意識しようとするしないに拘わらず，人の行為や出来事を含む対象の中には意味が実在しているとする認識論である。先鋭的な構成主義の立場を除き，通常の構成主義では，人の知覚から独立した事物や事象の世界があることを承認しつつ，われわれ人間が事物や事象の意味を構成するという立場をとっている。言い換えれば，構成主義の哲学では，形而上学的な実在論を承認しつつも，意味実在論を否定する立場をとっていると考えられる。

　以上のことを踏まえ，本研究では，構成主義とはある特定の理論を指すのではなく，理論構築のもととなる下記の考え方を共有する理論や実践の総体と規定した。また，構成主義理論は，ある一人の理論をもとにしているのではなく，基本的前提を共有する多くの人達の考え方によって構成された理論と捉えた。

1．われわれが理解している世界は，客観的な実在としての真理を写し取ったものではなく，社会的相互作用の所産である。

2．知識は個人的にも社会的にも構成される。どちらかに偏った知識構成の主張は極端なものとなる。
3．われわれが世界を理解する方法は，歴史的・文化的に相対的なものである。理解の仕方は，われわれが置かれている歴史的・文化的な環境や文脈に強く依存する。

序章；註及び引用文献
第1節
1) Chown, M. (1999), *The Magic Furnace*, 糸川洋訳, 僕らは星のかけら—原子をつくった魔法の炉を探して—SB文庫, 2005, ソフトバンククリエイティブ, p.1.
2) 藤井清久, 17世紀におけるキリスト教的原子論の系譜, 東京工業大学人文論叢, Vol.12, 1986, pp. 87-99.
3) 第46回科学技術映像祭で最優秀の内閣総理大臣賞を受賞した「未来を創る科学者たち2004 アトムファクトリー 原子の世界からのライブ中継—木塚徳志」(企画・科学技術振興機構など)の映像の中では，原子1個ずつの極微の世界の動きを動画で見ることができる。撮影には，高分解能の透過型電子顕微鏡が用いられている。ここでは，金属原子の結晶構造が部分的に配列し直す様子が映像化されている。映像の目玉は，金の原子が10個つながった，世界で一番細い金のネックレスである。

金原子が10個つながった「ネックレス」。横棒の長さが1ナノメートル＝写真はいずれもテレビ番組「原子の世界からのライブ中継」より

4) 波多野完治・滝沢武久, 子どものものの考え方, 岩波書店, 1963, p. 87.
5) Children's Learning in Science Project (1984) *Approaches to Teaching the Particulate Theory of Matter*, University of Leeds.
6) Novic, S., Nussbaum, J. (1981) Pupils' understanding of the particulate nature of matter: A Cross age study, *Science Education*, 65 (2): 187-196.

7) Nussbaum, J. (1985) The particle nature of matter in the gaseous phase. In R. Driver (ed.) *Children's Ideas in Science*, Open University Press: 124-144.
8) Osborne, R., Freyberg, P. (1985) *Learning in Science: The Implications of Children's Science*, Heinemann., 森本信也・堀哲夫（共訳）子ども達はいかに科学理論を構築するか，東洋館出版社，1988, p.91.
9) 兵庫将夫・前田勝・池尾和子・藤村亮一郎，中学・高校生徒および大学生の原子分子理解の発達―学年変化の調査と分析，日本理科教育学会研究紀要，Vol. 22, No. 1, 1981, pp. 67-76.
10) Doran, R. L. (1972) Misconception of selected science concepts held by elementary school students, *Journal of Research in Science Teaching*, 9 (1): 127-137.
11) 兵庫将夫・前田勝・池尾和子・藤村亮一郎，前掲書，1981, pp. 67-76.
12) Osborne, R., Freyberg, P., *op. cit.* 森本信也・堀哲夫（共訳），前掲書，p. 91.
13) プリコンセプションは「予断・先入観・偏見」の意味で，ミスコンセプションは「思い違い，誤解，誤った考え方」の意味で用いた。また，本文でも触れたが，わが国の理科教育の分野では，ミスコンセプションの訳語に「誤概念」を当てている。これは正しい「科学概念」に対比させようとしたための直訳であるが，本研究では誤訳と判断し，使用していない。
14) Doran, R. L., *op. cit.*
　　この論文の中で，R.L. ドランは，小学校2年生から6年生の物質認識を調査し，その特徴を次の5点にまとめている。(1) 物質は連続体である。(2) 物質の粒子の間には空間がない。(3) 自然現象は粒子サイズの変化によって説明できる。(4) 自然現象は粒子の数の変化によって説明できる。(5) 粒子は動かない。(6) 自然現象は粒子の運動や移動によって説明できる。
15) J. ピアジェ，滝沢武久訳，誠信ピアジェ選書2，心理学と認識論，誠信書房，1970.
16) J. ピアジェ，中垣啓訳，J. ピアジェに学ぶ認知発達の科学，北大路書房，2007.
17) Wittrock, M.C. (1985) Learning science by generating new conceptions from old ideas. In L.H.T. West, A.L. Pines (eds.) *Cognitive Structure and Conceptual Change*, Academic Press: 259-266.
18) Dykstra, D.I. Jr., Boyle, C.F. and Monarch, I.A. (1992) Studying conceptual change in learning physics, *Science Education*, 76 (6): 615-652.
19) Cary, S. (1985) *Conceptual Change in childhood*, MIT Press.

20) Chi, M.T.H., Slotta, J.D. (1993) The ontological coherence of intuitive physics, *Cognition and Instruction, 10* (2-3): 249-260.
21) Vosniadou, S. (1994) Capturing and modeling the process of conceptual change, *Learning and Instruction, 4* (1): 45-70.
22) diSessa, A. A. (1993) Toward an epistemology of physics, *Cognition and Instruction, 10* : 105-225.
23) Ivasson, J., Schoultz, J. and Saljo, R. (2002) Map reading versus mind reading: Revisiting children's understanding of the shape of the earth. In M. Limon, L. Mason (eds.), *Reconsidering Conceptual Change. Issues in Theory and Practice*, Kluwer Academic Publishers.
24) Gabel, D.L., Sherwood, R.D. (1983) Facilitating problem solving in high school chemistry students, *Journal of Research in Science Teaching, 20* : 163-177.
25) 大渕憲一, 石田雅人, 学習指導の心理学, ぎょうせい, 1989, p. 58.
26) 無藤隆, 久保ゆかり, 学習と教育, 新曜社, 1990, p. 44.
27) Mettes, C.T.C.W., Pilot, A., Roossink, H.J. and Kramers-Pals, H. (1980) Teaching and learning problem solving in science, *Journal of Chemical Education, 57* : 882-885.
28) Reif, F. (1983) How can chemists teach problem solving?, *Journal of Chemical Education, 60* : 948-953.
29) Children's Learning in Science Project (1984) *Approaches to Teaching the Particulate Theory of Matter*, University of Leeds: 11.
30) Berkheimer, G. D., Andersson, C. W. and Blakeslee T. D. (1988) *Matter and Molecules Teacher's Guide: Activity Book* (Occasional paper No. 122), Michigan State University, Institute for Research on Teaching.
31) Hewson, P. W. (1981) A conceptual change approach to learning science, *European Journal of Science Education, 3* (4): 383-396.
32) Posner, G. J., Strike, K. A., Hewson, P. W. and Gertzog, W. A. (1982) Accommodation of scientific conception: Toward a theory of conceptual change, *Science Education, 66* (2): 211-227.
33) Kuhn, T.S. (1970) *The Structure of scientific revolutions*, University of Chicago Press.
34) Champagne, A. B., Gunstone, R. F. and Klopfer, L. E. (1985) Instructional consequences of students' knowledge about physical phenomena. In L.H.T. West,

A.L .Pines (eds.) *Cognitive Structure and Conceptual Change*, Academic Press: 61-90.
35) Novak, J.D. (ed.) (1987) *Proceeding of the Second International Seminar on Misconceptions and Educational Strategies in Science and Mathematics*, Cornell University, Department of Education.
36) Hewson, P.W., *op. cit*.: 383-396.
37) Tsai, C.C. (2000) Enhancing science instruction: The use of 'conflict maps', *International Journal of Science Education, 22* (3): 287.
38) *Ibid.*: 287.
39) 片平克弘, ポートフォリオ, 日本理科教育学会編, キーワードから探るこれからの理科教育, 1998, 東洋館出版社, pp. 300-305. に詳しい。ポートフォリオには概念変容に係わる確実な証拠が含まれている。ポートフォリオ評価では, 教師が継続的に生徒の作品や成果物を見ることができるため, 生徒が何に関心を示したり, 何を考えたり, 何を学習してきたかを明確に探ることができる。
40) doctrine-based approach では, 概念変容の理論から導かれた教授プログラムを計画どおりに実施し, 生徒の認識をつぶさに検証するという手続きを取る。このアプローチでは, 授業実践の過程で表出される生徒のプリコンセプションやミスコンセプションに対応したプログラム変更は不可能である。

第2節　第1項・第2項

1) Duit, R., Treagust, D.F. and Widodo (2008) Teaching science for conceptual change: Theory and practice, In S. Vosniadou (ed.), *International Handbook of Research on Conceptual Change*, Routledge: 629-630.
2) 本来のミスコンセプション (misconception) の意味は, 「正しい情報に基づかない信念や考え」のことを指しており, 訳語に相応しいのは, 「思い違い」「誤解」「誤った考え」「謬見」などである。conception という英語は conceive の名詞形で, ラテン語由来の「把握する」という意味がある。

　本研究では, ミスコンセプションとプリコンセプションの関係を次のように規定した。幾つかのプリコンセプションは明らかに誤っており, 変化に対して頑なに抵抗するものがある。本研究では, これをミスコンセプションと規定する。したがって, プリコンセプションはあっさりと改訂されるが, ミスコンセプションは授業を受けても強く残る性質を持っていると捉えた。
3) Gauld, C. (1987) Student belief and cognitive structure, *Research in Science*

Education, *17*: 87-93. ここで取り上げた述語は,すべて複数形で用いられる。
4) Gilbert, J.K. (2005) *Constructing Worlds through Science Education*, Taylor and Francis.
5) 相対主義以外に,教育の中で取り上げられる科学哲学には,論理実証主義や仮説―帰納主義がある。前者は,真実や理論は観察によって証明することができ,観察結果をもとに一般性を引き出す帰納法を基本的なアプローチとしている。後者は,すべての理論はそれを論破する見解によってテストされた仮説とみなしている。したがって,理論とは「まちがっている」か「未だ反証できない」もののいずれかである。しかし,仮説―帰納主義は,「真実」に対する考え方や「他の世界」に対する考え方の否定を必然的には伴っていない。この2つの考え方に対し相対主義では,科学理論の変化の本質的基盤は,その理論が関係する社会の決定の中に存在しており,自然から押しつけられるようなものではないと考えている。
6) Cary, S. (1985) *Conceptual Change in Childhood*, MIT Press.
7) White, R. T., Gunstone, R. F. (1989) Metalearning and conceptual change, *International Journal of Science Education*, *11*: 577-586.
8) Hewson, P. W. (1981) A conceptual change approach to learning science, *European Journal of Science Education*, *3* (4): 383-396.
9) Posner, G. J., Strike, K. A., Hewson, P. W. and Gertzog, W. A. (1982) Accommodation of scientific conception: Toward a theory of conceptual change, *Science Education*, *66* (2): 211-227.
10) Hewson, P.W., *op. cit.*: 383-396.
11) Posner, G.J., Strike, K.A., Hewson, P.W. and Gertzog, W.A., *op. cit.*: 211-227.
12) Driver, R., Guesne, E. and Tiberghien, A. (eds.) (1985) *Children's Ideas in Science*, Open University Press, 200.
13) Gentner, D., Stevens, A.L. (eds.) (1983) *Mental Models*, Lawrence Erlbaum.
14) Millar, R. (1989) Constructive criticism, *International Journal of Science Education*, *11*: 587-596.
15) Driver, R., Guesne, E. and Tiberghien, A. (eds.), *op. cit.*
16) Gentner, D., Stevens, A.L. (eds.), *op. cit.*
17) Driver, R. and Easley, J. (1978) Pupils and paradigms: A review of literature related to concept development in adolescent science students, *Studies in Science Education*, *5*: 61-84.

このアプローチが出現した1970年代後半は,Novak (1977) によれば,ピアジェ

の発達段階説からコンセプチュアルフレームワーク(「概念的枠組」)と個人の経験に基づく概念の相互作用を重視した認知発達説へと移行が始まった時期である。

18) Solomon, J. (1983) Learning about energy: How pupils think in two domains *European Journal of Science Education*, 5 (1): 49-59.
19) Claxton, G. (1993) Minitheories: a preliminary model for learning science. In P.J. Black, A.M. Lucas (eds.). *Children's Informal Ideas in Science*, Routledge: 45-61.
20) diSessa, A. A. (1983) Phenomenology and the evolution of intuition. In D. Gentner, A.L. Stevens (eds.) *Mental Models*, Lawrence Erlbauum.
21) Millar, R., *op. cit.*: 587-596.
22) 英語圏の論文の中でも,concept と conception は明確に使い分けられている場合が多い。多くの場合,concept は「概念」,conception は「見方や考え方」の意味で用いられている。特に,conception という用語に関しては,Shavelson (1974) が,思考の機能単位を指すために用いられており,命題的側面と手続き的側面の両方を含意しうると述べている。(Shavelson, R.J. (1974) Methods for examining representations of a subject matter structure in students' memory, *Journal of Research in Science Teaching*, 11 (3): 213-250.) 本研究で用いた concept と conception の和訳は上記の意味に従った。しかし,"conceptual……" の表記に関しては,形容詞の conceptual が concept と conception の両者に対応することから,訳語に関しては,文意に応じて,「概念……」と「概念的(上の)……」という形の日本語表現にした。本研究では,conceptual change の和訳を「概念変容」としたが,このときの conceptual は conception に対応した形容詞と捉えて和訳した。
23) 三木清,哲学入門,1940,岩波書店,p.96.
24) 同上書,p.98.
25) T.A. シュワント,伊藤勇,徳川直人,内川健監訳,質的研究用語事典,北大路書房,2009,p.71.
26) 同上書,pp.96-97.

第1章
理科教育における構成主義と概念変容の理論

第1節　近年の構成主義の展開と課題

第1項　構成主義の基本的立場

1．構成主義導入の基本的立場

　理科教育では，子ども達の科学概念の形成が目指されるが，彼らをどのレベルの科学概念へ導くべきか，その指導をどのようにすべきかを決定することは難しい課題である。多くの理科教師は，学習内容を言語的に正確に示せば，子ども達はそれを聞き，読むことによって，教師の意図する方法で科学概念を形成すると思い込んでいる。これは，教師の考え方が伝達可能なものであり，伝達の結果，子ども達のからっぽの頭の中に書き込むことができたり，あるいは，子ども達の古い考え方は不十分で正しくないものとして直ちに破棄されたりするという考え方に基づいている。この知識観は，知識は外部から与えられた情報を記憶することによって獲得されるとする客観主義の立場から導かれたものである。

　このような知識観に対し，相対主義の立場から登場したのが構成主義である。構成主義では，知識は，一人一人が人間や事物に働きかけ，それを理解しようとする時に構成されると捉えている。すなわち，知識は外部から与えられた感覚情報を内面化することによって獲得されるのではなく，学習者によって，自らの頭の中に構成されると捉えるのである。構成主義は，以下で詳述する重要な示唆を含意しているにも拘わらず，1980年代以前の現代化を目指した理科カリキュラムの開発過程においては，ほとんど顧みられなかった。

　本研究では，構成主義の立場からの授業は，理科学習をより児童・生徒の立場に立ったものに近づける可能性を秘めており，授業を単なる知識の記憶から解放し，児童・生徒の既有知識を踏まえた知識（概念）構成の経験を彼

らに提供できると考えた。

2．知識構成の過程と概念変容の過程

　知識構成の過程に関する展望をフォン・グレサスフェルド（1988）が述べている[1]。彼は，知識が個人のもつスキーマと個人的経験の相互作用を通して作りあげられるということを描いており，適合という概念を示している。彼は，「概念構造の価値を決定するものは，実験の適切性，経験の整合性，問題解決の手段としての可能性等である。もちろん，その中には，われわれが理解と呼んでいる一貫した構造化という終わりのない問題が含まれている。……事実はわれわれや，われわれの経験の仕方によって作られる。」[2]と主張している。事実は「経験の仕方によって作られる」という指摘の認識論的な意味は，何かを知るということが，個人のもつスキーマとその外側に示されているものとの一致を必ずしも伴っていない，ということである。このフォン・グレサスフェルドの見解は，理科教授の在り方を考える上で示唆深い。彼によれば，学習は「現実の世界」への直接的な接近ではないのである。すなわち，学習とは生徒の外側にある既存の権威に一致することではなく，彼らが有用な個人のスキーマを構成することなのである。このような立場に立てば，理科授業デザインは，教師が教え生徒が「正しい答え」を記憶するという活動から，生徒が経験を上手に適合させ，自らのスキーマを組織化するための活動へと重点を移行しなければならなくなる。

　このフォン・グレサスフェルドが主張する個人の知識構成の考え方に対して，J.ソロモンやR.ドライバーらは「社会的に構成されたものとしての知識」すなわち，「他者と共有された知識」や「経験を越えたものとしての知識」の重要性に言及している[3][4]。彼女らは，学校での学習が社会的な真空状態の中で行われていることはなく，生徒達は，言語や文化，思考やイメージなどを通して世界を学んでいると主張する。さらに，J.ソロモン（1987）は，A.シュッツやT.ルックマンの研究を引き合いに出しながら，「日常感

覚の対象」は社会的なコミュニケーションの中で，意見の交換，探究活動，強化などを通してのみ存在すると述べている。言い換えれば，われわれは社会的なやりとりを通して，常に「身近にいる人々も，自分と同じように世界を見ている」ことを再確認していると指摘する。したがって，「社会的に構成されたものとしての知識」で最も重要な基準は，内的な説明の論理ではなく，それが他の人々によって認められ共有されるかという点にある，と言える。

　また，J.ソロモンは，授業の中の議論を通して，個人の考え方が他の生徒によって支持され，共有されるかどうかは，知識構成の重要な部分であると強調する。一方，R.ドライバーらは，知識構成の過程が個人的な経験や経験的な探究を越えなければならない点を強調する。というのも，科学理論や科学モデルが社会的なコミュニケーションを取り込んだ複雑な過程や科学者共同体によるチェックを経て成立するからである。したがって，R.ドライバーらが提案する理科カリキュラムでは，「科学は自然界の経験以上のもの」という生徒の認識形成が目標とされ，授業の中で構成された理論やモデルは有用なものとして認められ，評価されなければならないものと規定されている。すなわち，このカリキュラムでは，自然科学的な経験に誘導され，生徒は科学の知識システムへ接近することになる。これは，R.ドライバーらが，生徒に科学概念を拡張させたり，概念変容をさせたりする経験が，科学理論や科学的モデルが変化し発展することに気づかせる際にとりわけ役に立つと考えているからである。

　ところで，概念変容に関しては，個人構成主義や社会構成主義の学習論及び科学の本質に関する認識論の中で扱われ，およそ30年間にわたり理科教育研究の中心的な課題であった。特に，1980年代から2000年代にかけての概念変容研究は，生徒のミスコンセプションに内在する生徒特有の概念の性質や構造などを解き明かすことにあり，さらに並行して，自然科学や社会科学の概念に対する生徒の実態調査も行われ，その結果をもとに幾つかの授業モデ

ルが案出された。これらの授業モデルを用いた実践の中では，概念変容が認められた後でも，「学習者の概念が短時間に元の概念に戻ってしまう」ことや「学習者が新しい概念を他の文脈に活用できない」ことが繰り返し指摘された。これは，概念変容には「転移」が密接に係わっていることの証である。転移は学習が行われた文脈とは幾分異なった状況下において，習得した概念をその新しい状況に適した形に変換し，使用することと捉えられる。この転移のプロセスには以下のステップが含まれる。Aを前の文脈，Bを新しい文脈とすると，

1) AとBの文脈間の類似性に気づく。
2) Bの解決方法を考える際に，Aの解決に役立ったスキルや概念が利用できることに気づく。Aで用いたスキルや概念の潜在的な力を認めることができる。
3) 選んだスキルや概念が，Bの解決に適合できるかどうかを頭の中で考えてみる。
4) Bの解決を目指し，Aで用いたスキルや概念に改良を加える。その後，そのスキルや概念をBに適用する。

1)～4) のステップを踏まえると，スキルや概念が，「同じ文脈（この場合はAの文脈）の中で，異なった問題を解く」ために使用された時が「応用」であり，他方，「異なった文脈（Bの文脈）の中で，異なった問題を解く」ために使用された時，それが「転移」と捉えることができる。このように考えると，ある概念が新たな文脈に転移されなかった場合，それを単に，学習者の転移能力の欠如と決めつけることができなくなる。たとえば，転移が上手くいかないことを概念変容の立場からみてみると，変容が「低いレベルの状態」では生じていると捉え直すこともできるからである。すなわち，もし仮に，「低いレベルの状態」でしか転移が生じていないのなら，それは，概念変容を伴う学習が，単に「応用」の文脈へと導いているだけに過ぎないのである。これは「高いレベルの状態」での認知構造の再構成からは程遠いもの

であり，概念変容が成し遂げられたと言うことはできない状況にあると言える。

ところで，J.ソロモン（1983）は，生徒が行う認識の特殊性を踏まえ，概念変容[5]の主張や転移の考え方に異論を唱えている[6]。たとえば，生徒は簡単に概念を放棄したり採用したりすることはなく，古い概念を失うことへの危惧感，あるいは，新しい概念に対する脅威を抱き，矛盾の多い古い概念を新しい概念と入れ換えるよりも，納得するための別の方法を発見することに力を注ぐ存在とみなしている。さらに，矛盾した原理を上手く分類し，頭の中で，同じ現象に対する異なった説明を平等に存在させようとする傾向が生徒にはあるとも指摘している。もし，仮にJ.ソロモンの立場に立つならば，認知的な葛藤も直ちに概念変容を生じさせる契機とはならず，矛盾した事象や現象に基づく葛藤を概念変容の契機まで高めることはかなり複雑なプロセスと考えなければならない。また，近年の概念変容研究では，認知的な葛藤に用いる材料が，その後の学習過程の中で前向きに使用されることがない生徒の既有知識を用いていることが問題視[7]されている。

第2項　特定の立場からの構成主義の展開

構成主義のもとで行われる概念変容アプローチは有意味な学習を行うための鍵である。近年，概念変容の理論は古典的なアプローチで主張された包括的な理論から，心理学や社会学の特定の立場に焦点化した理論へと変化している。古典的なアプローチで主張された，「ある理論的枠組みから他の枠組みへの変換は短期間で処理されるような不意で唐突な変化」[8]という概念変容を即時的なものと捉える立場は否定され，経験上の様々な証拠から，根本的な概念変容の道筋はゆっくりとした過程であることが報告されてきている。ゲシュタルト的な概念変容が生じることを主張する研究者達でさえ，長い目で見れば概念変容の道筋はゆっくりとしたものであることを認めている[9]。

次の1～3で検討する3人の研究者は，どちらかと言うと，1990年代後半

から頭角を現してきた，古典的なアプローチを超えようとする立場に立った研究者である。古典的なアプローチに関しては，本章第2節で詳述するが，個人の認知を重視した認識論に基づいていた点，情意や意欲といった要因を排除した点について批判が生じている。

　以下では，概念変容に対する研究アプローチの相違を明らかにするためにS.ボスニアドゥの「統合的意味論（synthetic meaning view）」[10]，M.T.H.チィらの「ミスコンセプション修復論（misconception repair view）」[11]，J.アイバーソンとJ.ショルツとR.サルジオの「社会文化論（sociocultural view）」[12]の3つの立場について分析する。

1．S.ボスニアドゥの統合的意味論

　S.ボスニアドゥは，生徒を「ある体系がどう機能するかに関して，筋の通った説明の枠組みを構成する存在」と捉えており，概念形成は生徒の意識の内部で生じているものと捉えている。ここでは，生徒は知識の統合者であり，モデルの構築者である。

　S.ボスニアドゥは，概念変容とは新しい情報が生徒自らの説明的な「枠組み（framework）」に統合され，メンタルモデルが構成される試みと述べている。概念変容が始まる前の段階では既に，個人の頭の中には経験に基づいた説明的な枠組みがみられる。これは，R.ドライバーらによってオルターナティヴフレームワークと名付けられているものであり，あるものがどう機能するかについての枠組みである。S.ボスニアドゥは，学校教育における概念変容の初期段階では，生徒は科学的知識の獲得を導く説明的な枠組みを持つことを教師から求められると指摘する。この生徒の説明的な枠組みの多くは筋が通っているが，その対象とする範囲は狭く，安定性も乏しいと言われている。

　概念変容の次の段階では，生徒は，自らの説明的な枠組みと矛盾する事象に遭遇する。この段階では，生徒は自らの説明の枠組みと照らし合わせなが

ら，新しい事象や新しい知識の意味を少しずつ理解することを求められる。そして，最終段階では内面的矛盾の解決を求められる。S.ボスニアドゥウは，この内面的矛盾の解決が概念変容であり，この変容を「新しく獲得した知識によって生み出される葛藤に対して，筋の通った新たなメンタルモデルを構築する試み」と定義している。

このように，S.ボスニアドゥウが主張する概念変容は，内面的矛盾の解決やメンタルモデルの発達に依存したものであり，この解決過程はゆっくりとした緩やかな過程である。この過程は独立した様々な知識の断片を体系化する過程ではなく，今ある思考構造に知識の断片を徐々に同化させ，再体系化する過程とも考えられる。これらのことをまとめると，概念変容は生徒の見方や考え方の急激な置き換わりを意味するものではなく，むしろ，現在の説明の枠組みに新しい科学的知識を徐々に同化させる過程と捉えることができる。このように，S.ボスニアドゥウが主張する概念変容は，同化の進展に伴い，次第に内面的矛盾が生じ，ある限界点で，それを解決するために引き起こされる変化と考えられる。

2．M.T.H.チィらのミスコンセプション修復論

M.T.H.チィらは，概念変容は新たな知識の小片をある分類の中に追加したり，それから削除したりしながら，不完全なメンタルモデルを正しいメンタルモデルに変えることと定義している。また，生徒を正確なメンタルモデルを構築する存在とし，自らの概念の変容を認識することができ，誤って分類された概念を再配置できる修復者と捉えている。したがって，M.T.H.チィらは，生徒が持っている初期のメンタルモデルはミスコンセプションやプリコンセプションからできており，学習する内容に対する深い理解や納得を目指すためには，それらすべてが置き換えられる必要があると捉えている。特に，ミスコンセプションに関しては，誤った分類の結果生じたものであり，概念変容に関しては，概念を正しい分類へ再び割り当てることと述べている。

したがって，概念変容は一つの存在論の区分から他の存在論の区分への移動であり，M.T.H.チィらは，同じ存在論の中で生じる再概念化に関しては，概念の「再編成（reorganization）」と定義している。

次に，M.T.H.チィらが唱える概念変容の展開過程を検討する。まず，学習の初期段階に関しては，生徒は誤った素朴な知識や既有の概念を持っており，教えられることによって簡単に取り除くことができ，変更が容易な「先入観」（本研究でいうプリコンセプション）と，学習した後にも保持され続ける「ミスコンセプション」が共存していると指摘する。M.T.H.チィらは，簡単に変更できる先入観の修復は信念の改訂であり，これは学習の中でごく普通に見られる変化と考えている。そこで，この先入観の修復過程を「概念再建」，ミスコンセプションの修復過程を「概念変容」と定義している。以上の点を踏まえ，M.T.H.チィらは，ミスコンセプション修復の心理的な過程は，誤ったカテゴリーから正しいカテゴリーへ概念を再分類することによって行われると捉えた。この立場に立つと，概念変容を成し遂げるためには，生徒自らが誤って分類されたミスコンセプションを持っていることに気づき，しかも，それらを再分類するために新たなカテゴリーを作り出すか，発見することが必要となる。すなわち，生徒がメタ認知を通してミスコンセプションを強く自覚し，自らの概念の修復の過程に係わる時に概念変容が生じるのである。M.T.H.チィらによれば，このカテゴリーの再分類の過程は急激に行われる過程であり，これは，S.ボスニアドゥの主張する概念変容の過程とは異なった展開を経ることになる。

ところで，M.T.H.チィらは，生徒が自らのミスコンセプションを自覚できていない時や，ミスコンセプションの新しいカテゴリーが準備されていない時でも，生徒の見方や考え方は変化することがあり，このことが，ここでの概念変容の扱いをより一層難しいものにしていると指摘する。これは，概念変容が，存在論の境界の移動のみならず，あらゆる変化過程で生じており，しかも，局所的な見方だけではなく総体的な見方の変化を人々に求めること

に起因している。

3．J. アイバーソンとJ. ショルツとR. サルジオの社会文化論

　J. アイバーソンらは，人間の認知そのものに対して，ある特定の目的のために道具が用いられている活動への参加を通した社会への順応であると述べている。道具は認知発達の重要な要素であり，道具の仲介的な意味は，人間の活動への参加や社会への順応を通して習得されると捉えている。すなわち，彼らは概念の発達を道具の利用と不可分なものとして捉えているのである。J. アイバーソンらによるこの立場は「社会文化主義」と呼ばれ，概念変容が社会文化的な相互作用の中で生じることを強調している。彼らは，人間の認識は文化的な道具と切り離して考えることはできず，概念変容を社会的な活動や文化的実践の中で，概念などの知的道具や物理的道具を用いることによって生じる変化と定義している。したがって，概念変容は個人の頭の中だけでは起こらず，道具との相互作用によって生じると考えている。さらに，道具には知的道具や物理的道具の2つがあると指摘する。前者は科学概念や科学用語であり，後者は顕微鏡やルーペなどの教具である。J. アイバーソンらが定義する知的道具と物理的道具は，理科の実験観察においては日常的に使用されているものであり，今後，この立場からの授業研究が進展すると考えられる。本研究の検証授業においても，J. アイバーソンらが言う多くの知的道具や物理的道具を使用しているが，彼らの立場を踏襲している訳ではない。

　ところで，J. アイバーソンらは，S. ボスニアドゥらが概念変容をメンタルモデルの発展であると説明することに対し疑問を呈している。たとえば，生徒が抱くメンタルモデルは，特定の状況下で仲介物として使用している道具の影響を必ず受けているからである。特に，J. アイバーソンらは，類推は使用する道具に根本的に依存しており，生徒は異なった種類の道具に接すると，異なった種類の類推をしてしまい，その結果，生徒の認知や理解は全く異なったものになってしまうと考えている。

以上，1～3の中で3者の概念変容のメカニズムを概観したが，3者の相違を端的に言えば，S.ボスニアドゥは，概念変容を「統合」と捉え，M.T.H.チィらは「置き換え」と捉え，そして，J.アイバーソンらは「道具使用」と捉えた点に現れている。S.ボスニアドゥとM.T.H.チィらの概念変容理論の検証では，「力」，「地球の形状」，「血液循環」，「分類」などのテーマが扱われ，学習者のメンタルモデルを発達の視点から分析していた。一方，J.アイバーソンらの「社会文化論」では，人間の認知は文化的な道具と切り離して考えることはできず，概念変容が社会文化的な相互作用の中で生じることを強調し，生徒の類推に使用する文化的道具や概念的道具の重要性を指摘していた。また，学習者の位置づけに関しては，S.ボスニアドゥの統合的意味論では「意味の統合者」，M.T.H.チィらのミスコンセプション修復論では「修繕者」，J.アイバーソンらの社会文化論では「文化的道具の使用者」や「活発な感覚の作り手」と捉えていた。

　ところで，「物質の粒子性」に関する概念変容との関連から3者の概念変容モデルを検討すると，S.ボスニアドゥのモデルでは，概念変容を「首尾一貫した構造の構築」で「ゆったりとした変化」，M.T.H.チィらのモデルでは，「学習者自身による自らの知識の中の矛盾の発見と訂正」で「急激な変化」と捉えており，両者の概念変容モデルへ，現象からイメージすることが難しい粒子理論の教授内容を当てはめたり，また，粒子理論に係わるメンタルモデルを十分に持っていない本研究対象の生徒の概念変容を当てはめてみることは難しい作業と言わざるを得ない。他方，J.アイバーソンらの「社会文化論」は，粒子理論を類推する際に使用すべき認知的道具（彼らの表現では，「概念的道具」）の重要性を示唆する一つの概念変容モデルと捉えることができ，本検証授業を構想する際の参考とした。本研究では，社会文化的な立場から，対話や討論を通した相互作用や，共同学習の中での相互作用を重視するが，それに加え，道具を用いた社会文化的支援が，生徒の認識の発達，メタ認知の覚醒などに係わる能力を高めることができると捉えた。

第1章 理科教育における構成主義と概念変容の理論　37

　以下では，社会文化的な立場から，現在多くの理科教育の研究者の関心を集めている社会構成主義の研究動向を分析する。

第3項　社会構成主義の台頭

1．科学知識の構成に対する社会構成主義研究の主張

　本節第1項でも少し触れたが，近年の構成主義研究の展開では社会文化的要因を取り扱っている。特に，古典的な概念変容のアプローチでは社会文化的な変数にはあまり注意を払ってこなかったが，現在のアプローチでは，概念変容を頭の中の内在的な機構と見るだけでなく，複雑な社会文化的な世界の中に位置づけられた活動と捉えるようになってきた。

　ここでは，理科における概念変容に対する社会構成主義からの示唆を検討する。というのも，社会構成主義研究が，概念変容が個人の頭の中だけで行われるとする個人構成主義（一般に，これが「構成主義」と呼ばれている）の理論の限界を指摘しているからである[13)14)15)]。また，これは奇しくも，T. クーンによる科学的な理論が個人的な思考から，科学者共同体の査定を受けて，科学理論として認められるという社会的な構成の概念と一致するからである。社会構成主義の理論は，個人構成主義の理論と比較すると学習の社会的性格を強調しており，個人の思考に影響を及ぼす幾つかの社会的要因を明らかにしている。このような知識論は，構成主義の授業の形態として表出される共同学習やグループ学習を支持する根拠になっていると言える。この知識論では，知識構成の始まりを個人の頭の中と限定する個人構成主義者の主張は否定されている。

　次に，社会構成主義者が，絶対的な真実があるとする客観的な知識観へ挑戦している点を検討する。これは，西欧科学の知識観への批判とも言える立場だが，その一方で，社会構成主義者は，児童・生徒達に対しては「科学の本質」や「科学的に知る」という科学の本性について，より多くの時間を割いて学ぶべきだと主張している。これは，彼らが，科学の本質や科学知識に

関する学習を通して，科学をより人間的かつ社会的営為として捉えることができるようになると考えている証である。社会構成主義者は，「科学を学習する」ということは，科学者コミュニティーの中で認められた社会的な知の方法を学ぶことであり，そこでの推論や議論の仕方を身につけ，科学的な談話や表現の中で生徒が文化化されることと捉えている。

2．認知発達に対する社会構成主義研究の影響

　1990年代になると，認知心理学者が行う概念変容研究の中に，状況的な文脈や社会文化の役割が研究対象として加わってきたが，その後現在に至るまで，認知心理学における概念変容は社会的・文化的プロセスの中で導かれ，強化され続けた。1990年代は「認知革命」などの用語が生み出され，学習の本質を，協同を通した文化的実践への参加と捉えることが声高に叫ばれ，学びや学習の見方の変革が迫られた。たとえば，J.レイブと E.ウェンガー(1991)が主張した実践共同体における「正統的周辺参加」では，西アフリカの仕立屋の徒弟制を例に取り上げ，そこでの学びを語っている[16]。徒弟が親方のもとで学びながら仕事に熟達し，最後には親方として自立していく過程がフィールドワークのデータを基に分析されている。仕立屋の親方は弟子に対しては権威的な存在であり，その権威のもとで，まねさせることを通して知識が伝授されていることが詳細に描かれている。社会構成主義者は，教師に対して仕立屋の親方のような役割[17]を期待しており，このような文化化の視点からの新たな教師像は「目標として設定された認知的モデル」であり，助言者にも指導者にもなりうる教師が仮定されている。仮に，現在の教育界で，このような教師像を設定できたとしても，集団を対象とする学校教育の中で，徒弟的な学び方を行わせるための条件整備は極めて難しい。

　さらに，近年の我が国の教育界では，「正統的周辺参加」論や「徒弟制」の考え方を踏まえて，「学びの共同体」論が取りあげられているが，これは，柴田が指摘しているように，情報化時代の学習論としてはあまりにも素朴な

学習論と考えられる。柴田は，学習を協同的な実践とする学習観は，「大正デモクラシーの時代からの長い生活指導・生活教育の実践と研究の貴重な遺産を受け継ぎ，発展させてきた日本の教師の立場からみれば，ごくあたりまえのことを新しく言い換えただけのこと」であり，特別に新しい学習観ではないと指摘している[18]。と言うのも，「協同の文化的実践」，「文化的実践への参加」という考え方は，1960年代からわが国で広く読まれてきた L.S. ヴィゴツキーの「文化的―歴史的精神発達の理論」の中ですでに言われてきたことに過ぎないからである[19]。これらの点を踏まえると，「正統的周辺参加」論や「徒弟制」の考え方は，学習を分析的にみる一つの見方としては有益だが，新しい授業デザインを検討する際には，あくまでも，特殊例として位置づくものと捉えた。

3．社会構成主義者による西欧科学への文化化批判

本項1でも指摘したように，社会構成主義者はより広い社会文化的視点から知識構成を考えており，科学も社会的に構築されたものと捉えている。特に，科学の扱い方に関しても，西欧科学は一つの下位文化にすぎず，かつ，世界を見る一つの方法であると述べている。また，「自然の観察に基づいて科学的真実が明らかになる」という西欧科学のイメージは，正確な科学の描写を損なっているとも主張する。さらに，G.S. エイケンヘッド（1996, 2000）は，西欧科学への文化化では西欧科学の中で育った生徒のみが優遇されていると批判している[20)21]。

この文化化の観点に係わる研究として，N.W. ブリックハウス（1998）は，学校が科学者コミュニティーをかなり狭い範囲のものと規定している点を指摘している[22]。たとえば，ある生徒が固有な理論を作り上げたとしても，学校には，それを受け入れてくれる科学的コミュニティーへ接触する機会や方策が無いと指摘する。N.W. ブリックハウスは，学校科学をより広い展望をもって議論しており，生徒が，西欧科学を批判的に捉えることができるよう

になったり，西欧科学の方法と他の世界の科学の方法を比較できるようになったりする必要性を述べている。すなわち，社会構成主義者の立場から科学を学ぶことは，科学そのものの世界を広げ，新しい談話形式や行動様式を学ぶきっかけであり，文化化の一つのプロセスと捉えることができる。

　本研究に対する，社会構成主義研究からの示唆は，非西欧社会で科学を学習する生徒の体験と同様に，新たに学校理科という特殊で日常から離れたコミュニティーの中で科学を学習する生徒に対して，豊かな科学言語の環境を準備し，新たな談話形式や思考や行動の様式を提供する必要があるという点である。これは，生徒が学校理科へ文化化するためには欠かせない要件と考えられる。

第4項　構成主義アプローチの課題

1．子どもの見方や考え方を「科学的なもの」と見ることへの批判

　M.R.マシューズ（1993，1994，1997）は，構成主義者が，「世界について理解している子どもは科学的な理解もしている。」と主張する点を批判している。特に，科学者が持つ合理性を子どもも持つと単純に当てはめた点を批判する。彼によれば，科学的理解とは現象や事象に対する合理的に筋の通った抽象的な知識に対する理解であり，構成主義アプローチはこの科学的な理解を本質的に無視していると言う[23)24)25)]。この点については，世界についての子どもの理解，および彼らが行う実験や探究がいつも合理的とは限らず，かつ，得られた知見がみな等しく価値があると言い切れないことからも容易に推察できる。

　また，M.R.マシューズは，構成主義アプローチでは，子どもの考え方や信念に感覚的に挑戦する学習が強調され，科学的真実の基準や確立された科学的知識を教えることの価値を極端に無視している点を指摘する。彼は，客観的な科学的真実は個人が集めた観察結果に基づいて強化された個人の信念以上のものであり，それは道理にかなうかどうかに拘わらず，自然界の本質

を解釈し説明するものであり，学校教育の中できちんと教授する必要があると述べている。さらに，彼は，子どもの認識論的な信念に関しても検討する必要があると指摘する。認識論的な信念とは，知識や認識過程について個人的に持っている信念のことである。一般的に，子どもは，絶対主義的，客観主義的，非構成主義的な認識論に基づく信念，すなわち，知識は絶対的なものであり，大人から与えられるというような信念を保持していると考えられており，このような信念は，概念変容とは負の相関を示すものと考えられる。

さらに，S.キャラビタとO.ハルデン（1994）も，「生徒を科学者とみるアナロジー」を批判している[26]。このアナロジーの問題点は子どもの活動を「何でも科学的なものと見なす」ことにあり，この点に関しては，子ども時代のかなり早い段階から，彼らの見方や考え方が子どもなりの理論構造に組み込まれているという見解を支持する研究者でさえ，子どもと科学者の間には根本的な違いを認めている[27]。たとえば，科学者との相違としては，子ども達は，「系統だった仮説検証を厳密に行うことができない。」，「理論や科学的モデルの役割を十分に理解していない。」，「文脈が異なってしまうと理論を使えなくなる。」，「科学者が行うようなメタ認知ができない。」などを挙げることができる[28]。このような，極端な相違があるにも拘わらず，これまでの理科教育学研究では，「生徒は科学者」というアナロジーのメッセージ性が広く受け入れられ，子どもの見方や考え方を科学者のものと同じとする見方が尊重され続けた。

2．構成主義者が主張する相対主義への批判

さらに，M.R.マシューズ（1994）は，構成主義が主張する「科学は絶対的な意味において現実を知ることはできない。」，「科学的知識は単に人間が作ったものであり，必然的に，それは別なものにもなりうる。」という見方に対して批判を行っている[29]。彼は，前者に関しては，フォン・グラサスフェルド（1989）がラディカル構成主義の理論を作り上げる際，L.フレックの主

張の中から，「知識の内容は，われわれの文化の自由な創造と考えられなければならない。」，「すべての思考力のある個人は，なんらかの社会の一員である限り，生きていることに沿った現実や，その中で生きている現実を有している。」とする一節を引用したことが，構成主義者を相対主義の非難に晒させたと述べている[30]。たとえば，M.R.マシューズは，科学者が知識や理論を作り上げることは創造的な活動であるが，ある種の制御のもとで行われている活動という意味では完全に自由な活動ではないと指摘する。たとえば，科学知識は観察結果に制御され，実験は標準や基準に制御され，最終的な成果は科学者共同体の構成員の批判的な査定により制御されている。このように，科学知識は客観性，妥当性，信頼性を保証するために様々な方法や基準によって制御されているのである。

しかし，一方では，科学者共同体も個人から構成されており，査定の際に使用される方法や基準もまた人間によって作られているのも事実である。この点は，科学的知識を社会的構成物とみなす相対主義の主張とも重なるのだが，科学的知識の社会的構成に関する承認においては，「科学者は自分が望んだ知識を正当化している。」や「科学は単に権限のある人々の見解にすぎない。」という批判は，科学者共同体の中で生じることはないのである。

3．構成主義への極端な傾倒への批判

現在，概念変容に関する研究が構成主義研究の中心に位置づいているが，R.ドライバーらの言葉を借りれば「理科学習は概念の発達と同様に認識の発達に関係している」[31]。学習者の認識の発達研究では，多くの研究者が構成主義の考え方を取り入れ研究を進めているが，以下に示す極端な構成主義への傾倒には批判が生じている。

実践家であり構成主義者であるM.ロスとA.ロイチャウドリ（1994）は，構成主義の理論を最も成熟した認識論だと信じており，生徒を構成主義者にさせようとしている。M.ロスとA.ロイチャウドリの認識論研究では，「も

し，(生徒の) 認識発達が年齢によるものだとしたら，生徒が構成主義者になること，すなわち，最も成熟した認識論的なコミットメントを持つようになることを待つことは簡単である。……しかし，われわれ実践家にとって待つことは満足すべき解決策ではない。構成主義者の認識論では，暗に身近にある環境の中に生徒を放っておくだけは不十分であり，……現実を記述するための言語が複数あることについて話し合う時間が準備されなければならない。」(Roth, Roychoudhury 1994)[32] と述べ，構成主義の考え方を身につけさせるためには，現実を記述する複数の表記法の必要性を述べている。

また，M.ロスとA.ロイチャウドリは，構成主義を取り入れた学習環境下の生徒の様子を見て，「生徒達の科学的知識に関する見方が，より構成主義者や相対主義者の立場に向かって，望ましく成長しているように見える。」と報告している[33]。M.ロスとA.ロイチャウドリの教育目的は「科学の本質」を理解させることにあったが，構成主義の思想に傾倒するあまり，教育目的が「構成主義の本質」の理解に重点が移行してしまったと推察される。

第2節　理科教育における構成主義

第1項　理科教育における構成主義研究

先駆的な構成主義者であるJ.D.ノバック (1986) は，自らの著作「教育の理論」の前書きで，「哲学の中では，実証主義はもはや有効な認識論でもなく，生産的な認識論でもないことが明らかである。……台頭してきたものはT.クーンやS.ツールミンなどの思想に基礎をおく構成主義認識論である。」[1] と述べている。J.D.ノバックのこの指摘は，これまでの理科教育が前提とする実証主義や客観主義に基づく知識観を問い直す契機となった。また，1993年には研究的な立場から，K.トビンが，「広範囲に渡って，明らかに客観主義に対抗するオルターナティヴの採用が行われている。その中の一つが

構成主義である。……，これは，この10年間で専門的な研究の指標として一般化してきた」[2]と構成主義の台頭を指摘している。K.トビンのこの主張と連動して，リーズ大学の研究グループは，構成主義の立場からの理科教授を構想する際，「もし，科学の本質（Nature of Science）に関する生徒の理解の発達が，理科教育の暗黙の結果ではなく，理科教育の明白な目標であるのなら，科学の本質を明確にする必要がある」（Leach et al. 1997）と述べ，イギリスの理科教育の改革目標として「科学の本質」を扱うことを力説している[3]。これは1980年から90年代前半のイギリスの理科教育の力点が科学理論（Scientific Theory）の理解のみに置かれ，「科学の本質」を中心に据えた認識論的なテーマが十分に扱われていなかったことへの反省に立っている。以後，2000年代前半までのイギリスでは「科学の本質」を含んだ教育内容の哲学的価値が頻繁に議論された[4]。

　ところで，G.ウエスリーは，構成主義の根本原理が，知識の構成に関する生徒の能動性と適応的な経験世界の組織化にあると指摘している。

　「構成主義理論は2つの中心的原理に基づいている。……1つめは，知識は受動的に受け入れられず，認知的な主体によって意欲的に作られる。……2つめは，認知の機能は適応的なものであり，経験世界の組織化を補強するが，存在論的な現実の発見ではない……このように，われわれは真実を発見してはおらず，経験から存続可能な説明を構成しているのである。」[5]

　このG.ウエスリーの主張は次の2点にまとめることができる。
（ア）知識は認知的な主体によって意欲的に作られるものであり，環境を通して受動的に受け入れられるものではない。
（イ）知ることは，それぞれが経験した世界を組織化する適応的な過程である。したがって，人の心から独立している客観的な世界を発見することはできない。

　（イ）に関しては，R.ドライバーとB.ベル（1996）も，知ることに関して，「真実を，感覚的印象と現実世界の間の調和として見るのではなく，構成主

義者にとっての真実は，自分自身の概念を感覚的印象に調和させることである。換言すれば，真実に対する承認はわれわれ一人一人のなすべきことである。」[6] と述べ，真実を捉える際の承認や個人の認識の枠組みの重要性を指摘している。さらに，R. ドライバーと V. オルダム (1986) は，「われわれは客観的な世界の存在を仮定することができるかもしれないが，それに直接的に近づくことはできない。すなわち，一般的な知識としての科学は，発見されたものというよりも，むしろ注意深く吟味された構成物なのである」[7] と述べており，科学知識に関しても構成物であることを主張している。

G. ウエスリーや R. ドライバーらが主張する構成主義者の認識論に立つと，知識は認知的な行動の産物であり，われわれは客観的な真実に対する直接的で自然発生的な知識を持つことはできないのである。すなわち，構成主義では，人間を自らの認知的枠組みの影響を受けながら，自分の経験を通して世界を構成しなければならない存在として捉えていることがわかる。

第2項 構成主義研究とミスコンセプション

1．生徒の既有知識とミスコンセプション

D.P. オースベル (1978) は，「もし，私が，教育心理学の総てを単純な一つの原理に還元しなければならないなら，『学習者が既に知っているものを見つけだし，それに従って教えよ。』と主張するだろう。」[8] と述べている。

教育研究者が，教室に持ち込まれる生徒の見方や考え方に注目するようになったのは，1970年代後半に開始された ACM (Alternative Conception Movement) からである。当時は，本研究でミスコンセプションやプリコンセプションとして扱っている見方や考え方をオルターナティブコンセプション (Alternative Conception) として一括して呼んでいた。1970年代，これは学習を妨害する要因であり，克服すべきものという考え方のもとに多くの教育研究，発達心理学研究，実験心理学研究が始まった。そして，1980年代以降には，理科教育の中でも授業の中でプリコンセプションが保持され続ける様

子や，ミスコンセプションが変更されていく様子が詳しく報告された[9)10)11)12)]。研究者の多くは，「子どもがどの様にしてプリコンセプションを持つようになったのか」，「子どものミスコンセプションはどのように変容するのか」，「子どもの様々なミスコンセプションに対して教師はどのように対処すべきか」などを課題として取り上げ，子ども特有のオルターナティブフレームワークを明らかにした[13)14)15)16)]。このような ACM から導かれた肯定的な側面は以下の4点である。

1) 量的データに基づいた研究が多かった理科教育研究に質的研究を導入した[17)]。
2) 「子どもの頭の中は白紙（tabula rasa）である」とする従来の学習モデルに対して，構成主義の思想を導入した。
3) 教授法の重要性を再考させた。また，ポートフォリオに代表されるような新たな評価方法を提案した。
4) J.ピアジェの発達段階説を領域一般のものとして捉えられないことを指摘した。発達段階は領域によって異なる領域固有性を強調した。

とりわけ，実践的な視点からは，ポートフォリオに代表される新たな評価法の普及とともに，ミスコンセプションを克服するための教授法の重要性が広く認識されるようになった。また，研究的な視点からはキーコンセプト（鍵概念，中心概念）に対する子ども特有のミスコンセプションが明らかにされ，その対処方法についても多くの改善策が提案された。1970年代後半以降の研究成果はミスコンセプションの多様性を物語っており，それらは子どもの見方や考え方を象徴するものと捉えられた。

2．ミスコンセプション

(1) 力学と重力に関するミスコンセプション

物理学の中でも力学に関するミスコンセプションは，多くの事例の中に見いだすことができる。たとえば，ボールを真上に投げ上げた時，ボールにど

ある人がテニスボールを真上に，かるく投げています。
　ボールにどんな力がかかっているのかについて質問します。

　もしボールが上にあがっていく途中ならば，ボールにかかっている力はどちら向きだと思いますか。下の図の中から選びなさい。

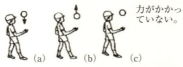

　もしそのボールがちょうど一番高いところまで上がったとすると，ボールにかかっている力はどちら向きだと思いますか。下の図の中から選びなさい。

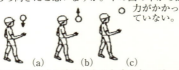

　もしそのボールが落ちてくる途中にあるとすると，ボールにかかっている力はどちら向きだと思いますか。下の図の中から選びなさい。

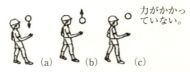

図 1-2-1　M. ワッツと A. ジィルベルスタジンの調査問題（森本・堀, p.70）

のような力が働いているかを尋ねる問題（以下，「ボールの投げ上げ問題」；図1-2-1）は興味深い例である[18]。教科書では投げ上げたボールにかかる力について，次のような説明がなされている。

「手から離れたボールには，重力だけがかかっている。重力は物体に作用し，ボールに下向きの影響を与え続ける。上昇速度は時間とともに減じ，頂点ではボールの速度がゼロとなり，その後は落下速度を増やす方向に働く。そして，着地するまで加速するように重力は作用し続ける。」この教科書の説明からは，「重力のみが物体に働く」ということが，「ボールの投げ上げ問題」の核心であることがわかる。

構成主義研究が始まる以前には，この「ボールの投げ上げ問題」を生徒が難しいと感じるのは，物理学が抽象的な学問であり，扱う内容が複雑であるためと考えられていた。したがって，「ボールの投げ上げ問題」の難しさを解消するためには，この現象の説明を易しく行い，基礎的な説明を繰り返すことが特に重要とされていた。しかし，このような教師の努力にも拘わらず，生徒の実態はなかなか改善しなかった。

　ところが，構成主義研究が進展するにつれて，生徒が間違えるのは現象に対する描写能力や説明能力の不足ではなく，専門家とは根本的に異なる見方で現象を捉えているということが明らかになった。たとえば，それは，次のような生徒の説明に端的に現れている。

　「投げ上げられたボールには，上向きの力と下向きの力（重力）が働いており，上に投げ上げられる時には，上向きの力が重力に打ち勝っており，それが徐々に弱まってきて，頂点では上向きの力と重力が釣り合い，その後，上向きの力が重力に負けて落下する。」

　この説明からは，生徒がボールにかかる上向きの力と下向きの力（重力）の力関係でボールの動きを捉えていることが読み取れる。この生徒は，これまでの日常経験の中では，ボールが上へ飛んでいく時にはいつもこう考えていたのである。しかし，教師達はそのことに気づかなかったのである。

　しかし，この事実を知った教師達は，教授の重点を，生徒に「力は位置の変化に直接作用するのではなく，媒介として速度に直接作用し，その速度が位置を変化させる。」という説明をきちんと行うことにおいた。特に，この「ボールの投げ上げ問題」では，「頂点では平衡が生じ，ボールが瞬間的に静止した状態にあること」，「平衡はエネルギー保存や運動量保存に係わる重要な原理の一つであること」などにも触れながら，実験を通して「加速度を力の量に比例するもの」として理解させることが重要な教授目標となっていった。

　ところで，力学のミスコンセプションに関しては，「ゴルフボールにどの

第 1 章 理科教育における構成主義と概念変容の理論　49

ゴルフボールに力が働いていますか。
図 1-2-2　R.J. オズボーンと P. フライバーグの調査カード

ような力が働いているか」をインタビューで尋ねる研究によって，物体の「運動は力を伴う (Motion Implies Force; MIF)」とするミスコンセプションが発見された。MIF は，生徒のミスコンセプションを代表するものであり，多くの生徒が，「運動している物体には，運動している方向に力が働いている。」や「運動し続けている物体には力が働いている。」と考えていることを明らかにした。これは，現在のニュートン力学でいう「加えた力に比例するのは加速度である。」とする考えとは矛盾した考え方である。たとえば，R. オズボーンと P. フライバーグは，図 1-2-2 に示したカードを用いて，ゴルフボールにどうような力が働いているかを 7 歳から19歳までの児童・生徒40人にインタビューした。この調査の結果，彼らの半数以上が「力」は運動している方向に作用しながらゴルフボールの中で働いていると考えていることが明らかとなった[19]。

(2) 電気に関するミスコンセプション
　電気は，電流・電圧・エネルギー・電力など，あらゆる種類の理論的用語が多いテーマである。多くの生徒はそれらの区別を難しく感じており，ほとんど同義語として使用している。さらに，生徒の多くは電流回路の本質の理

D. シップストン（1985）は，ドイツの研究を引用し，入門の物理コースを終えたばかりの13歳から15歳の生徒のうち，約85％が，「新しい電池にはどれも，ある量の電流がつまっている。……そして，電池の中の電流は，時間がたつにつれて，電気製品によって消費される」ことに同意していると述べている[20]。

　また，ニュージーランドの研究（Osborne, Freyberg 1985）では，8歳から12歳の児童・生徒は，電気回路を説明する次の4つのモデルのどれか1つに賛成することを明らかにしている[21]。また，多くの調査で用いられるモデル図を図1-2-3に示した。

モデルA：電流は電池の上の電極から電球に流れる。電流は戻らないので，一本の導線だけが必要である。〔モデル図（a），モデル図（b）〕

モデルB：電流は2本の導線を通って電球に流れる。正の電荷は一つの方向から，負の電荷は他の方向から流れる。たとえば，ある11歳の生徒は，「電流は電球でぶつかる。」と説明している。〔モデル図（d）〕

モデルC：電流は一つの方向のみに流れる。しかし，光っている電球の中で電流が使われるので，「戻りの導線」の中での電流は少なくなっている。〔モデル図（d）〕

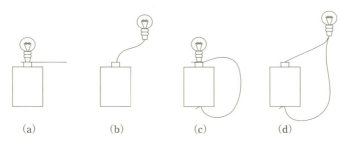

図1-2-3　電池と豆電球の理解の様子を調査するためのモデル

モデルD：（科学者の見解）：電流は一つの方向のみで，回路のどこでも一定である。〔モデル図（d）〕

これら4つの見解は年齢とともに変化しており，特に，モデルDは堅実に増加し，モデルCは15歳でピークに達し，その後，急速に減少することが示されている。また，電流回路に関する代表的なミスコンセプションとしては，(a)(b)(c) の図のように，＋極からだけ電流が流れるので導線は一本だけでよいとか，＋極－極から同時に電流が流れるとか，豆電球で明かりをともすと電流が消費されるとする考え方の存在が明らかにされている。

さらに，他の現象に対するミスコンセプションと違い，電気のミスコンセプションの研究成果の中でとりわけ興味深いのは，生徒が，説明すべき状況が変わるたびに使用するモデルを変えることがある，ということである。

第3項　構成主義研究と理科カリキュラム

構成主義では理科カリキュラムを学習課題や教材などを含んだプログラムと捉えており，生徒が自分の理解を発展させるための学習課題やストラテジーを含んだ連続体と規定している。この主張は，生徒を中心に据えた理科カリキュラム開発の理念に大きな影響を与えている。特に，学習課題については，G.J. ポスナー（1982）が以下のように述べている。

> 「もし，子ども達の経験や学習過程を理解するために，ある学習成果が何故生じるか，あるいは，何故生じないのかを考えようとするなら，教師が子ども達に対して『与えた』と考えている課題ではなく，子ども達が関心を示すような『課題』を理解しなければならない。」[22]

G.J. ポスナーは，子どもに取り組ませる「課題」の良し悪しが，構成主義に根ざした理科カリキュラム開発の要と考えており，教師は子ども達が関心を示すような「課題」の特徴に精通する必要があり，しかも，構成主義の立場からは，それを扱う授業方法についても熟知していなければならないと指

摘している。とりわけ，教師にとっては「課題」を解決するための相互支援的な授業方法[23]の理解が重要だと述べている。

1. 構成主義者の授業観

　構成主義学習論には，「知識はそれを得ようとする生徒が，自らの理解の枠組みに基づいて構成していく」という知識観が中心に位置づいている。表1-2-1は，伝統的な授業と構成主義の立場に立つ授業の比較表である。以下，構成主義学習論に基づき，構成主義に基づく授業の特徴を述べる。

　表1-2-1を見ると，構成主義者の立場に立つ授業と伝統的な立場に立つ授業とは根本的に異なっていることが分かる。たとえば，構成主義者は，生徒を単に知識を受け取る存在としてではなく，自らの世界観を積極的に作り出す存在であり，理論の創出者と見なしている。構成主義者の立場に立つ授業では，伝統的な立場の情報の伝達，すなわち，客観的知識の伝達を否定している。したがって，生徒は新しい知識を能動的に構成していく存在として捉えられている。また，構成主義は教師像の変更を求めており，教師を学習のファシリテータ（支援者）と規定し，生徒の知識構成を援助する存在である点を強調している。さらに，構成主義では，学習に対する評価を，従前のテスト法に代えて学習成果物であるポートフォリオを用いて評価しようとして

表1-2-1　伝統的な授業と構成主義の立場に立つ授業の相違点

伝統的な授業	構成主義の立場に立つ授業
・生徒を，教師によって情報が刻みこまれる「何も書かれていない黒板」と見なす。 ・教師は講義を通して生徒に情報を広める。	・生徒を，世界についての独立した理論を新たに生み出す人と見なす。 ・教師は，生徒とコミュニケーションをとりながら行動し，生徒のための環境を準備する。
・学習の評価を，教授とは切り離されたものと捉える。ほとんどをテストによって行う。	・学習の評価を，教授と不可分なものと考える。学習中の生徒の観察，生徒の作品やポートフォリオを用いて行う。

(Brooks, J., Brooks, M. 1993 [24])を一部改変)

おり，結果に対する直接的な評価を重視していることが分かる。

　このような構成主義の授業観を踏まえた授業デザインはこれまでにも数多く開発されている。教授ストラテジーの開発者たちは，一連のプログラムの中に科学の方法，すなわち，データの解釈，仮説の設定，仮説の検証，実験の計画・実施などを埋め込んでおり，活動の中で生徒が科学知識の重要性に気づいた時，その知識は最も分かりやすいものになると考えている。たとえば，構成主義者が唱える一般的な授業デザインの中には，
・生徒を対象に向き合わせ，自分の説明を発展させる。
・説明をもとにデータを解釈させ，認知的な葛藤場面に参加させる。
・葛藤場面を経験させた後に，生徒に仮説を考えさせる。
・仮説をテストするための新たな実験を計画させる。
・競合する説明の中から適切な仮説を選択させ，実際に実験を行わせる。
などの展開が組み込まれている。

　しかし，このような構成主義学習論から導かれた授業デザインに対し，R.ミラーは，構成主義学習論は構成主義の教授を必然的には伴っておらず，教授方法に影響を受けない生徒の理解の様態があることを指摘している[25]。

2．構成主義者の学習者観

　M.C.ウィットロック（1974, 1977）は，構成主義の立場からの学習者像を生成的学習モデルの中で鮮明に示している[26]。M.C.ウィットロックは，学習者が意味を生成するという考え方と情報処理理論とを結合させて生成的学習モデルを提起している。すなわち，新しい知識の生成は，記憶から引き出された既有の知識や入力された感覚情報に基礎を置いており，修正を経て包摂されると主張した。この学習モデルでは，学習者は視覚・聴覚・臭覚等の入力された感覚情報から，能動的に意味を構成し，生成しなければならない存在として捉えられている。また，入力された感覚情報と今保持されている知識の結びつきの生成，能動的な意味の構成，新しい考え方の検証と包摂は，

学習者によってのみ成し遂げられる事柄とされた。さらに，ここで示す学習者像は，年齢や発達段階よりも彼らの経験によって，各々が異なった情報処理をするという命題を前提としていた。生成的学習モデルの中で明確にされた学習者像は以下の7点である。

・学習者は，彼らにとって有用と思われる感覚情報のみを選択的に取り入れ，記憶に蓄えたり，処理したりする。
・学習者によって選択され，注意を向けられた情報それ自体は意味を持たない。教師の発した言葉の意味は，学習者がその言葉を聞いただけでは伝わらない。
・学習者は，入力された情報と記憶内容との間に関連性が認められたとき，これら2つの情報の間に結びつきを作ることができる。
・学習者は，記憶内容にある情報を引き出し，これを用いて，入力された感覚情報から能動的に意味を構成する。
・学習者は，構成された意味を記憶内容および経験に照らし合わせて検証する。
・学習者は，構成された意味を記憶の中へ包摂する。
・学習者は，記憶する際に，新たに構成された意味に対してある種の位置づけを行う。

　上記の7つの特徴は，構成主義の学習観を反映したものである。これらの特徴からは，M.C.ウィットロックが，一人一人の学習者が各々の経験をもとに感覚情報に働きかけ，構成された意味を記憶の中へ包摂する時に知識が構成されると捉えていることが分かる。

3．構成主義における概念変容研究

　概念変容研究は，ミスコンセプションを正しいコンセプション（概念）に変化させる過程を対象としている。構成主義に基づく概念変容については，細部に対する哲学的な観点からの合意が無いにも拘わらず多くのカリキュラ

ムが開発されている。既述したように，M.C. ウィットロック（1985）は，概念変容のプロセスは他教科の学習と理科学習を識別する最も重要な特徴と述べている。それは，このプロセスが科学の発展過程と同様に，生徒の持つ理論が修正されるプロセスとして特徴づけられるからである[27]。1985年以降，概念変容を説明する認識論モデルの検討ではM.C. ウィットロックが指摘する「理論は修正することができ，かつ仮のものである。」とする科学の発展過程が，生徒の科学的知識の成長[28)29)30)]や教師の科学的知識の成長を記述する有力な考え方として扱われた。しかし近年では，両者の科学知識の成長過程は，研究者が考えるほど「合理的なものではない」ことが示され，合理性に対する主張は弱まっている[31]。

ところで，G.J. ポスナー，K.A. ストライク，P.W. ヒューソン，W.A. ジルトザグ（1982）らは，ミスコンセプションの変容プロセスの調査から，次のような生徒の認識や信念などが確認できたと報告している[32]。

（ア）矛盾の認識
（イ）矛盾を，今持っている概念の中に適応させることが必要だとする信念
（ウ）信念の中の矛盾を少なくしようとする傾向
（エ）同化しようとする試みがうまくいかなかったという認識

（ア）〜（エ）に加え，G.J. ポスナーらは，概念変容がゆっくりとしたものであり，意欲や動機づけも重要な要素であると述べている。R.J. オズボーンら（1985）は，学習対象に対する疑問をさらけ出させ，その後，疑問に対する答えを見つける方法を教師が援助すれば，生徒の意欲は低下することなく，自らの考え方を進んで変化させるようになると報告している[33]。しかし，概念変容がゆっくりとしたものであるというG.J. ポスナーの主張や，R.J. オズボーンらによる意欲や動機づけに関する主張は，当時の研究者達には，概念変容の実態や要因から遠く離れたものとして，あまり顧みられることはなかった。

多くの概念変容研究の中で，現在まで影響を及ぼしているのは概念変容の

4条件を述べたP.W.ヒューソン（1981）の研究である[34]。彼によると，概念変容が生じる際には，「古い概念の中に幾つかの『矛盾』が存在しており，新しい概念は，分かりやすく（intelligible），妥当性が高く（plausible），有益である（fruitful）ものでなければならない」のである。同様の観点は，生徒の認識や信念を調査したG.J.ポスナーら（1982）も指摘しており[35]，彼らも，概念の変容は「生徒が既存の概念に不満を抱いた時，新しい概念を予備的に理解した時，新しい概念をもっともらしいと認めた時，新しい概念が他の問題の説明に役立つと納得した時」にのみ生じると述べている。

一方，J.ソロモン（1983）は，生徒は「自分の知識に対する信頼性を失うことへの危惧感」や「自分の知識を包みこむような新しい知識を採用することへの脅威」を常に持っていると指摘する[36]。そして，生徒は，この危惧感や脅威を解消するために無意識に2つの領域を行き来していると述べている。J.ソロモンによれば，2つの領域の1つは，生徒達が自分達の世界を説明するために使用している「日常的な認識（everyday notions）の領域」であり，もう1つは，教師が教える「科学的説明（scientific explanation）の領域」である。この2つの領域はお互い十分に離れたところで存在しており，J.ソロモンは，生徒の理解には，「日常的な認識の領域」と「科学的説明の領域」の間を行き来する能力や，領域の弁別力が働いていると主張する。たとえば，生徒の日常的な認識は，教師が教える科学とは矛盾しているものの，社会的な価値や人々とのコミュニケーションによって強化されている。したがって，生徒にとっては，科学に係わる日常的な認識を変えることは必要のないことであり，あるいは，全く思い付かないことかもしれない。したがって，生徒は理科授業の中では部分的に「科学的説明の領域」の考え方を受け入れ，あとは，日常的な知識と記号的な知識の間の選択を上手く行って，世界の意味を了解している。しかし，多くの教育学者や心理学者は，この生徒の「日常的な認識の領域」と「科学的説明の領域」間の食い違いを大きな問題として捉え，生徒の考え方を科学者の科学に近づけるための努力を続けているので

ある[37]。

第3節　概念変容理論と概念変容アプローチ

第1項　概念変容理論

　理科教育における概念変容の研究は，R.ドライバーとJ.イーリィ（1978）やL.ビーネット（1979）らのミスコンセプションやオルターナティブフレームワークの研究から始まったと言われている[1,2]。J.D.ノバック（1977）によれば，このアプローチが出現した1970年代後半は，ピアジェの発達段階説から認知発達説へと移行が始まった時期である[3]。この時期の研究のほとんどはピアジェの構成主義認識論の影響を受けていた[4]。1980年に入ると，多くの教授ストラテジーが提案されたが，特に，科学概念の概念変容研究に大きな影響を与えたのはコーネル大学の研究者達である[5,6,7,8,9]。

　P.W.ヒューソン（1981）は学習に係わる研究の中で概念変容を扱い，教育研究の中心に位置づけた人物である。また，G.J.ポスナーら（1982）は科学理論の概念変化（Conceptual Change）[10]に着目し，T.クーンやI.ラカトッシュが科学史上の理論転換を説明するために提案した「通常科学」や「科学革命」の概念を，人間の概念変容を説明するための枠組みとして取り入れ，理論化を目指した。G.J.ポスナーらによって発表されたモデルは科学概念の変容研究に最も影響を与えたモデルである[11,12,13,14]。

　G.J.ポスナーらの概念変容モデル（Conceptual Change Model: 以下，CCM）は，学習を新しい概念と既存の概念間の相互作用として捉えている。特に，概念の性格によって決められる「地位」と，概念が生成したり消滅したりする「生態環境」という観点から概念変容をモデル化している。概念の地位を考える際のポイントは，既に述べた概念の理解のしやすさ，概念の信頼性，概念の有益性にあり，これらは人々が概念の価値を決める際に着目する観点

である．この観点に従えば，概念が受け入れられ，新たな発見に寄与した時，概念の有益性は高まるのである．すなわち，概念の地位は理解のしやすさや新たな発見への寄与に比例して上がると考えることができる．また，高い地位に位置づく概念は常に首尾一貫しており，それを持っていることに価値があると捉えられる．したがって，CCMの主張を踏まえると，概念変容は概念の相体的な地位の変化と捉えることができる．たとえば，もし，高い地位にある既存の概念と矛盾する新しい概念が現れても，既存の概念の地位が下がらない限り，新たな概念が受け入れられる可能性は低いのである．したがって，概念変容は個人が自らの既存の概念に不満や限界を感じ，その地位を下げ始めない限り生じないと考えられる．

次に，概念の生態環境について分析する．これは，概念を生徒の経験や社会的相互作用の成果物と考えるためのメタファーとして機能している．CCMではこのメタファーを使用して，新しい情報が与えられた時に，自らの概念が個人の認識にどのような影響を及ぼすかを考察している．一般に，われわれは知識の本質や物理現象の本質に対してある種の信念を持っており，それをもとに世界を理解している．CCMでは，概念の生態環境へ新しい概念が入り込み，その良さを説明しようとする際には，個人の認識論的かつ形而上学的な信念が影響すると捉えている．さらには存在論的な要因も影響していると考えている．また，概念の生態環境の中に位置づく概念には，一つの概念が変化すると他の概念も変化するというネットワーク化された関係性が見られる．すなわち，概念の生態環境下では，ある概念に対する見方が変われば，他の概念に対する見方も変わってしまうのである．さらに，概念の生態環境下では，生態的な地位を確保するために概念同士は競争していると考えられている．したがって，生き残った概念は，例外の理論や考え方をうまく調和し，それを取り込みながら個人の認識論的な立場を満たす概念として勝ち残った概念と考えられる．

ところで，CCMの研究者たちは，概念変容のプロセスを進めたり，遅ら

せたりしてしまう社会的要因に関しても探っている。K.A. ストライクと G.J. ポスナー（1992）は，概念変容に影響を与える広範な要因を探るためには，学習動機，教授目標，教授・学習の制度的要因，概念の社会的起源をも探る必要があると述べている[15]。

　また，P.W. ヒューソンは概念変容のプロセスや社会的相互作用は意思的なものであると主張している。学習の中には，機械的プロセスを経るものや偶然のプロセスで達成されるものもあるのだが，彼は概念変容を，ある種の力が加わった教師の意図的行動を生徒が意思的に行うプロセスと捉えている。特に，彼は，このプロセスを経て生徒が獲得する知識は，概念の生態環境の中から意思的に選択されたものであり，学習を経ることによって妥当性が高まっていくと考えている。

第2項　一貫しているミスコンセプションに対する概念変容アプローチ

1．概念変容を促進する要因と展開

　既に述べたように，古典的な構成主義の教授モデルでは，生徒は合理的に思考する存在だと仮定しており，科学者同様，正当な理由がない限り，今ある考え方を保持し続けると考えられていた。そこで，CCMでは生徒の概念システムを変えるために以下の条件を提示したのである。これらは，科学者が自らの理論を変える際の基準である[16]。

（ア）既存の概念では不十分である。
（イ）新しい概念は分かりやすい。
（ウ）新しい概念は妥当性が高い。
（エ）新しい概念は，今後の追及において有益である。

　これらの4条件は教授のための枠組みとは言えないものにも拘わらず，分かりやすく，生徒が概念や信念をどの基準のもとで比較したら良いかについて1つの完成したモデルを提供している。この4条件は，T. クーンと I. ラカトッシュの考え方を参考にしているが，彼らの研究で用いた社会学的枠組

みが，個人の学習に単純に転移できるとは考えられず，また，科学史研究との関係性も不明瞭と言わざるを得ない。さらに付け加えれば，この4条件は認識論的なものであり，心理学的条件が反映されていない。

4条件のうち，(ア)に関しては，既有の概念（理論）がいろいろな例外に対応できないことが条件となる。これは心理学的条件に書き換えた「生徒が既存の概念（理論）に不満を持っている」と同義である。(エ)に関しては，新しい概念（理論）はパラダイムを発展させるものでなければならないという条件である。特に，(エ)は心理学的な立場からは十分に研究されていない条件である。(イ)(ウ)(エ)に示した新しい概念の有用性を生徒にいかに意識してもらうかは，難しいテーマであるが，この解決のためには，
①新しい科学知識を，彼らのミスコンセプションと十分に比べてみることを薦める。
②新しい科学知識が，いかに自らのミスコンセプションとかけ離れたり，矛盾したりしているかに気づかせる。
③科学知識が，現実世界の経験や信念からかけ離れたものである事実に気づかせる。
などの活動が必要となるだろう。

2．概念変容の教授アプローチ

CCMが発表された同時期に，J. ナスバウムとS. ノビック (1981)[17]によって，初期の概念変容の教授ストラテジーが発表されている。その展開は以下の通りである。既に述べたように，ここでいうオルターナティブフレームワークは，本研究で言うプリコンセプションやミスコンセプションとほぼ同義である。
①学習者に自らのオルターナティブフレームワークを明らかにさせる。
②オルターナティブフレームワークに合わない証拠を示し生徒に不満を生じさせる。

③正しい科学に基づいた新しいフレームワークを提示する。そして，以前のものを例外としてどのように見なせるか（解釈できるか）を教師が説明する。

このストラテジーは今から約30年前に提案された素朴なものだが，いまだに概念変容の一般的なアプローチとして使用されている。このアプローチでは，生徒のオルターナティブフレームワークに合わない証拠（反証）を概念変容のきっかけとして位置づけており，そこでこの不満をきっかけに，既存の概念と新しい概念の間で葛藤状態を作り，そこで両者の違いをより鮮明にさせて葛藤を解決するという手法を取っている。

また，R.ドライバー（1989）も概念変容の教授アプローチを提案している[18]。そこには数段階のステップがあり，まず初めのステップでは，生徒の素朴な考え方を引き出す（elicitation of prior ideas）ことが行われる。次に，少人数のグループによる説明やそれぞれの考え方の交換を行わせている。その後，矛盾する状況へ接近，続いて，新しい考え方を構成していくステップへと展開している。これらのステップは，生徒の理解の進行の様子を検討することによって追試が可能である。R.ドライバー以前の構成主義アプローチは，カリキュラムのシークエンスやペースの改善に関するものがほとんどだったが，R.ドライバーの教授アプローチでは，「子ども達に対し，学習は自分の思考方法の変化を含むかもしれないことをはっきりと気づかせる」[19]点を強調しており，子ども自身に自分の知識スキーマやフレームワークの変更を促している点に特徴がある[20]。

この事に関しては，W.L.ソンダーズ（1992）も，「認知的再構造化のための必要な条件は，無傷なシェマ（スキーマ）という選択肢をもはや維持できないことに気づくことであり，また，唯一できる選択が，自分の経験（データ，測定値，観察結果）により一致したものなるように自らの認知構造を修正することだと実感することである。そのためには，事象や現象に対して繰り返して行える探索的・探究的な行動が必要である。」[21]と述べている。

3. *Children's Learning in Science Project*（子ども達の科学学習プロジェクト）の教授アプローチ

イギリスの *Children's Learning in Science*（CLIS, 1987）[22] は生徒のミスコンセプションや授業の中での生徒の認知的な活動を重視した教授アプローチを採用している。このプロジェクトでは，教師用ガイド，ティーチングスキーム，ワークシートなどは用意されているが，生徒用テキストは作られていない[23]。

CLISは教授アプローチとして次の段階を提案している。

①生徒が既に有しているミスコンセプションを表出させる。
②生徒に自分のミスコンセプションを再構成する経験を提供する。
③新しい見方や考え方や概念を応用する機会を提供する。
④自分のミスコンセプションを変えた理由やその様子を発表する機会を与える。

①の活動では，課題に対する生徒のミスコンセプションを表出させるために討論の形をとっている。このステップは，まず2人～4人のグループで行われる。グループ討論の後に，それぞれのグループはポスターによって自分たちの考え方を表現するように求められ，クラス全員に対して紹介する。たとえば，「固体，液体，気体の相違を説明する」課題では，ポスターの形でグループの理論を定式化することを求められる。「粒子と粒子の間には空気がある」，「粒子の大きさは物質の状態に依存する」などを示すポスターからは，生徒特有のミスコンセプションを読み取ることができる。一連のステップは，生徒が自らのミスコンセプションをはっきりと意識し，さらに，他の生徒の考え方との類似点や相違点を明らかにするための重要なステップである。

次の②は再構成の段階である。この段階には，実践的な課題である「イメージを記述する課題」，「教科書の問題の解答作業」などが含まれている。その後，③の再構成したものを応用する段階を経て，④の段階ではミスコンセ

プションを変更した理由を発表する機会が設定されている。また，単元の学習中，ポスターは記録として教室内に掲示され，この段階の中でも修正が行われる。CLISでは，①〜④の段階それぞれで，生徒のミスコンセプションを表出させることを試みている。そのため，教師は授業全体を通してファシリテータ役に徹しており，真実や知識の伝達者ではなく，それらを構成させるための経験の提供者となっている。また，その時の教師は，生徒の考え方をより発展させるために，診断的に生徒達の学習に介入する役割を担っている。たとえば，作成されたポスターの相違点に生徒の注意を導いたり，彼らの理論では説明できない観察結果を示したり，さらには，必要に応じて新たな実験を導入することが教師の仕事となっている。

　CLISの粒子理論の教授アプローチでは，最終目標として「粒子的な用語を用いて単純な現象を説明してみる」ことをあげている。この目標は，生徒に初期段階のミスコンセプションの再構成を自覚させ，新たな粒子理論のもとで現象を説明させることを意味している。さらに，CLISでは一連のストラテジーを経ることによって，グループや教室という社会的状況の中で，知識や概念が定式化されることも学ばせている。

第3項　断片化しているミスコンセプションに対する概念変容アプローチ

　CCMの理論に対してA.A.ディセサ（1993）は次のような批判を行っている[24]。彼は，生徒の見方や考え方は，内面的に矛盾のない理論的なフレームワークから構成されてはおらず，「ばらばらな知識」から成り立っていると指摘する。そこで，A.A.ディセサは，生徒を概念変容の対象と見ることを止め，断片化された知識の設計者と捉えることを主張する。彼によれば，概念変容は個人の知識の再組織化であり，断片化している知識をより良く組織化することにある。また，彼は，学習とは生徒の知識や概念のうち生産的なものを選び出し，それを精緻化させ規範的な概念に仕立てることと捉えてい

る。すなわち，これは，自らの知識表現の中に素朴な知識を組織化していくことであり，自らのメンタルな基盤の上にいろいろな要素間のつながりを構築することである。このように A.A. ディセサは，「学習者の知識は全体がきちんと整合されたものではなく，それぞれがある程度独立した要素群から構成されている」と捉えており，この複雑な知識体系を概念生態系と呼んでいる。この概念生態系に存在する要素群は phenomenological primitives（現象学的プリミティブズ，略称；p プリムズ）と名付けられており，これは，生徒が持っている素朴なスキーマに他ならない。この p プリムズは物理的な（現象的な）リアリティーに対する表面的な解釈物であり，生徒が物理的現象を説明する際に重要な役割を果たす知識である。p プリムズは小さくて，単純で，自然に感じ取られた知識の小片であり，生徒は経験を理解するための手助けとして活用する。さらに，p プリムズは，単独では説明的な機能は果たさないが，より大きな体系の一部分となると有効性を発揮するようになる小片とも捉えられてる。

　A.A. ディセサは，p プリムズが構造的なものへと組織化される過程を概念変容と考えている。その展開過程をみてみると，学習の初期段階では，生徒はこの p プリムズと呼ばれる直感的知識を持っている。そして，p プリムズは概念変容が進行する過程の中で複雑な説明体系の中に統合されていくのである。A.A. ディセサは，多くの p プリムズが効果的な場所におさまる時，それは，科学法則が特殊で効果的な場合に知覚される時と同じように，p プリムズもそのような状況や場面で知覚されるようになると述べている。したがって，p プリムズが発露するメカニズムは，p プリムズの単純な削除や置き換えの過程ではなく，複雑な統合と再組織化の過程の中にあると考えられる。

　A.A. ディセサの主張を借りれば，概念変容は p プリムズの再組織化に他ならず，ある現象の説明に役立つ p プリムズが内面的な一貫性を高めたり，組織を増加したりする過程と考えられる。以上のことを踏まえると，「ばら

ばらな知識」であるpプリムズは，提示された科学概念に対して何ら抵抗することはないのである。したがって，断片化された知識に対しては，認知的葛藤を生じさせようとする教授的な介入は全く意味をなさないことになる。

第4項　概念変容を目指した他のアプローチ

1．J.クレメントによる「橋渡しアナロジー」

　D.H.パルマーは，多くの生徒が，重力を地球の中心に向かう力とは考えず，地面に向かう力として捉えているために，「地面に埋められたレンガには重力が働かない」と認識していることを明らかにした[25]。さらに，彼は「抗力」についても，生徒のミスコンセプションを調査している。図1-3-1の図を用い，「風船」や「バネ」や「机」の上に本を置いたり，「人」に本を持たせたりして，本が物体や人を下向きに押しているかどうかを尋ねている。
　この問に対して，ほとんどの生徒は本に働く重力を指摘することができた。しかし，重力と釣り合う抗力については，物体の状態の違い（固体・液体・気体の違い）や「固い」か「柔らかい」かなどの状況によって，その考え方は変わっていたと報告している。特に，多くの生徒は，「変形しない固い物体の上では抗力を考えることができなかった」と指摘する[26]。このような，物体の変形と抗力について，J.クレメントは具体的なアナロジーを用いた教授法を提案している[27]。彼は，生徒が学習前から持っている知識（彼は，これをプリコンセプションやミスコンセプションと呼ばず「アンカー（碇）」と呼んでいる）を科学概念へと変容させるためには，段階を追った事例や実験を用い

図1-3-1　D.H.パルマーの調査問題の図（一部）

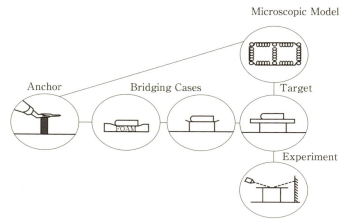

図1-3-2　J.クレメントが主張する「橋渡しアナロジー」

て，生徒の考え方を科学概念へと橋渡しする必要があると主張している。たとえば，図1-3-2に示したように，生徒は学習前から，「バネを手で押すと手は押し返される」ということを知っている。J.クレメントは，これをアンカーと位置づけ，スポンジやプラスチック板のように力を加えて変形させても，すぐに元の形に戻るような物体について生徒に考えさせている。さらに，本を載せたスポンジやプラスチック板から本を取り除くと，元の形に戻る現象を観察させて，本に対して上向きの力が働いていることを推察させる。次に，机の上に鏡を置きレーザー光を当てたまま机に力を加える。レーザー光の反射位置のずれを観察させ，固い机でも変形していることを実感させる。その後，物質を構成している粒子がバネのようなもので結びついているというモデルを示し，かつ，レーザー光による実験結果を再確認し，机も元の形に戻ろうと本に対して「抗力」を働かせていることに気づかせている。このように，学習前から持っている知識をアンカーとして，それを科学概念に向けて，次々に橋渡ししていくのがJ.クレメントによる「橋渡しアナロジー」の教授法の特徴である。ここでの展開は，物理現象ならではのものであり，

生徒の日常感覚を上手く活用していると言える。

2．D.I. Jr. ディクストラの概念変容モデル

　D.I. Jr. ディクストラの概念変容モデルは，概念拡張の観点から，概念変容を「急激な理論の変更ではなく，ゆっくりとした段階的な変化」と捉える立場からのものである[28]。加えて，概念変容とは，初心者が専門家になる概念の発達プロセスに似ており，このプロセスの中では，概念変容は突然に生じることはなく，段階的で緩やかな変化として現れると主張する。彼は，概念とは，「世界がどのようになっているかについての根本的な信念であって，そのような信念は各々の経験に対応した人と一致して形成するものである。」と考えており，生徒が既に持っている考え方を拡張・発展させることが概念変容にとっては最も重要なものと考えている。D.I. Jr. ディクストラは，力と運動の関係でこのモデルを説明し，概念変容の段階を次の3段階で説明している。

①分化
　新しい概念は，既存のより一般的な概念から生じる。
　（力学の中では，一般的な運動の考え方から「速度」と「加速度」が区別されることに気づく。）
②集合の拡張
　異なると思っていた概念が，より広範な概念の一つの事例であると分かる。
　（ニュートン学派の観点からは「静止」と「等速度」の概念が同じ物と見なされることに気づく。）
③再概念化
　概念の性質と概念間の関係に関する深い次元での意味の変容が生じる。
　（「力は運動を伴う（MIF）」という考え方から「力は加速度を意味する」への理解の変容が生じる。）

　D.I. Jr. ディクストラの概念変容モデルでは，概念変容を，「力は運動を伴

う（MIF）」という生徒の初期の概念が，「洗練された初期の概念」，「ニュートン派の概念（初期）」を経て「洗練されたニュートン派の概念」へと発展していく過程として示されていた。このモデルは，運動と力の関係だけを考えていた生徒が，速度と加速度の概念が導入されることによって自らの考え方に「分化」が生じ，さらに，静止と等速度の関係に対する集合の「拡張」が生じることによって，最終的には，運動を力と加速度の関係から説明できるようになっていく，というモデルである。この概念変容モデルを表1-3-1に示した。

　D.I. Jr. ディクストラの「ゆっくりとした段階的な変化」を含む概念変容とは，洗練化の進展に伴い，次第に内面的な分化が生じ，それがさらに拡張していく変化と考えられる。

　この概念変容モデルに対して，対局にあるのがS.ケアリー（1985）の概念変容モデルである。彼女のモデルでは，概念形成を目指した古典的アプローチの文脈でよく見かけるゲシュタルト的な変化が中心に位置づいている。これは，構造の本質的な再組織化や再構築を含むモデル[29]であり，根本的な考え方は前項で詳述した概念変容モデル（CCM）と同じである。

表1-3-1　D.I. Jr. ディクストラが提案した概念変容モデル

運動しているから力が働いている	加速度（速度増加で力が増える） 速度（力が一定なので速度が一定）	加速度（加速度が一定なので正味の力一定） 速度（速度が一定なので正味の力は0）	加速度があるので正味の力がある 加速度がないので正味の力がない
運動していないので力が働いていない	静止（運動していなければ力は働いていない）	静止（速度が0なので正味の力は0）	
初期の概念	洗練された初期の概念	ニュートン派の概念（初期）	洗練されたニュートン派の概念

3. *Matter and Molecules* (物質と分子) の教授プログラム

アメリカの *Matter and Molecules* (MAM, 1988)[30] プログラムはCLIS同様，生徒のミスコンセプションや授業の中での生徒の認知的な活動を重視している。MAMは自然科学の分野を専門としない教師のために，理科教育の研究者達によって開発されたプログラムであり，12歳の生徒を対象とした35レッスンから成り立っている。MAMは詳細な教師用ガイドと共に，CLISでは準備されていなかった生徒用教科書，課題や実験を含んだ教科書の補助テキストが用意されている。また，MAMは詳細な目標リストを作成しており，これは生徒達のミスコンセプションなどと対照できるものである。たとえば，分子運動に対する熱の効果に関する単元目標には，「暖められた物質の分子はより速く動く」ことの理解を掲げており，多くの生徒が示す「分子そのものが暖かくなったり，冷たくなったりする」などのミスコンセプションを分析した上での目標となっている。このようにMAMでは，教師に対し具体的な単元目標を明確に示している。MAMでは，科学を学ぶ過程は，生徒が持っている説明の枠組みの一貫性を破壊し，科学的な理論の要素をその枠組みに一致させる過程と捉えている。

ところで，MAMは，巨視的世界と微視的 (原子的) 世界の両方に関して，生徒が独自のミスコンセプションを有していることを強調している。CLISでは粒子理論の仮説的な性質や理論発展のダイナミズムが強調されていたが，MAMでは，原子や分子の実在が強調され，その性質は科学者によって十分に研究されたものとして提示されている。したがって，MAMはCLISと異なり科学理論の構築を目的とはしていない。この両者の決定的な相違は学習説の扱い方の違いに顕れており，CLISは構成主義学習説のみを採用しているが，MAMは転移説[31]と構成主義学習説の両者を採用している。また，MAMは概念変容アプローチ (conceptual change approach) を採用しているものの，構成主義の原理は5つのステップの中には取り上げられていない。以下，MAMの5つのステップを示す。

①問題の定式化：
　生徒に，彼らが知らないような興味深い課題を見つけさせる。
②モデル化：
　生徒に，熟達者（科学者）のアプローチや問題解決の方法を示す。
③コーチング：
　生徒に，自分で問題解決を行う機会を提供する。（生徒が学習初期の段階にいる時には，教師は，一時的な援助を行うための枠組みを組織する。）
④フェーディング：
　生徒に，教師の援助が徐々に減っていく中で学習を続けさせる。
⑤メンテナンス：
　生徒に，他の状況の下で概念やスキルを発展させる機会を与える。

　MAMでは，科学を学ぶ過程は，生徒のもつ理解の枠組みが，現在受け入れられている科学的な見方と一致するように再構築されるゆっくりと漸進的な過程と捉えている。たとえば，③は新たな知識の獲得の段階である。この段階の初期には，教師はモデリングやコーチングを行い，まず学習の足場作り（スキャフォルディング）をしなければならない。そして④は定着の段階で，生徒の再構築の様子を確認しながら教師は援助を減らして（足場をはずして）いくことが求められる。最後の⑤では，生徒に学習した概念と他の概念との関連性を意識化させる段階である。MAMでは，これら一連の段階を経て，生徒は概念どうしを一つの構造の中に位置づけ，理解することができると考えている。

　MAMは，評価に関しては質問紙法を用いてプレテストとポストテストを実施しており，ここで示した①〜⑤の教授ストラテジーを活用することにより，課題の達成率が50％以上アップしたと述べている。MAMの教授アプローチは，①〜⑤のステップを見る限り構成主義のアプローチとは言い難く，コーチングやスキャフォルディングの思想を中心に位置づけたアプローチと捉えた方がよい実践である。

以上検討してきた様々な立場からの概念変容アプローチにおいては，それぞれの研究者の概念変容に対する主張が色濃く反映されていることが確認できた。D.H. パルマー，J. クレメントは「アナロジー」の有効性，D.J. Jr. ディクストラは概念変容の「分化と拡張」の必要性，MAM は「転移」の重要性を主張している。また，MAM の概念変容アプローチでは，生徒のために行う「足場作り」のみならず，フェーディングとして位置づけた「足場はずし」を教師に求めた点に特徴がある。

第1章；註及び引用文献
第1節　第1項・第2項・第3項・第4項
1)　von Glasersfeld, E. (1989) Cognition, construction of knowledge, and teaching, *Synthese, 80* : 122.
2)　Bickhand, M.H. (1995) World mirroring versus world making: There's gotta be a better Way, In L.P. Steffe, J.Gale (eds.) *Constructivism in Education*, Lawrence Erlbaum, 229-267.
3)　Solomon, J. (1987) Social influences on the construction of pupils' understanding of science, *Studies in Science Education, 14* : 63-82.
4)　Driver, R. (1989) Changing conceptions In P. Adey (ed.) *Adolescent Development and School Science*, Falmer, 79-99.
5)　Strike, K.A., Posner, G.J. (1985) A conceptual change view of learning and understanding, In L. H. T. Pines, A. L. West (eds.) *Cognitive Structure and Conceptual Change*, Academic Press, 211-231. ストライク，ポスナー，概念転換として見た学習と理解，ウエスト，パインズ編，進藤公夫監訳，認知構造と概念転換，東洋館出版社，1994, pp. 259-285.
6)　Solomon, J. (1983) Learning about energy: How pupils think two domains, *European Journal of Science Education, 5* (1): 49-59.
7)　Smith, J.P., diSessa, A.A. and Roschelle, J. (1993) Misconceptions reconceived: A constructivist analysis of knowledge in transition, *Journal of Learning Sciences, 3* (2): 115-163.
8)　Vosniadou, S. et al. (2008) Conceptual change research: An introduction, In S. Vosniadou (ed.), *International Handbook of Research on Conceptual Change*,

Routledge: xiii- xxviii.
9) ・Clement, J. (2008) The role of explanatory models in teaching conceptual change. In S. Vosniadou (ed.), *International Handbook of Research on Conceptual Change*, Routledge: 417-452.
   ・Wiser, M. and Smith, C.L. (2008) Learning and teaching about matter in grade K-8: When should the atomic-molecular theory be introduced? In S. Vosniadou (ed.), *International Handbook of Research on Conceptual Change*, Routledge: 205-239.
10) Vosniadou, S. (1994) Capturing and modeling the process of conceptual change, *Learning and Instruction, 4* (1): 45-70.
11) Chi, M.T.H., Slotta, J.D. (1993) The ontological coherence of intuitive physics, *Cognition and Instruction, 10* (2-3): 249-260.
12) Ivasson, J., Schoultz, J. and Saljo, R. (2002) Map reading versus mind reading: Revisiting children's understanding of the shape of the earth. In M. Limon, L. Mason (eds.), *Reconsidering Conceptual Change. Issues in Theory and Practice*, Kluwer Academic Publishers: 77-99.
13) Duit, R., Treagust, D. (1998) Learning in Science: From behaviorism toward social constructivism and beyond. In B.J. Fraser, K.G. Tobin (eds.) *International Handbook of Science Education*, Kluwer Academic Publishers: 3-25.
14) Tobin, K.G. (1998a) Issues and trends in the teaching of science. In B.J. Fraser, K.G. Tobin (eds.) *International Handbook of Science Education*, Kluwer Academic Publishers: 129-151.
15) Tobin, K.G. (1998b) Sociocultural perspectives on the teaching and learning of science. In M. Larochelle, N. Bednarz and J. Garrison (eds.), *Constructivism and Education*, Cambridge University Press: 195-212.
16) Lave, J., Wenger, E. (1991) *Situated Learning: Legitimate Peripheral Perticipation*, Cambrige University Press. 佐伯胖訳, 状況に埋め込まれた学習, 産業図書, 1993.
17) Collins, A., Brown, J.S. and Newman, S.E. (1989) Cognitive apprenticeship: Teaching the craft of reading, writing and mathematics. In L.B. Resnick (ed.), *Knowing and Learning: Essays in Honor of Robert Glaser*, Erlbaum: 453-494.
18) 柴田義松, 批判的思考力を育てる；授業と学習集団の実践, 日本標準, 2006, p.123.

19) 同上書, p. 124.
20) Aikenhead, G.S. (1996) Science education: Border crossing into the subculture of science, *Studies in Science Education, 27* : 1-52.
21) Aikenhead, G.S. (2000) Renegotiating the culture of school science. In R. Millar, J. Leach and J. Osborne (eds.) *Improving Science Education: The Contribution of Research*, Open University Press: 245-264.
22) Brickhouse, N.W. (1998) Feminism(s) and science education, In B.J. Fraser, K. G. Tobin (eds.) *International Handbook of Science Education*, Kluwer Academic Publishers: 1067-1081.
23) Matthews, M.R. (1993) Constructivism and science education: Some epistemological problems, *Journal of Science Education and Technology, 2* : 359-370.
24) Matthews, M.R. (1994) *Science Teaching: The Role of History and Philosophy of Science*, Routledge.
25) Matthews, M.R. (1997) Introductory comments on philosophy and constructivism in science education, *Science and Education, 6* : 5-14.
26) Caravita, S., Hallden, O. (1994) Re-framing the problem of conceptual change, *Learning and Instruction, 4* : 89-111.
27) Wiser, M., Smith, C.L. (2008) Learning and teaching about matter in grade K-8: When should the atomic-molecular theory be introduced? In S. Vosniadou (ed.) *International Handbook of Research on Conceptual Change*, Routledge: 205-239.
28) Matthews, M.R. (1994), *op. cit.*
29) *Ibid.*
30) von Glasersfeld, E. (1989) *op. cit.*: 122.
31) Scott, P., Asoko, H., Driver, R. and Emberton, J. (1994) Working from children's ideas: Planning and teaching a chemistry topic from a constructivist perspectives, In P. Fensham, R.F. Gunstone and R. White (eds.) *The Content of Science: A Constructivist Approach to its Teaching and Learning*, Falmer Press: 201-220.
32) Roth, M., Roychoudhury, A. (1994) Physics students' epistemologies and views about knowing and learning, *Journal of Research in Science Teaching, 31* (1): 5-30.
33) *Ibid.*

第2節　第1項・第2項・第3項
1) Novak, J.D. (1986) *A Theory of Education*, Cornell University Press.

2) Tobin. K.G. (1993) *The Practice of Constructivism in Science Education*, LEA.
3) Leach, J., Driver, R. and Scott, P. (1997) A study of progression in learning about 'nature of science' : Issues of conceptualization and methodology. *International Journal of Science Education, 19* : 147-166.
4) Brickhouse, N.W., Dagher, Z.R., Shipman, H.L. and Letts, W.J. IV (2000) Why things fall: Evidence and warrants for belief in a college astronomy course, In R. Millar, J. Leach and J. Osborne (eds.) *Improving Science Education: The Contribution of Research*, Open University Press: 11-26.
5) Wheatley, G. (1991) Constructivist perspectivists on science and mathematics learning, *Science Education, 75* (1): 9-22.
6) Driver, R., Bell, B. (1986) Students' thinking and the learning of science: A constructivist view, *School Science Review, 67* : 443-456.
7) Driver, R., Oldham, V. (1986) A constructivist approach to curriculum development in science, *Studies in Science Education, 5* : 61-84.
8) Ausubel, D.P., Novak, J.D. and Hanesian, H. (1978) *Educational Psychology: A Cognitive View, 2nd edn*, Holt, Rinehart and Winstone: 337.
9) Driver, R. (1981) Pupil's alternative frameworks in science, *European Journal of Science Education, 3* (1): 93-101.
10) Driver, R., Guesne, E. and Tiberghien, A. (eds.) (1985) *Children's Ideas in Science*, Open University Press.
11) Osborne, R.J., Freyberg, P. (1985) *Learning in Science: The Implications of Children's* Science, Heinemann. 森本信也・堀哲夫（共訳）子ども達はいかに科学理論を構築するか，東洋館出版社，1988.
12) Osborne, R.J., Wittrock, M.G. (1983) Learning science: A generative process, *Science Education, 67* (4): 489-508.
13) Driver, R., Erickson, G. (1983) Theories-in-action: Some theoretical and empirical issues in the study of students' conceptual frameworks in science, *Studies in Science Education, 10* : 7-60.
14) Hewson, P.W. (1981) A conceptual change approach to learning science, *European Journal of Science Education, 3* (4): 383-396.
15) Osborne, R.J., Wittrock, M.G. (1985) The generative learning model and implications for science education, *Studies in Science Education, 12* : 59-87.
16) Posner, G.J., Strike, K.A., Hewson, P.W. and Gertzog, W.A. (1982)

Accommodation of scientific conception: Toward a theory of conceptual change, *Science Education, 66* (2): 211-227.
17) Smith, J.P., diSessa, A.A. and Roschelle, J. (1993) Misconceptions reconceived: A constructivist analysis of knowledge in transition, *Journal of Learning Sciences, 3* (2): 115-163.
18) Gunstone, R., Watts, M. (1985) Force and motion, In R. Driver, E. Guesne, and A. Tiberghien (eds.) (1985) *Children's Ideas in Science*, Open University Press: 85-104.
19) Osborne, R.J., Freyberg, P., *op. cit.* 森本信也・堀哲夫（共訳）前掲書, p. 69.
20) Shipstone, D. (1985) Electricity in simple circuits, In R. Driver, E. Guesne, and A. Tiberghien (eds.) (1985) *Children's Ideas in Science*, Open university Press: 33-51.
21) Osborne, R.J., Freyberg, P., *op. cit.* 森本信也・堀哲夫（共訳）前掲書, pp. 27-45.
22) Posner, G. (1982) A cognitive science conception of curriculum and instruction, *Journal of Curriculum Studies, 14* (4): 343-351.
23) Bereiter, C. (1985) Toward a solution of the learning paradox, *Review of Educational Research, 55* (2): 201-226.
24) Brooks, J., Brooks, M. (1993) *The Case for Constructivist Classroom*, ASCD: 17.
25) Millar, R. (1989) Constructive criticism, *International Journal of Science Education, 11* : 589.
26) Osborne, R. (1985) Theories of learning: Wittrock, In R. Osborne., J. Gilbert (eds.) (1985) *Some Issues of Theory in Science Education*, Science Education Research Unit, University of Waikato: 6-18.
27) Wittrock, M.C. (1985) Learning science by generating new conceptions from old ideas. In L.H.T. West, A.L. Pines (eds.) *Cognitive Structure and Conceptual Change*, Academic Press: 259-266.
28) Champagne, A. B., Gunstone, R. F. and Klopfer, L. E. (1985) Instructional consequences of students' knowledge about physical phenomena. In L.H.T. West, A.L. Pines (eds.) *Cognitive Structure and Conceptual Change*, Academic Press: 61-90.
29) Hewson, P.W., *op. cit.*: 383-396.
30) Novak, J.D. (ed.) (1987) *Proceeding of the Second International Seminar on Misconceptions and Educational Strategies in Science and Mathematics*, Cornell

University, Department of Education.
31) West, L.H.T., Pines, A.L. (eds.) (1985) *Cognitive Structure and Conceptual Change*, Academic Press.
32) Posner, G.J., Strike, K.A., Hewson, P.W. and Gertzog, W.A., *op. cit.*: 211-227.
33) Osborne, R.J., Freyberg, P., *op. cit.* 森本信也・堀哲夫（共訳）前掲書, pp. 135-148.
34) Hewson, P.W., *op. cit.*: 383-396.
35) Posner, G.J., Strike, K.A., Hewson, P.W. and Gertzog, W.A., *op. cit.*: 211-227.
36) Solomon, J. (1983) Learning about energy: How pupils think two domains, *European Journal of Science Education, 5* (1): 49-59.
37) たとえば，以下のような研究が代表的である。
 ・Driver, R., Erickson, G., *op. cit.*: 37-60.
 ・Hewson, P.W., *op. cit.*: 383-396.
 ・Osborne, R., Bell, B. and Gilbert, J. (1983) Science teaching and children's views of the world, *European Journal of Science Education, 5* (1): 1-14.
 ・Osborne, R.J., Wittrock, M.G. (1985), *op. cit.*: 59-87.

第3節　第1項・第2項・第3項・第4項

1) Driver, R., Easley, J. (1978) Pupils and Paradigms: A review of literature related to concept development in adolescent science students, *Studies in Science Education, 5* : 61-84.
2) Viennot, L. (1979) Spontaneous reasoning in elementary dynamics, *European Journal of Science Education, 1* : 205-221.
3) Novak, J.D. (1977) Epicycles and the homocentric earth: Or what is wrong with stage of cognitive development, *Science Education, 61*: 393-395.
4) Driver, R., Easley, J., *op. cit.*: 76.
5) Hewson, P.W. (1981) A conceptual change approach to learning science, *European Journal of Science Education, 3* (4): 383-396.
6) Hewson, P.W. (1982) The case study of conceptual change in special relativity: The influence of prior knowledge in learning, *European Journal of Science Education, 4* (1): 61-78.
7) Posner, G.J., Strike, K.A., Hewson, P.W. and Gertzog, W.A. (1982) Accommodation of a scientific conception: Towards a theory of conceptual change,

Science Education, 66 (2): 211-227.
8) Strike, K.A., Posner, G.J. (1985) A conceptual change view of learning and understanding. In L. H. T. West, A. L. Pines (eds.), *Cognitive Structure and Conceptual Change*, Academic Press: 211-231. K.A.ストライク，G.J.ポスナー，概念変化として見た学習と理解，進藤公夫（監訳）認知構造と概念転換，東洋館出版社，1994, pp. 259-285.
9) Strike, K.A., Posner, G.J. (1992). A revisionist theory of conceptual change. In R. Duschl, R. Hamilton (eds.), *Philosophy of Science, Cognitive Science, and Educational Theory and Practice*, Academic Press: 147-176.
10) 本論文では以後，Conceptual Change の訳語は，対象が物や理論である時には「概念変化」を，そして，対象が人間である場合には「概念変容」の訳語を与えた。ここでは，あえて英語表記と日本語表記を1対1で対応させることをしなかった。
11) Hewson, P.W. (1981) *op. cit.*: 383-396.
12) Hewson, P.W. (1982) *op. cit.*: 61-78.
13) Strike, K.A., Posner, G.J. (1985) *op. cit.*: 211-231.
14) Strike, K.A., Posner, G.J. (1992) *op. cit.*: 147-176.
15) *Ibid.*: 147-176.
16) Posner, G.J., Strike, K.A., Hewson, P.W. and Gertzog, W.A., *op. cit.*: 211-227.
17) Nussbaum, J., Novick, S. (1981) Brainstorming in the classroom to invent a model: A case study, School *Science Review, 62*, 221: 771-778.
18) Driver, R. (1989) Changing conceptions. In P. Adey et al. (eds.) *Adolescent Development and School Science*, Falmer Press: 81.
19) *Ibid.*: 81.
20) Driver, R., Guesne, E. and Tiberghien, A. (eds.) (1985) *Children's Ideas in Science*, Open university Press: 200.
21) Saunders, W. L. (1992) The constructivist perspectives: Implications and teaching strategies for science, *School Science and Mathematics, 92* (3): 138.
22) Children's Learning in Science Project (1984) *Approaches to Teaching the Particulate Theory of Matter*, University of Leeds.
23) CLIS Project は組織的に実践を繰り返している。理科教育研究者と理科教師のチームが実践を繰り返しながら共同で研究を行っている。①「エネルギー」②「物質の構造」③「食物の栄養」の教授スキームが代表的である。出版された教授スキームは単に教授や学習活動の概要を含んでいるだけではない。これまでの実践の中

で生徒が用いた主な考え方，生徒が書いた図や式，あるいは彼らの思考の道筋なども記載している．

24) diSessa, A. A. (1993) Toward an epistemology of physics, *Cognition and Instruction, 10* : 105-225.
25) Palmer, D.H. (2001) Investigating the relationship between students' multiple conceptions of action and reaction in cases of static equilibrium, *Research in Science & Technological Education, 19* (2): 199.
26) 福嶋正悟，平成15年度長期研修教員研修報告書，学習内容の定着化を図る指導法の研究－メタ認知ツールとしてのコンフリクトドキュメントの利用，2004, p. 30.
27) Clement, J. (1993) Using bridging analogies and anchoring intuition to deal with students' preconceptions in physics, *Journal of Research in Science Teaching, 30* (10): 1241-1257.
28) Dykstra, D.I. Jr., Boyle, C.F. and Monarch, I.A. (1992) Studying conceptual change in learning physics, *Science Education, 76* (6): 615-652.
29) Cary, S. (1985) *Conceptual Change in childhood*, MIT Press.
30) Berkheimer, G.D., Andersson, C.W. and Blakeslee T.D. (1988) *Matter and Molecules Teacher's Guide: Activity Book* (Occasional paper No. 122), Michigan State university, Institute for Research on Teaching.
31) 学習の転移説によれば，「知識は教師の所有物で，教師が生徒達に一方的に知識を伝えている」のであり，学習に臨む生徒達の頭の中は「からっぽ（empty head）」であると仮定されている．

第 2 章

粒子理論の教授内容と児童・生徒の粒子認識

第1節　理科カリキュラムと粒子理論の教授内容

第1項　学校教育で扱われる粒子理論

　粒子理論でいう「粒子」とは，原子・分子・イオンなどの物質の構成要素を指す。われわれは，個々の粒子を直接目で見ることはできないが，測定装置を使用して，集団として粒子が作用している様子や作用の結果を現象として見ることができる。このような粒子の特徴を踏まえると，学校における「物質の粒子性」に関する学習は，観察や実験によって得られた結果をもとに粒子の存在を推測していくところにあると言える。

　平成20年の学習指導要領の改訂では，小学校・中学校・高等学校の内容の系統性の観点から，化学分野では「粒子」に基づく科学的な見方や概念を柱にして，指導内容の充実を図ることがうたわれている[1]。小学校段階では，学習指導要領でも原子・分子・イオンの用語や概念を扱っていないので，「粒子」の意味するところを改めて規定しておかなければならない。

　たとえば，実在論的な扱いに限定されるのだが，学習指導要領の解説では，以下のような見方を育てる必要性を述べている[2]。

ア）物質をより質的に見ていく一つの方策として，物質は「粒」からできているという見方があること。

イ）物質は基本的な要素から構成されており，原子や分子などの用語には触れずに，微細な目に見えないくらいの「粒」で身の回りの多様な現象が説明できること。

　この解説の文言からは，小学校で教えるべき「粒子」理論は「粒」理論ということができる。そのため，この「粒」理論を十分に定着させるためには，自然現象や物質を作っているものは時間とともに変わってしまうという万物流転の考え方に触れることが欠かせない。というのも，万物の変化は上辺だ

けのことであり，その背後には不変の本体があり，その重要性に触れることが中学で学習する粒子概念，すなわち，原子・分子概念の基礎になると考えられるからである。不変の本体への着目は古代ギリシアの原子論に見られる考え方であり，これは子どもの素朴な考え方に通じるものがある。しかし，原子や分子の考え方は日常からは自然に育ってこない考え方であり，歴史的な視点からのアプローチが必要になる。

　次に，中学校段階についてであるが，ここでは，物質の性質や反応に係わる多くの現象を説明する際に役立つ理論として粒子理論が扱われる。学習指導要領の解説からは，以下の点の理解が重要とされている。

ア）すべての物質は粒子の集合体である。

イ）一見すると複雑な化学現象を統一的に説明するために粒子理論が活用される。

ウ）科学者は粒子理論を用いて科学研究を行っている。

　まず，ア）の理解のためには，原子，分子の粒子，陽子，中性子，電子などの素粒子がそれぞれの階層でふるまっていることに気づかせることが必要となる。それぞれの粒子には段階的，階層的な構造があることを踏まえて指導し，物質の粒子性に関する生徒の見方を深化させることが求められている。

　そのためには，イ）ウ）の観点やイギリスで開発されたナフィールドのサンプルスキーム[3]の指摘を踏まえ，生徒に粒子理論を作る機会を与えることが望まれる。粒子理論を作るのは，実際の実験データや教師が準備したデータを用いて行うことができる。一般に，生徒は教科書に書かれていることは何らかのデータに基づいて確定されたと信じている反面，教科書に書かれた結論の記述だけでは納得しない場合が多い。また，結論を導くプロセスが十分に理解できない理論に対しても実験を望む生徒がいる。ここでは，実験を工夫させたり，実験できなければ与えられたデータを分析させたりし，どうしてそう考えられるのか，どうしてそう結論付けられるのかを批判的に熟考させることが求められる。作業的には，論理的で筋の通った見方や考え方を

追求するための理論作りが必要となる。

　学校教育におけるこれまでの小・中・高等学校の粒子理論の取り扱いについては一貫性がなかった。平成20年の学習指導要領の改訂では，内容の系統性の観点から，粒子的な見方や概念の充実がうたわれており，どの段階でどの程度まで指導すれば粒子的な見方や概念が定着するのかを実践の中で探っていく必要がある。

第2項　現行学習指導要領理科で扱われる粒子理論

1．平成20年公示学習指導要領

　理科における今次の学習指導要領の改訂は中央教育審議会の答申に示された5項目の改善の基本方針を受けて行われたものである。その1つとして，基礎的・基本的な知識・技能の確実な定着を図る観点から，「エネルギー」，「粒子」，「生命」，「地球」などの科学の基本的な見方や概念[4]をもとに小・中・高等学校の理科の内容の構造化が図られた[5][6][7][8]。また，今次の改訂では小学校と中学校の領域構成とその接続が検討され，小学校の「生物とその環境」，「物質とエネルギー」，「地球と宇宙」の3領域が「物質・エネルギー」，「生命・地球」の2領域に変更された[9]。一般に，理科では即物的な学習が多く行われ，対象に直結した科学概念の学習が授業の中心を占めている。対象が実体である場合には科学概念の学習も行いやすいが，粒子概念は「粒子」という用語の日常的でしかも多様な使われ方とは裏腹にその対象が捉えにくい概念である。

2．「粒子」を柱とした内容構成

　粒子は，小学校では「物質・エネルギー」の領域で扱われ，中学校では主に1分野で扱われることになる。学習指導要領では，粒子概念を「粒子の存在」，「粒子の結合」，「粒子の保存性」，「粒子の持つエネルギー」の4項目に分類している。表2-1-1に，小・中学校の「粒子」を柱とした内容構成を示

表 2-1-1 小学校・中学校理科の「粒子」を柱とした内容構成[10]

項目 学年	粒子			
	粒子の存在	粒子の結合	粒子の保存性	粒子の持つエネルギー
小3年			物と重さ	
4年	空気と水の性質			金属,水,空気と温度
5年			物の溶け方	
6年	燃焼の仕組み		水溶液の性質	
中1年	物質の姿		水溶液	状態変化
2年	物質の成り立ち		化学変化 化学変化と物質の質量	
3年	水溶液とイオン	酸・アルカリとイオン		

した。

　小学校で粒子を扱う代表的な内容としては，たとえば，3年「物と重さ」，4年「空気と水の性質」，5年「物の溶け方」がある。児童は，これらの内容を継続して学習することにより，物質やその性質について粒子的な見方ができるようになる。小学校段階では，粒子モデルを用いた本格的な理解ではなく，物質に対する素朴な粒子的理解が目指されている。

　それに対し，中学校では，1年の「物質の姿」，「水溶液」，「状態変化」で本格的な粒子モデルを学習する。水溶液の観察では，再結晶の実験を行い，水に溶けた物質は溶けることによってなくなるのではなく，形を変えて水の中に厳然と存在していることの理解が目指されている。ここでは，溶けた物質をルーペや顕微鏡を用いて確認させ，その「粒」が目に見えない大きさになっていることを学習する。また，水溶液中の溶質の均一性に関しては，粒子モデルを用いた理解が目指されている。

　状態変化では，「粒子の保存性」と「粒子の持つエネルギー」を粒子モデルと関係づけて考えさせることが求められる。ここでは，物質の状態が変化しても物質そのものが変化しないのは，物質をつくる粒子が変化しないから

ということを学習する。さらに，温度が高くなると粒子の運動が激しくなり物質の状態が変化し，その結果，体積が変化することに気づかせることも求められる。

2年「化学変化」では，粒子モデルを用いて化合や分解など化学変化の規則性や質量保存を学習する。3年「水溶液とイオン」では，高等学校から移動してきたイオンを学習する。今次の改訂により，前の学習指導要領ではできなかった水溶液の電気伝導性，中和反応に関する粒子的扱いを，イオンを用いて行えるようになった。

第3項　粒子理論の授業構成

粒子概念を形成するために，観察・実験を通した原子や分子の微視的性質の理解が目指されているが，連続体としての物質認識から粒子としての物質認識への移行は，両者を隔てるハードルが想像以上に高い。たとえば，次節で述べるように小学生や中学生の多くは固体や液体を連続体として捉えている。この連続体としての物質認識は小・中・高等学校と学年が進むにつれて減り，それとは逆に，物質の粒子性の認識は増えていく。しかし，この粒子認識も，原子や分子と呼ばれる「物質の粒」を，連続的な物質の非常に小さい部分として理解している場合がほとんどであり，それらは分子の運動論に基づく粒子モデルの考え方を欠いたものである。物質の粒子認識の発達に基づく粒子概念は，物質の巨視的性質の理解から微視的性質の理解への移行のために欠かせない概念である。その共通性や差異性を理解し，一方，粒子概念を形成させるために，児童・生徒の粒子認識の発達の様相と学習すべき内容との関連を踏まえながら，授業を構成する必要がある。たとえば，学習の初期段階では，(1) 純物質，元素，化合物などの物質の巨視的性質を調べることを通して，「液体は分子性のものが多く，気体と固体の中間の性質をもつ」こと，蒸発・融解・凝固・昇華などの相変化は，粒子モデルと関連づけて理解しやすいことを踏まえ，「分子は動き回っており，相変化では分子間

の距離が少しずつ変化している」ことのモデル化が求められる。(2) 微視的性質に関する学習の中でも，気体の圧力と体積に関しては粒子モデルを用いると理解しやすいことを踏まえ，「気体分子は小さくて数が非常に多い」こと，気体の圧力は「気体分子が容器の壁に当たる」ことによって生じ，その「回数はものすごく多い」ことを扱い，気体分子の運動性をイメージさせる必要がある。粒子概念を配慮した授業づくりでは (1) で示した「連続体としての物質認識から粒子認識」への移行，さらに，(2) で示した「静的な粒子認識から動的な粒子認識」への移行が教授の要となる。また，原子や分子を扱った授業では，すべての物質は分子からできており，その分子は原子から構成されており，分子・原子の組み合わせにより，多種多様な物質ができているという基本的な粒子認識を育成し，(2) で指摘した初期の「静的な粒子認識から動的な粒子認識」から，「分子の運動や濃度が圧力を生じさせている」ことなど，より高次な概念理解へと段階的に発展させていくことが求められている。具体的には，気体では温度が高くなることで分子の平均速度が増した時や，濃度が濃くなることで壁にぶつかる分子の数が多くなった時に，圧力が増すと理解させることが教授の要となる。

第2節　児童・生徒の粒子認識の実態

　原子や分子は見ることができないので，本当のことは分からないとする諦観が生徒にはある。たとえば，原子や分子について，次のように捉えている生徒が意外に多い。

　「授業で教わるから，物質は原子や分子からできていると思う。でも，本当のことはわからない。」

　「物質が粒子からできているという見方は，自分には関係ない。」

　これらの考え方には，目で観察できない領域の知識は日常世界とはかけ離れたものであり，別世界のものだという考え方が背景にあるように思われる。

自然の木々や空気の存在を本気で疑う人はいないが，原子や分子となるとそうはいかないのである。現在でも，科学者の一部を除いて，原子や分子は明らかに観察不可能な対象なのだが，生徒は「物質の粒子性」について彼らなりのミスコンセプションを持っている。以下では，素朴な粒子認識から，原子や分子に基づく粒子認識に関する児童・生徒の実態を分析する。

第1項 「物質の粒子性」に関する諸外国の児童・生徒の実態

1．「物質の粒子性」に関するミスコンセプション

イギリスの *Children's Leaning in Science*（CLIS）では「物質の粒子性」に関する生徒達のミスコンセプションの代表的なものを以下のようにまとめている[1]。CLISで言う「粒子」は原子や分子やイオンなどの物質の構成要素を指している。

①粒子そのものの性質について
・粒子の形状や大きさをイメージすることができない。
・砂の粒を原子や分子に類似したものと捉えている。砂の粒と原子や分子の違いが分からない。
・粒子と生物細胞との間で混乱がある。たとえば，原子核と細胞の核との違いが分からない。

②巨視的性質が粒子にある
・溶解する，膨張する，収縮する，浮上する，爆発するなどの事象を粒子に当てはめる。
・動き回る粒子の様子を説明するために，目に見える性質が粒子にあるとする。
・粒子を動かしたままにするには何かが必要である。
・粒子は加熱された時に動く。
・0℃になると粒子は動きを止める。
・空気の粒子はいつも上に向かって動く。

③粒子間の結合や力に関して
・物質の結合状態をイメージできない。
・固体から液体，気体へ変化させる条件や方法を概念化することができない。
④粒子間の空間
・粒子と粒子の間は真空であるという考え方を認めない。
・空気はどこにでもあり，粒子と粒子の間にもある。
・粒子と粒子の間には，細菌や微生物や他の気体が存在する。
⑤粒子に擬人化された性質を付与する
・粒子は生きている。

　①〜⑤の項目に見られるように，生徒達は「物質の粒子性」について多種多様な見方をしている。これらは，学校での授業，日常体験，メディアからの情報を通して形成されたものである。彼らは，原子や分子の存在や構造について多くのミスコンセプションを持っているが，その根拠や出所を尋ねられると，それに答えられる生徒はほとんどいない。この点に関して，1966年に出版されたナフィールドのサンプルスキームでも，「物質が粒子からできているという考え方は，今や良く知られているので，われわれは，生徒達が原子の概念に通じていると推測することができる。ある生徒は13歳までに，原子理論や物質の構造について驚くべき知識を持っている。しかし，この理論を支持するための証拠について真剣に考えているものはほとんどいない。」[2]と述べている。

2．物質に対する生徒のミスコンセプション

　先行研究の幾つかでは，「物質の粒子性」に関する教授ストラテジーの開発と評価を行っている。既に述べたCLISは，(ア)(イ)の構成主義者の主張に依拠したアプローチを採用している。

(ア) 生徒が「見る」科学的現象や構造は，教師が「見ている」ものとは異なっている。

(イ) 生徒のミスコンセプションは，伝達の失敗からでなく，生徒が行う意味構成から生じている。

　CLISでは，まず，粒子的な考え方を必要とする問題に対する生徒の応答を分析している。調査対象のイギリスの15歳の生徒の，約10分の1は「物質の粒子性」に基づく正しい議論を，さらに，約5分の1はある程度は正しい議論を行っていると述べている。しかし，全体の少なくとも3分の1は科学的な説明とは異なる議論を行っており，全体の4分の1から3分の1は，粒子的な考え方に全くふれていない低レベルの巨視的な応答をしていると報告している[3]。

　他の研究プロジェクト[4][5][6]でも，生徒が示す特徴的な粒子的な考え方を扱っている。たとえば，B. ショーラムは17歳の生徒でも粒子・原子・分子・原子核などのことばの多様性やそれらのことばの関連性についての理解は曖昧であり，この理解レベルの生徒では，「銅，液体，炎などは，すべてが粒子（原子や分子）からできていると信じていなかった。」[7]と指摘している。わが国でも兵藤らが同じような調査を行っている。そこではCLISやB. ショーラムの指摘とは対照的に，「原子分子は，生徒にとって極めて抽象的な概念であるが，物性現象の原子分子概念による定性的理解は中学，高校，大学初年にわたる理科教育によっておおむね順当に発達している」ことを指摘している。しかし，物質の粒子性の課題としては「物質の構成，化学的な合成や分解と物質の基本粒子の関連，原子の大きさや重さのオーダー等の把握については，調査結果から見る限り現在順当に学習効果が上がっているとはいえない」と指摘しており，これは，CLISの調査結果である「①粒子そのものの性質」と「③粒子間の結合や力」と同様の実態があることを示唆している[8]。

　ところで，本項1のCLISの生徒の認識を分類した観点（「①粒子そのものの性質について」，「②巨視的性質が粒子にある」，「③粒子間の結合や力に関して」，「④粒子間の空間」，「⑤粒子に擬人化された性質を付与する」）は，そのままで，ミ

スコンセプションを分類する観点になっている。そこで，以下では，「物質の粒子性」に係わるミスコンセプションを先駆的に取り上げた R.L. ドラン (1972) が特定した 6 点のミスコンセプションと①〜⑤を対比させながらそれらの特徴を分析する。R.L. ドランは，ミスコンセプションに関する知識はカリキュラム開発者や教師にとって有用なものだと強調している。彼は，小学校 2 年生から 6 年生に見られたミスコンセプションとして以下の 6 点を指摘している[9]。

（ア）物質は連続である。
（イ）物質の粒子の間には空間がない。
（ウ）自然現象は粒子サイズの変化によって説明できる。
（エ）自然現象は粒子の数の変化によって説明できる。
（オ）粒子は動かない。
（カ）自然現象は粒子の運動や移動によって説明できる。

　CLIS の観点①と R.L. ドランの（ウ）は，粒子の形状や大きさを識別する際に見られるミスコンセプションである。たとえば，①では核という用語を使用する際の粒子と生物の細胞との間の混乱，あるいは，砂粒を原子や分子に類似したものと理解する混乱が指摘されている。すなわち，生徒は，粒子あるいは原子という用語に対して特有のイメージを持っており，そのことがこのようなミスコンセプションの一因になっていると推察される。

　②については，生徒は，溶解，膨張，収縮，浮上，爆発などのような目に見える性質が個々の粒子に付与されていると考えている。一方，R.L. ドランの（オ）（カ）については，粒子を動かすためには何かが必要であると生徒が考えていることが分かる。ここでは，②で指摘した，粒子は「加熱された時に動く」，「0℃になると動きを止める」，あるいは，空気の粒子は「いつも上に向かって動く」など具体的な現象に関係する混乱が生じている。これは，生徒が，粒子が動き回る様子を説明する際に自らの日常経験を当てはめているからである。

③とR.L.ドランの（エ）は，結合，あるいは固体から液体や気体へと変化する方法について概念化することの困難さに起因するミスコンセプションである。これは粒子の運動性の理解と連動する概念形成の初期に見られるミスコンセプションである。

　④とR.L.ドランの（イ）は，真空の認識の困難さから生じたものである。（イ）は，原子論の中心的な問いである物質の非分割性〔R.L.ドランの（ア）〕の認識とともに根源的なミスコンセプションである。わが国の場合，真空については，学習指導要領の中では扱われておらず，したがって，教科書でも真空と原子や分子の関係についての記載は無く，生徒達にとって真空の考え方を容認することは不可能である。

　⑤はアニミズムの問題である。これは，粒子を生きているとする見方であり，素朴な粒子概念の形成時には多くの学習者に見られるミスコンセプションである。

3．気体に対する生徒のミスコンセプション

　気体の粒子性に関する代表的な調査問題には，S.ノビックとJ.ナスバウム（1978）による描画を選択させる問題がある[10]。この問題を作るに際して，彼らはまず，生徒にフラスコと真空ポンプを見せて，「もしも君が，フラスコの中の空気を見ることができるとしたら，この真空ポンプを使ってその空気の一部を抜く前後でフラスコの中の空気がどのように見えるか描きなさい。」と指示し，生徒の描画の傾向を探っている（図2-2-1）。S.ノビックとJ.ナスバウムによれば，イスラエルの14～15歳の生徒の60％が気体を含む現象を説明するために粒子モデルを使用しており，46％が粒子の間にからの空間（真空）があると確信している。しかし一方で，彼らは一連の結果に基づき，生徒達のミスコンセプションの特徴として「原子・分子のことは，言葉として知っていても，物質を粒子的に見ることができず，連続体として見てしまう」点や「気体の粒子モデルを理解することに困難を感じている」点を

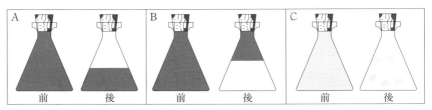

図 2-2-1 フラスコ内の気体の一部を抜き出す前後の描画（Novick and Nussbaum, 1978）

挙げている。

また，J.S. クラジック（1991）は，生徒の物質の粒子性の理解について次のように述べている[11]。「多くの生徒は，化学を学習する前に，物質の構造についてのオルターナティブな概念を持っており，物質を連続体とするモデルを持っている。それは，後で，粒子モデルに変わるように思われるが，根本的に分子運動論的な粒子モデルの考え方を欠いたものである。」また続けて，生徒の多くは言葉としての原子・分子を使用しているが，言葉を知っていても，本当に理解しているとは限らないとも指摘している。

S. ノビックと J. ナスバウム（1981）が行った様々な年齢の生徒に対する研究の中では，物質の粒子モデルを 5 つのタイプに分類している[12]。それぞれのモデルを使用している高校生のパーセンテージをカッコ内に示した。

・気体の粒子は均一に配置されている（70%）
・気体の粒子は運動している（30%）
・加熱や冷却は粒子の運動に変化を生じる（50%）
・溶解は粒子密度の変化を含んでいる（50%）
・気体の粒子の間にからの空間がある（50%）

わが国の中学生を対象とする教授を構成する際には，これらの粒子モデルのうち，「気体の粒子は均一に配置されている」，「気体の粒子は一定の運動をしている」の 2 点が観点として活用できるが，他の 3 点は高校生以上の教授内容となる。

4. 化学反応に対する生徒のミスコンセプション

化学反応式の粒子的理解に関しても多くの報告がある[13]。たとえば，次のようなミスコンセプションがある。これは，高校生に対して単純な化学反応式の両辺をいかにして等しくするかを調査したものである。すべての生徒は与えられた反応式の両辺を揃えることができたが，彼らのうち半分は完成させた反応式の表記に矛盾しない図を描くことができなかったと報告している。高校生が描いた図は，保存された原子の総数と一致していたが，個々の種を正確に示してはいなかったのである。たとえば，

$$N_2 + 3H_2 \rightleftarrows 2NH_3$$

の反応式を多くの生徒は，以下のような図で描き表していたのである。

○○ ＋ ○○ ○○ ○○ ⇌ ○○○○○○○○

この化学反応式の例からは，化学の問題解決には欠かせない化学式や化学反応式の意味を，生徒は自らのミスコンセプションをもとに理解していたと推察できる。このような図化は化学反応式の学習を妨げるにも拘わらず，われわれが小さい頃からずっと行ってきた物の足し引きを理解するための認識方法であり，これをただちに化学的な認識方法に変容させることは難しいと言える[14]。このミスコンセプションは小学校・中学校・高等学校の校種間を越えて，あるいは国家間を越えても共通のパターンを見出すことができる。

5. 物質量（単位mol）に対する生徒のミスコンセプション

「物質の粒子性」に関する学習内容のうち，原子・分子の理解と同様，世界中の生徒が理解に困難を感じている内容が物質量（amount of substance，単位mol：以下，本研究では論点を明確にするため「モル」と記載）である。たとえば，I.M.ダンカンやA.H.ジョンストン（1973）は，彼らの研究の中で，スコットランドの15歳の生徒では，40％の生徒しかピアジェの形式的操作段階に達しておらず，モルに関する学習が15歳の生徒に適切かどうか疑問を投げかけている[15]。彼らは，この発達段階のほとんどの生徒たちはグラムで表さ

れた化合物の質量計算を簡単に行うが,平衡状態の化学反応の係数の意味を正しく理解していないと指摘する。調査対象の生徒の多くは,反応における薬品間の関係を1:1になると解釈していた。S.ノビックとJ.メニス(1976)はモルに関するイスラエルの15歳の生徒の理解について調査し,平均的な知能(IQの測定値が100-122)以上の生徒達でさえ,モルの十分な理解には程遠いことを指摘している[16]。インタビューテストに対する彼らの正答率はわずか64%であるが,IQが86-100の生徒達の正答率は35%とかなり低い結果であった。また,多くの生徒はモルを「計算をするための数」として見ておらず,さらに,気体に対する22.4Lを1 molの体積と限定していないことを指摘している。このような段階にいる生徒がモルの問題に対して感じる困難点は,モルの計算には,アボガドロ数(6.02×10^{23})という大きな数が含まれており,それを質量や体積と関連づけて扱わなければならない点にある[17]。同様のことは,A.K.グリフィスやH.カスやA.G.コーニィシュ(1983)も指摘している。彼らはモルに対する学習階層を精査し,モル学習の重要なスキルは,粒子の相対的な粒子数を物質の質量に関係づける能力にあると述べている[18]。また,平川も,わが国の高校生はモルで表すことができる3つの量に対して「粒子数」や気体の「体積」と強く結び付けて理解している反面,「質量」との関連での理解が弱いことを指摘している[19]。一方,H.A.ベント(1985)は,モルは「高校生に対して,化学の面白さをなくしてしまうもの」との警鐘を鳴らしている。しかも,「高校生は,モル概念を獲得するための準備(周辺概念の獲得)ができていない」と指摘し,特に「化学を専門に研究する人にとってモル概念は必要であるが,高校生には不要である」とも指摘している[20)21)]。

　以上,これまで述べた困難点やミスコンセプションは,生徒達が彼らの感覚を通して理解しようとするモルと,科学者が有用と考えるモルの間に大きな隔たりが存在していることによって生起したと推察される。また,モル・質量・体積に関係する理論モデルも,「生徒達の概念の世界とはかなりかか

わりなく存在」[22] するものであり，かつ，日常生活で参照されることは全く無いものである。これらのことも，生徒の認識と科学者の認識の隔たりに影響を及ぼしていると推察される。

第2項　「物質の粒子性」に関するわが国の児童・生徒の実態

　ここでは「物質の粒子性」に関する調査問題（資料1：p.252参照）のうち，「溶液や気体の状態に関する問題」と「粒子に関する用語を選択させる問題」の結果を述べる。本調査では，調査対象の児童・生徒の有する粒子認識の実態，および，その認識の変化を学年段階で探っている。

〔調査問題〕
(1) 食塩の溶解に関する問題（絵を選択，小中高共通）
(2) 三角フラスコから注射器で空気を抜いた状態に関する問題（絵を選択，小中高共通）
(3) 粒や粒子からできているものを選択させる問題（○×を記入，小学校4年生5年生6年生対象）
(4) 原子や分子からできているものを選択させる問題（○×を記入，高校生対象）

〔調査対象および人数〕
　調査人数の総数：1886名
　小学校：642名（1年76名，2年110名，3年96名，4年120名，5年128名，6年112名）
　中学校：618名（1年210名，2年201名，3年207名）
　高等学校：626名（1年222名，2年211名，3年193名）

〔結果および考察〕
(1) 食塩の溶解に関する応答結果および考察

図2-2-2のグラフの変化から，小学校1年生から6年生に至るまで食塩が溶解している様子を粒子的に捉えている児童がおよそ20％〜30％存在することがわかる。粒子的な応答をしている児童は食塩に対するイメージから，食塩が水に溶ける際にはその固まりがばらばらになり，より一層小さな粒子になって水中に存在すると捉えていると考えられる。物質の外見に依存しつつも，このような認識が調査対象の小学校1年生の5分の1に確認できたことは，素朴な粒的な見方の萌芽はこの時点の子どもに存在していると推察されるが，この応答結果からだけでは，粒的な応答をしている小学生が粒子概念を形成しているとは言えない。

次に，この調査の特徴としては，小学校2年生から6年生までの児童の多くが食塩を完全に溶かした溶液でも下の方が濃いと認識していることが挙げられる。このような応答をしている児童は5年生では全体の71.9％にまで達し，小学校の全学年の中で最高の値を示した。他の学年は，5年生の応答率よりは低いものの，2年生から上のどの学年も50％から60％の間の応答率を

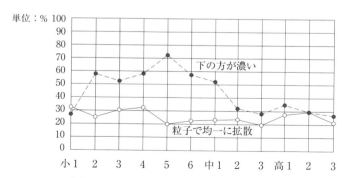

図2-2-2 食塩の溶解の問題での応答率の変化

示した。このことから，小学校の児童の約半数は溶解現象での拡散の問題に関して誤った認識をしていると言える。このような認識に至るのは，飲み物に砂糖などを入れた場合，十分にかき混ぜなかったり，あるいは，過剰の砂糖を入れた時に，カップの底に砂糖が残ってしまったりする現象の影響を受けていると考えられる。溶液の下の方が濃いとする認識は中学校1年生から2年生にかけて急激に減少し，中学校3年生では28％まで下がる。さらに，高校生になっても大きな変動はない。このことから，溶液の均一性に関する認識は，中学校の2年生や3年生頃に形成され，われわれ大人まで引継がれていると言える。

(2) 三角フラスコから注射器で空気を抜いた時の状態に関する応答結果および考察

ここでの応答の特徴は，粒子的な見方の応答率が，小学校，中学校，高等学校の学校段階ごとに多少なりとも変化していることである。図2-2-3から，小学校段階では粒子的な絵を選択している児童が20％～30％，小学校6年生から中学生にかけては30％～40％，高校生ではおよそ40％存在していること

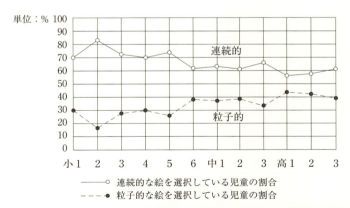

図2-2-3 三角フラスコから注射器で空気を抜く問題での応答率の変化

がわかる。他方，この現象の変化を連続的な見方で捉えている応答率は学年進行で減少しているが，それも小学校6年生以降では著しい変化は見られない。この点に関しては，J.ナスバウム（1981）は彼の調査の中でも，中等学校レベルを越えると，著しい応答パーセンテージの変化がなかったことを指摘している。これらの結果を総合すると，小学校6年生以降に粒子認識の基礎，すなわち，原子や分子の概念の学習を可能とする粒子認識の基礎が形成されていると推察される。

(3) 粒子からできているものについての応答結果および考察

　小学生に「粒子からできているもの」を選択させると，そこでの応答は，対象とする物質の外見的な特徴の影響を受けていることが確認できる（図2-2-4参照）。たとえば，調査対象の4年生，5年生，6年生の何れの児童も，すな，しお，さとう，かくざとうなどについてはおよそ90％前後の割合で粒子からできていると答えている。これに対して，外見上粒子から出来ていると確認できない，水，空気，ねんど，わごむ，ごむふうせん，こおりなどは粒子からできているとは答えない。しかし，この調査で特徴的だったのは，小学校5年生や6年生になると，多くの児童が「ゆげ」や「水蒸気」を粒子からできていると捉えられるようになることである。すなわち，このような応答をしている児童は，物質の外見上の特徴の影響をもはや受けず，粒子的な認識ができるようになっているのである。「ゆげ」に対する粒子的な応答率は4年生の30.3％が，5年生では76.4％，6年生では81.6％まで増加している。また，「水蒸気」に対する粒子的な応答率は4年生の41.6％が，5年生では74.6％，6年生では89.2％まで増加している。これらの結果から，小学校の5年生や6年生段階になると，多くの児童は物質の外見の形態にとらわれず，抽象的な粒子的な見方や考え方が可能となっていると言える。

(4) 原子や分子からできているものについての応答結果および考察

中学で原子や分子について学習している高校生に「原子や分子からできているもの」を選択させると，理科に関係する授業の中で用いられる物質については，かなり高い正答率を示すものの，理科にあまり関係のない日常的な物質や生物に対する正答率は非常に低かった（図2-2-5参照）。たとえば，主として化学実験などで扱う物質である，水，空気，硫酸銅，酸化マグネシウム，アルミニウム，食塩についてはほぼ90％～100％の割合で原子や分子からできていると答えている。反面，セロハン，ガラス，ごはんつぶ，発砲スチロールなど理科にあまり関係のない日常的な物質，あるいは，ミジンコ，血液，たまねぎの細胞，からだの皮膚など生物に関係するものは原子や分子からできているとは認識していない。ここではデータを示さないが，このような傾向は中学生や大学生にも共通して確認され，どの年齢段階でもほぼ同じ値を示している。

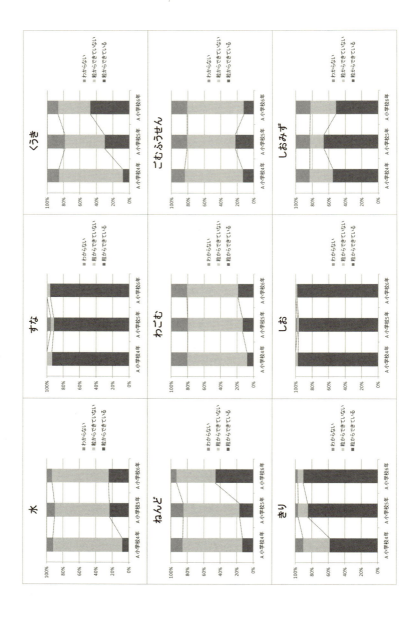

第2章　粒子理論の教授内容と児童・生徒の粒子認識　101

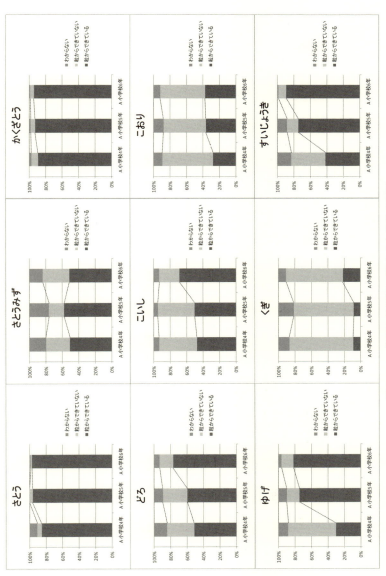

図2-2-4　物質の粒子性に関する小学生の認識

102

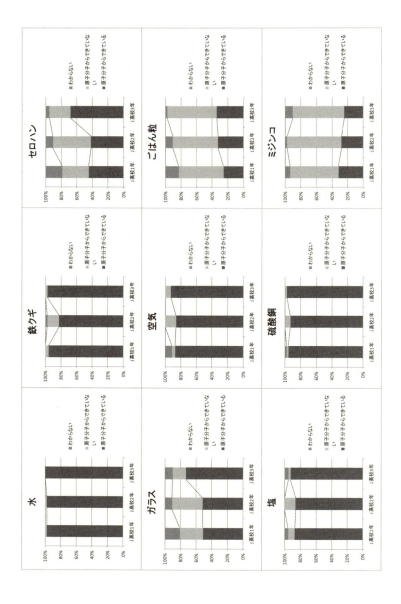

第２章　粒子理論の教授内容と児童・生徒の粒子認識　　103

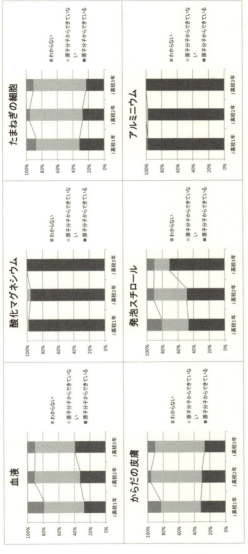

図2-2-5　原子や分子からできているものに関する高校生の認識

(5) インタビュー法による調査結果

次頁に示した「インタビュー法による調査結果一覧（図2-2-6）」から次の3点が指摘できた。なお，インタビュー時に児童が描いた絵は巻末（資料7・8；pp.268-275参照）に載せた。

1) 日常的な事象にみられる児童・生徒の粒子認識

沸騰しているやかんの口から出る「ゆげ」の観察の結果から，日常的な現象に対する粒子的な見方については，小学校4年生と5年生頃を境に形成されることが確認できた。この結果は，言語的な調査の結果からも支持された。

2) 日常的に馴染みが薄い事象にみられる児童・生徒の粒子認識

「ドライアイスの昇華」によるビニール袋の膨張の観察の結果から，日常的にあまり馴染みのない現象に対する粒子的な見方については，小学校の6年生になってはじめて可能となることが確認できた。6年生でドライアイスの現象を粒子的に捉えていない児童でも他の2つの事象については粒子的な見方を行っていることから，ドライアイスの問題のように目に見えない物を粒子的に捉える見方の形成は，小学校段階ではかなり難しいことが確認できた。

3) 学校教育の中で取り扱われる事象にみられる児童・生徒の粒子認識

「食塩の溶解」現象を観察させながら行ったインタビュー調査からは，質問紙法の調査結果の傾向と同様に，児童の粒子的な認識は，対象となる物質の外見に依存することが確認できた。たとえば，小学校1年生でも食塩が完全に溶け透明になった食塩水の中の様子を粒子的に描いていたが，他方で，ゆげやドライアイスの観察結果や質問紙法による調査結果では，粒子的に描くことは少なく，小学校1年生ですでに粒子概念が形成されているとは言えない。

第3項 「空気」の認識に関するわが国の生徒の実態

ここでは，「空気の膨張・収縮」に関する中学校3年生の認識を分析す

第2章　粒子理論の教授内容と児童・生徒の粒子認識　105

インタビュー法による調査結果一覧

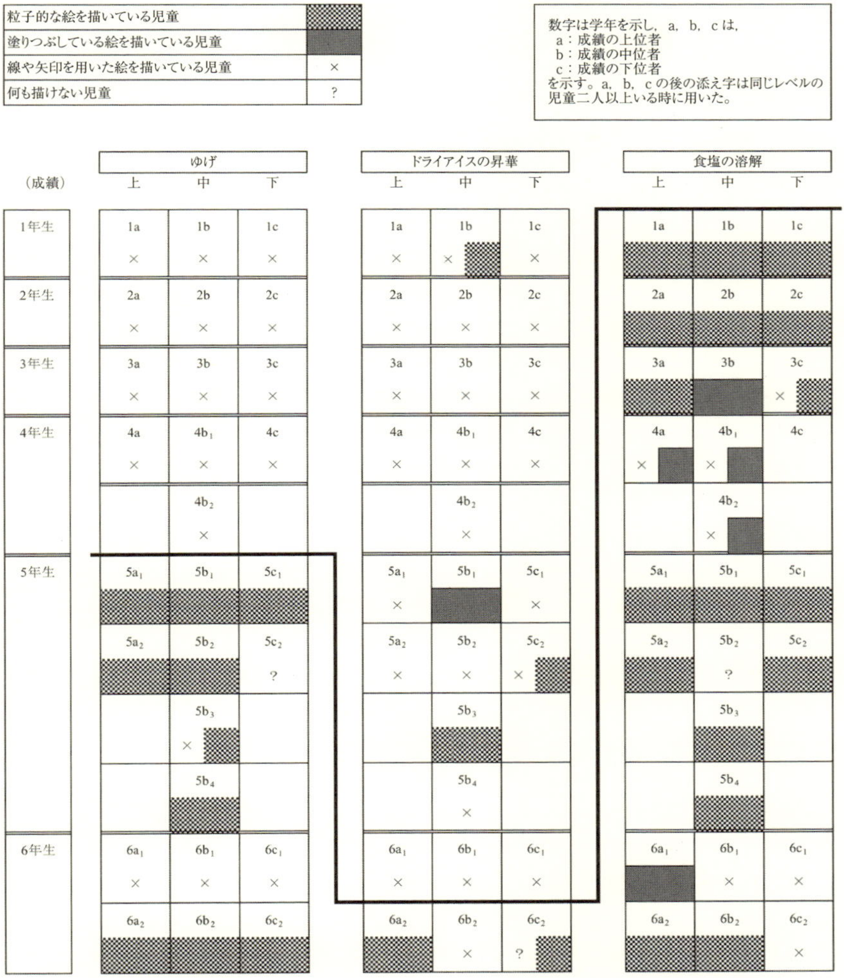

凡例	
粒子的な絵を描いている児童	▦
塗りつぶしている絵を描いている児童	■
線や矢印を用いた絵を描いている児童	×
何も描けない児童	?

数字は学年を示し，a，b，cは，
　a：成績の上位者
　b：成績の中位者
　c：成績の下位者
を示す。a，b，cの後の添え字は同じレベルの児童二人以上いる時に用いた。

(成績)	ゆげ			ドライアイスの昇華			食塩の溶解		
	上	中	下	上	中	下	上	中	下
1年生	1a ×	1b ×	1c ×	1a ×	1b ▦	1c ×	1a ▦	1b ▦	1c ▦
2年生	2a ■	2b ■	2c ■	2a ■	2b ■	2c ■	2a ▦	2b ▦	2c ▦
3年生	3a ■	3b ■	3c ■	3a ■	3b ■	3c ■	3a ▦	3b ▦	3c ×
4年生	4a ×	4b₁ ■	4c ■	4a ■	4b₁ ■	4c ■	4a ×	4b₁ ▦	4c ■
		4b₂ ×			4b₂ ■			4b₂ ▦	
5年生	5a₁ ▦	5b₁ ▦	5c₁ ▦	5a₁ ×	5b₁ ■	5c₁ ×	5a₁ ▦	5b₁ ▦	5c₁ ▦
	5a₂ ▦	5b₂ ▦	5c₂ ?	5a₂ ×	5b₂ ×	5c₂ ×	5a₂ ▦	5b₂ ▦	5c₂ ?
		5b₃ ×			5b₃ ■			5b₃ ▦	
		5b₄ ▦			5b₄ ■			5b₄ ▦	
6年生	6a₁ ×	6b₁ ×	6c₁ ×	6a₁ ■	6b₁ ■	6c₁ ×	6a₁ ■	6b₁ ×	6c₁ ×
	6a₂ ▦	6b₂ ▦	6c₂ ▦	6a₂ ▦	6b₂ ▦	6c₂ ?	6a₂ ▦	6b₂ ▦	6c₂ ▦

上記の結果と児童へのインタビュー時の反応を総合し，各事象の応答結果に見られた連続的な認識から粒子的な認識への移行時期と考えられる時期に境界線（太線）を書き入れた。

図2-2-6　インタビュー法による調査結果（ゆげ，ドライアイス，食塩に対する粒子認識）

る[23]。中学校3年生は,「空気の膨張」,「液体の気化」,「気体の拡散」,「空気の収縮」,「気体の質量」をすでに学習している。なお,当時(1988年)の学習指導要領によれば,中学校の化学分野で扱う物質の粒子性に関係する内容は以下の通りである。

- 1年生:「身の回りの物質とその変化」(水溶液,物質の状態変化,気体の発生)
- 2年生:「化学変化と原子・分子」(化学変化;燃焼・化合・分解・化学変化と物質の量,原子・分子)
- 3年生:「化学変化とイオン」(電気分解とイオン,酸・アルカリ・塩)

1. 空気の膨張・収縮に関する質問紙調査による実態調査

本調査では,空気の膨張・収縮に関する生徒の認識を探った。
調査対象:S市立M中学校:3年生17名(「選択理科」を履修した生徒)
調査日:1998年2月
質問内容に関しては,高野らの調査問題と同じものを使用した[24]。

〈調査対象の中学校3年生の実態〉

図2-2-7の調査問題を用いた結果,「空気の粒子性」に関する理解状態を以下の4タイプに分けることができた。

Aタイプ:全体的に正しい理解ができている生徒
- 微視的なものの見方ができており,熱と空気中の分子運動をきちんと捉えている。
- 気体の収縮について,圧力と体積,密度の関係を正しく捉えている。
- 質量保存の法則を理解している。

Aタイプの生徒は,これまでに学習したことをよく理解し,他の学習内容と関連させることができている生徒である。知識を記憶することより,理

第 2 章　粒子理論の教授内容と児童・生徒の粒子認識　107

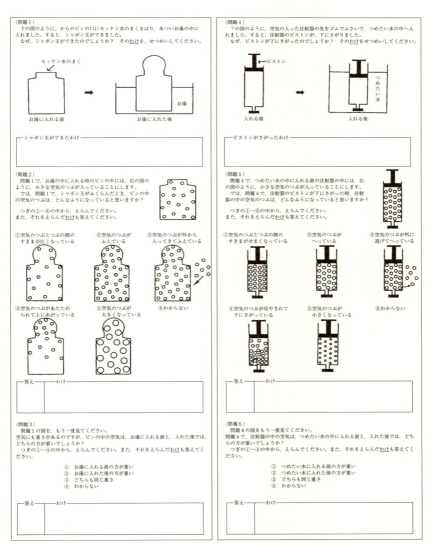

図 2-2-7　空気の温度による体積変化に関する調査問題

解を重視するタイプの生徒と言える。

Bタイプ：「密度の概念」が曖昧なために間違えた生徒
・「暖かいものは上へ行くので，空気の粒も上へ行く」と捉えている生徒である。このような認識をする生徒は，日常の生活の中で使用する「暖かい空気は軽いから上に行く」，「冷たい空気は重いから下に行く」という言い回しを根拠に，提示された現象を考えている生徒である。

　Bタイプの生徒は，このような調査に際しては頻繁に間違える傾向がある。「軽い」「重い」という比較は，「同体積の空気に比べて」という前提が隠されているが，Bタイプの生徒はそれに気づいていないことが多いからである。生徒のこのような応答からは，水中でのものの浮き沈みの原因と同様，空中でのものの浮き沈みについても密度と関連させた学習の必要性を指摘できる。

Cタイプ：理解が曖昧な生徒
・あやふやな浮力の知識を用い，「水に入れると軽くなる」と答えている。
・「ビンの中の空気は，お湯に入れる前と，入れた後では，どちらの方が重いでしょうか。」
　という問いに対して，ビンの中の空気の重さをビン全体の重さと捉えている。

　Cタイプの生徒は，質量保存についての理解が曖昧であると同時に，問題を読み違え，「軽い」ということを単純に浮力に結びつけて答えている生徒である。このタイプの生徒は，前提とする知識を正しく理解していない生徒である。

Dタイプ：科学的思考をしているが，誤答を選んでいる生徒
・収縮の際に，水蒸気が液化してピストンが下がったと考えているため，誤答を選んでいる。

Dタイプの生徒は，気象の単元で学んだ，「空気中には水蒸気が含まれている」ことを思いだし，冷やされた場合には液化が起きて水滴ができると考え，その結果ピストンが下がったと捉えた生徒である。この生徒は，液化することにより空気中の水蒸気（気体）が減るので，「空気全体の体積も減る」と考えている。このタイプの生徒は，誤答をしているものの，状態変化を踏まえた科学的思考をしている生徒と言える。

他のDタイプの生徒は，「空気中には水蒸気が含まれている」と捉えていたが，教科書を見ても分かるとおり，水蒸気は空気の成分に含まれることはない。このような回答が生じたのは，調査が気象の学習後だったことに一因があると考えられる。

以上，A～Dタイプの生徒の認識の特徴を分析したが，生徒達は，「物質が粒子からできており，その運動の違いによって状態変化の違いが生じる」ことを，授業で得た知識をもとに回答していた。しかし，本調査では，粒子の均一性や運動性の理解については確認できなかった。また，A～Dタイプの分類からは，同じ現象の説明を生徒達に求めても，回答の根拠や理由は異なっていることが確認できた。これは，生徒達が自らの経験に基づく様々な根拠や理由をもとに，示された現象に対し多様な意味づけを行っていることの現れと推察できる。

第3節　生徒の粒子認識の変化

第1項　討論や協働作業の中で見られた生徒の粒子認識

1．「気体の粒子性」に関する小集団の討論と協働作業の実施

本項では，中学生が「気体の粒子性」をどう理解しているかを探った[1]。関係論的な視点から，討論や協働作業を組み込んだ他者との相互作用の過程を分析した。また，本実践の中で扱っている実験や観察は事前に得られた生

徒の疑問や追求課題を生かした課題となっている。

　ここでは，「温度による空気の体積変化」を扱い，討論，実験・観察，考察を行う一連の過程の中で，粒子の運動性に関する生徒の認識の変化を会話プロトコルから探っている。調査対象はS市立M中学校の3年生の男子5名（K君，G君，S君，Y君，N君）である。彼らは一般的な中学生であり，この集団は成績的には5段階評定にそれぞれ一人ずつ分布している集団である。実施時期は，1998年5月29日～9月3日の放課後の部活動の時間である。調査問題として使用した質問紙は前節第3項1で示した図2-2-7である。

2．討論と協働作業に関する実践的検討
(1) 物質の粒子性に関する認識変化
(a) 生徒達の変化の全体像

　小集団での討論により，前節第3項1で用いた質問紙調査では分かりにくかった一人一人のこだわっている見方や考え方を顕在化することができた。図2-3-1は，5人の生徒の粒子認識の変化の全体像であり，生徒の主な発言のプロトコルも時系列で記入している。気体の学習では，一般に空気を基準として「重い」や「軽い」という用語が使われており，図2-3-1の全体図からは，生徒が「密度」と「重さ」を混乱していることが読み取れる。また，正答である「気体が膨張すると粒子と粒子の間隔が広がる」と捉える説（以下，「粒子間距離拡大説」）をK君が主張したが，G君以外は影響を受けなかったことが読み取れる。これは，K君が主張した際，S君の「暖かい空気は軽いので上に行き，冷たい空気は重いので下に行く」という発言に，G君以外の誰もがもっともだと思ったからである。S君は，この発言に関しては自分の生活体験から出てきたものと付け加えていた。中学校の理科教科書を確認してみると，気体の密度に関する記述は極端に少なく，密度と重さの違いも十分に説明されていない。したがって，S君は発言に際し自らの生活体験に頼らざるを得なかったのである。

第2章 粒子理論の教授内容と児童・生徒の粒子認識　111

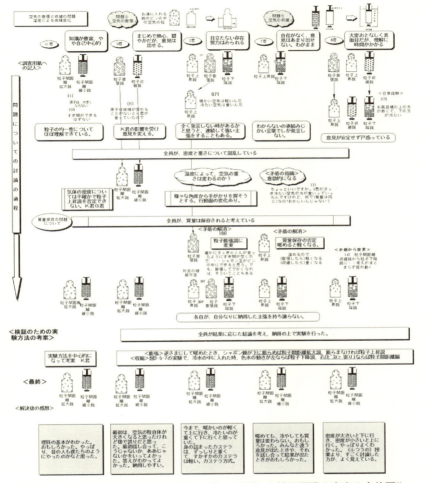

図2-3-1　5人（K君，G君，S君，Y君，N君）の粒子認識の変容の全体図[2]

(b) 討論することに意義を感じた生徒のプロトコル（変化がわかりにくいY君の変化）

Y君は自分の考えを表現しようとしない生徒である。また，課題の取り

組みに関しても，面倒だと思う気持ちを表情や態度に現す生徒である。初めは（プロトコル・データ番号50まで）「わからない」という言葉を何度も言い，直感的な短い言葉しか発しなかった。しかし，Y君は話し合いが進む中で，下線部に示すように，内容に関する質問を行ったり，他の生徒の矛盾点を指摘したり，矛盾を解消する意見を述べたりするようになった。Y君は，討論の中で，矛盾を解消するために質量についての意見を変更したことを受けて，「暖めても，冷やしても質量は変わらない」ことにこだわっていた。

［Y君に関係するプロトコル］
　下線部は，Y君に変化が見られたことを示すプロトコル。①〜⑤は調査問題の回答の選択肢番号。

　　（「空気の収縮」に関するY君のプロトコル）
　　052T：では問題5を番号と理由で言うとどうですか。
　　056Y：④番で，冷たいので冷やしたから。
　　062T：他に意見が変わる人はいますか？
　　063Y：右側は，変わらないです。
　　069Y：S君が言ったように空気が下に行って，そのすき間にピストンがなんか
　　　　　行くんじゃないかなと思いました。

　　（「質量の保存性」に関するY君のプロトコル）
　　129Y：問題3も問題6も③番で，直感です。
　　131Y：ちょっと，いいですか。S君がさっき，冷たい空気の方が重いっていっ
　　　　　たんですけれど，何で③（「同じ」）なの？　おかしいんじゃない？（矛
　　　　　盾の指摘）
　　133Y：さっき，言ったじゃん。冷たい空気の方が重いって。
　　139Y：おまえ（S君に向かって），適当じゃないか。
　　140T：ところで，Y君は？
　　141Y：③
　　142T：理由は？

第2章 粒子理論の教授内容と児童・生徒の粒子認識　113

143 Y：直感で。
146 全：（みんなで笑う。）
150 Y：S, おまえ一番矛盾しているよ。
151 S：おまえが，賛成しただろ。
152 Y：ハハハ
153 Y：意見変えていいですか？　問題3は，暖めるので②の「軽くなる」で，問題6は，冷たくするので①の「重くなる」です。

（検証実験の考案と吟味に関するY君のプロトコル）
224 T：みんなの言う，冷たい空気が下にいくというのは，聞いたことなの？実感なの？
225 Y：実感です。なあ，……
246 S：地球上だったら，水滴は下へ行くのですか。
247 Y：当たり前だろ
253 T：この問題は，今，空気で考えたけれど，もし，酸素だけだったら，結果は違うの？
254 Y：違います。はい。

（実験による解決と考察・まとめのY君のプロトコル）
300 T：では，実験を始めましょう。
302 Y：<u>やらせてください。</u>
310 Y：ほら，下に下がってる。
309 Y：<u>もう一回冷やさせてください。</u>すげえ！（凹んでいる。）
327 T：じゃあ，水が外へいくためには，どうする。
328 Y：温める。

「302Y：やらせてください。」，「309Y：もう一回冷やさせてください。」などの発言からは，Y君が意欲的に検証実験に参加していることが分かる。彼は討論が進むにつれて，態度に変化がみられた生徒である。3ヶ月後に行った面接では，Y君は討論を通して自らの存在感を感じ取ることができたと述べている。さらに，「話し合いの中で自分を表現できたことにより，そ

こに学びの楽しさを見出した。」とも述べていた。Y君は，自分の予想が当たることよりも，討論すること自体に意義を感じた生徒である。

(c) 自分の意見を振り返り，発言できるようになった生徒のプロトコル（目立たないS君の変化）

普段，どちらかというと目立たない生徒S君は，討論の中で，「暖かい空気は，軽くなって上に行くというが，温度によって空気の重さは変わるのか。」ということに疑問を抱き，その解決に悩んでいた。以下に示すプロトコルの番号分布（アンダーラインの箇所）からも分かるようにS君の発言は少なく，常に静かにしており，他の生徒の意見を聞いていても発言しない時が多かった。しかし，自分の意見に自信があるときには，皆を説得するために強い主張を続けることがあった。

討論が進むにつれて，S君は他の生徒の意見をじっくり聞きながら自分の意見を振り返るようになった。「質量保存とは何か」を改めて考え，自分の中の矛盾を解消するように，考えを立て直していた。また，途中の段階では，自分の主張を通すために，様々な角度から手がかりになりそうなことを探していた。以下，S君のこだわりが部分的に集中しているプロトコルを示す。ところで，S君は最初に説明を求められた時に1度発言し，その後は2回だけ意見を述べている。4回目以降の発言は以下に示すプロトコル160から始まる。

[S君に関係するプロトコル]

以下のプロトコル番号の下線は，S君の発言である。

（「質量の保存性」に関するS君のプロトコル）
<u>160</u> S：あの，問題2の答えを変えていいですか。⑤に変えていいですか。④で考えると確かにさっきK君が言ったように，すき間があくので，上に上

第2章 粒子理論の教授内容と児童・生徒の粒子認識　115

がっても下に引かれて逆にシャボン玉がビンの中にできると思う。でも，粒が，膨張して，でかくなれば，そういうこともあるから。
161K：S君に質問ですけど，⑤番にしたわけは，原子がくっついたからですか。原子が大きくなったからですか。原子自体が大きくなったのか，原子に何かがくっついたのか。
162S：くっつくわけない。
163K：じゃあ，大きくなったの？
164Y：ハハハ，そんなわけないじゃん。
165T：この図がわかりにくいかもしれないけれど，これは粒が見えるとして，書いたものだから，一部を拡大して書いたイメージとして考えてほしいのだけれど。いまK君の聞いているのは，粒自体が大きくなったのか。粒同志がくっついたのかと言うことだけれど……。
166S：粒自体です。
168K：さっきS君が，クーラーの冷たい空気は，下に下がるって言いましたけど，コマーシャルで上にも行く空気っていうのもあるらしいんですけれど，冷たいのが……。
169S：知らない。それでも，問題5の④は変えません。問題2の④番は，ぜったい無理だと思うので，……でも，ピストンの方だったら，すき間があいてもそれを埋めようとしてお互いが引き合うから，ピストンの方も下がっていくと思う。こっち（問題2）の方で，空気が上がっていくのだったら，下の方が引きつけてそれで，このシャボン玉が中に行くと思うから，問題5の方じゃこの下の（針を指す）方が行くはずないから，ピストンが動くと思います。

（検証実験の考案と吟味に関するS君のプロトコル）
187T：これは，全体を冷たい水の中で実験するわけ？
188K：そう。
190G：泡がでたら，④番。でなかったら，①番。
191S：④番以外は，別に重さが変わるとは書いていないから，下に下がるとも書いていないから①番とは限らないじゃないか。〈こだわり〉
192K：でも，それで④は消える。

S君は控え目な性格で，すばやい対応ができない生徒だが，こだわったことに対しては，悩みながらも，論理的に結論を導いている（160, 169, 191）ことが分かる。彼にとっては，小集団での討論は，自らの考え方を深めるために有効な方法だったと考えられる。

(d) K君，G君，N君の変化

Y君やS君以外の生徒も，討論により自分たちの考え方を顕在化させ，理解を深めていった。そして，「物質の粒子性」以外の見方である，「密度」や「熱」や「空気中の水蒸気」のことにも目を向けていくようになった。また，5人の生徒は他の生徒の考え方に合わせるのではなく，自分なりに納得したことを主張し続けた。

以下，K君，G君，N君の具体的な変化について述べる。

〈知識が豊富だが理解が曖昧であった「K君」の変化〉

K君は知識が豊富なので，粒子の均一性について知識としては知っていたが，S君が指摘した「暖かい空気は軽いから上に行くのではないか」という問いには答えられなかった。そのため，表面上は，結果が予想通りになったことを喜んでいたが，この問いに対する理由を説明できないことに対して苛立たしさを感じていた。K君は，見かけ上，知識が豊富なようだが，「粒子の均一性」については，十分に理解していなかった生徒と言える。

〈自分の考えに確信を持てない「G君」の変化〉

G君は，粒子の均一性についての知識がなかったので，粒子自体が膨張すると考えていた。途中，K君の「原子は大きくならない。」という言葉に納得し，すぐに均一性に意見を変えるが，他の生徒の疑問には答えられずに困っていた。G君は，均一性が正しそうだと考え始めたが，確信を持てない状況にあった。討論に関しては，「最初話し合って，こうじゃないか，ああじ

ゃないかを言ってよかった。答えがわかってよかった。納得しやすい。」とその良さを述べていた。

〈考えることに意義を見出した「N君」の変化〉
　N君は大変おとなしい生徒であり，かつ，学力面からも他の生徒の話をすべて理解することができない生徒である。S君の発言に賛成する意見を述べたにも拘わらず，発言の際に理由をはっきりと言うことができなかった。たとえば，膨張と収縮を逆のものとして捉えることができなかった生徒である。また，授業者もN君の考え方の変化を討論の対話からは十分に読み取れなかった。N君は，物質の粒子性をどう捉えたか不安な生徒であったが，感想の欄に，「やっぱりよくわかった。（ふつうの）授業より，すごく討論した方が，よく覚えている。」と書いており，自分の言葉で考え，友人に聞き，実験を試すこと自体に意義を見出したことが確認できた。

(2) 気体の膨張・収縮に関する検証実験の方法の考案と実施
　以下，仮説を設定した後の検証実験の概要を箇条書きに示す。ここでは，生徒に仮説を十分に吟味させた後に実験を行った。
　(a) 膨張について（図2-3-2〈膨張〉の実験図を参照）
・具体的な空気の膨張についての解決方法では，容器としてペットボトルを用いた。
・ペットボトルを取り出し，下向き，左向き，右向き（図2，図3，図4）にした場合，どの方向にシャボン膜が膨らむかを実験した。ここでは，お湯の代わりにドライヤーを用いた。逆さまにして暖めたとき，シャボン膜が下に膨らめば「粒子間距離拡大説」，内部に入り込めば「粒子上昇説」となると仮定した。検証実験の結果，どの実験においてもシャボン膜が外側に膨らむことから，5人の生徒は，「粒子間距離拡大説」を承認した。
・「冷やしてもみたい」という意見が生徒から出たので，追加実験としてペ

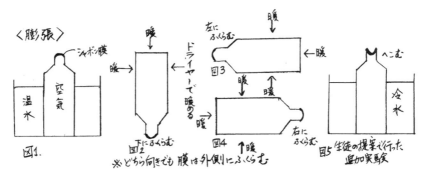

図 2-3-2　空気の膨張についての実験図（図 1〜図 5）

ットボトルを冷水の中に入れてみた。ここでは，シャボン膜が凹む様子を全員で観察した（図 5）。

(b) 収縮について（図 2-3-3〈収縮〉の実験図を参照）
・K 君が，「もし粒子が下に押しているというのなら，ピストンのないビンにホースをつければ，泡が出るはずだ」と提案し，図 6 の装置で実験した。しかし，実際には，水がホースに入り込み変化がみられなかった。
・話し合いの中で，図 6 の装置は改良され，ホースに色水を入れ，ホースの口を外に出して色水の動きを観察することになった。色水が左へ動くならば，粒が下に行く「粒子下降説」であり，右へ動くなら，「粒子間距離縮小説」ということを 5 人で十分に納得した上で実験を行った。検証実験の結果，色水は右に動いた（図 7）。この結果から，5 人は「粒子間距離縮小説」，すなわち，粒のすき間が小さくなったという結論に至った。

本検証実験では，教師が実験方法を提示せず，生徒達に自分達の考えを立証するための実験を考案させ，その後実際に行わせた。結果については仮説をもとに考察させた。この検証実験を行うことを通して，温度変化による気

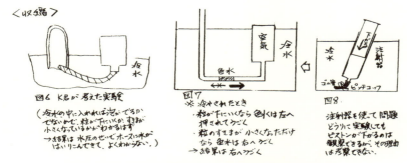

図 2-3-3 空気の収縮についての実験図 (図6～図8)

体の膨張・収縮時の「粒子の均一性」や「運動性」に関する概念変容を5人の生徒全員に確認することができた。

(3)「気体の粒子性」を意識させる協働作業の成果

「気体の粒子性」に代表される微視的概念の育成については，ミクロの概念を押しつけるような指導ではなく，本実践のように「なぜ，気体の粒子性を考えなければならないのか」などの必然性を納得できるような思考の展開が必要となる。本実践の討論では，教師の控えめな進行役の働きにより，生徒たちの討論が促進され，一人一人の粒子的理解が深まったと考えられる。一方，生徒達は小グループの活動を通して気体に関する世界を広げ，仲間との関係を発展させながら自分自身の考え方を確かめていた。本研究でのグループ活動は，関係論の視点からは，「関係欲求充足」の場や「認知的欲求充足」の場になっていたと言える[3]。

3．本調査のまとめ

本調査から，以下のことが明らかになった。

1)「空気の温度による体積変化」の内容に関する討論を通して，5人の中学生は「粒子の運動性」を理解することができた。さらに，空気の膨張・収

縮実験を行った結果，膨張実験では「粒子間距離拡大説」，収縮実験では「粒子間距離縮小説」を承認した。
2) 検証実験では，結果に応じた結論をあらかじめ立ててから実験を行ったため，結果に対する解釈のずれが生じなかった。検証実験を通して，生徒一人一人は自ら抱いた疑問を解決し，気体が粒子から成り立っていくことを納得した。
3) プロトコル分析により，生徒たちが知識を獲得し，理解する過程が明らかとなった。討論を通して，生徒一人一人は潜在的な既有知識を顕在化させるようになった。また，検証実験前のプロトコルからも分かるように，生徒達は，納得いく根拠については即座に受け入れるものの，疑問が残る場合には，他の意見に容易に同調せず，自分の考えにこだわり続けていた。
4) 生徒達は，「空気の粒子性」を検証するために実験方法の考案や実施を協働して行ったが，そこでは，自らの見方や考え方を変える必要が生じており，発見的で創造的な活動となった。

第2項　メタ認知から探ったイオンに関する生徒の粒子認識

1．イオン概念の獲得

物質の粒子性に係わる概念の中でもイオン概念は，「中学生にとって抽象的で高度な概念であるため本質的な理解を得ることが難しい」[4]。イオン概念の教授のための教材研究は多くの研究者によって行われ，また，学習後のイオン概念の欠如を指摘した研究も幾つか見られるが[5,6]，学習時における生徒のイオン認識の変化を探った研究はほとんどない。

イオンの教授では，イオンそのものを直接見て観察させることができないために，化学反応の現象を通して確認させたり，実験に用いた測定機器の出す結果を確認させたりしながら，その存在を推察させなければならない。したがって，イオンは教師にとっても難しい教授内容となっている。本項では，生徒によるイオン概念の獲得を，「イオンのモデルを電気分解や中和と関連

付け，微視的な見方や考え方ができること」と規定して，代表的な3人の中学生のイオン概念の獲得の様子を探った。

特に，実践では，イオン概念の教授デザインの基礎研究として，学習プロセスの中で生徒のメタ認知[7]を探っている。理科教育では，メタ認知の捉え方の難しさもあって，学習内容と生徒一人一人のメタ認知との関連性に関する報告は少ないが，本項では，生徒達の認識や概念獲得にどのようなメタ認知の要素が働いているかを詳細に分析する。これは，生徒が一度学んだイオンの知識を，振り返り，検証する時に，学習内容をイオンで捉えることの意味に気づくことができると考えたからである。さらに，理科の実験・観察においては，「プロセスを見通す力」や「自らの学習状況や学習過程を把握する力」も求められており，本項では，これらの能力もメタ認知能力の1つと捉えた。

2．メタ認知の要素

A.L. ブラウン（1984）は，メタ認知の要素を，「二次的な無知」，「予言」，「計画立案」，「点検とモニタリング」の4つに整理している[8]。また，メタ認知的活動に関して，R. フィアブラザー（2000）は，「『何がわかるのか』・『何がわからないのか』を認識することが，メタ認知的活動が発達するために必要である」[9]と指摘している。この指摘を踏まえ，中山は「二次的な無知」を「何がわかるのか」・「何がわからないのか」を認識することとまとめている[10]。さらに，その中には「自分はわかっているのか，わかっていないのかを知る」，「自分の考えに対する確信の程度を知る」ことをも含めている。図 2-3-4 には，三宮によるメタ認知の分類を示した。

3．メタ認知能力とイオン概念の獲得を読み取る指標

本調査の協力者である授業者は，授業デザインに基づく授業[11]を行っており，「メタ認知能力」を育成する「振り返り」を重要な要素として授業の中

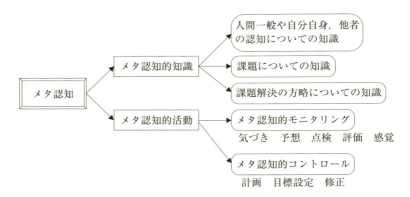

図 2-3-4　三宮によるメタ認知の分類

に取り入れている。毎回の授業では，生徒自らに授業を振り返らせ，「納得できたこと」，「疑問」，「追求課題」，「自己評価」，「他者評価」などを授業の振り返り記録用紙に記入させている。このような振り返り記録用紙や調査用紙における記述分析では，紙面上に書かれたものから生徒のメタ認知能力やイオン概念の獲得状況を読み取らなければならない。

　さらに，自己評価とメタ認知能力との間には密接な関係があり，鈴木はD.E. グリーンウェイと A.C. グロゥザーの研究をもとに自己評価にも幾つかのレベルがあることを指摘している[12]。本項では，鈴木が整理した自己評価のレベルをもとに，生徒の記述内容を分析する際の指標を次のように設定した。

〈レベル 1〉：興味・関心の段階
　・自分の興味・関心を示したところを書いている
〈レベル 2〉：認知理解の段階
　・わかったことやわからなかったことを書いている
〈レベル 3〉：評価・方略理解の段階
　・自分の学習状況を判断し，評価している

・自分の学習活動から学び方・自分の学習に対する方略に気づいている
〈レベル4〉：変容理解の段階
　・自分の考えがどのように変わったかを把握している
　・次への目標を持っている

　生徒の記述内容の具体的な分類作業では，まず，一つ一つの記述を上記の4つのレベルに分類し，さらに一人一人のメタ認知能力とイオン概念の獲得状態を分類した。その結果を以下に示す。

4．中学生を対象とした実態調査
(1) 調査の実施と方法

　調査は，2000年6月～7月にかけて埼玉県公立中学校の3年生約60名を対象に行った。イオンに関する調査問題を作るために「単語連想法」や「問いの生成法」[13]等の方法を用い，「化学変化とイオン」の授業の中で，質問方法を変えながら3回行った。質問項目は，たとえば，「『イオン』という言葉を聞いて，思いつく言葉を書かせる」ことを共通とし，単元学習中では「イオン」という言葉を用いて自分がわかる問題とわからない問題を作らせたり，単元学習後では，単元を通して「わかったこと・わからなかったこと」を書かせたりした。分析は記述された生徒の回答をもとに行った。

　また，この調査の後，特徴的な生徒数人に対し，インタビューを行い，イオンに関する理解過程を具体的に探った。本調査においては，今回行った調査結果とインタビューのプロトコル分析だけではなく，授業者が毎回の授業の中で用いている振り返り記録用紙や中間テストの結果，授業者の視点などを参考にしながら，イオン概念の変容を分析している。

(2) 集団に対する調査の全体的な応答傾向

　メタ認知の視点から，生徒達の一つ一つの回答は，たとえば，「化学は不得意だから」という回答はメタ認知的知識に，「問題をやってみないとわか

らないから」いう回答はメタ認知的活動（感覚）に分類した。しかし，単元学習後の振り返りを中心とした調査では，同じメタ認知の分類に入る回答と読み取れても，生徒達の記述の状況によってイオン概念の獲得状況は異なっていることが認められた。たとえば，「わかったこと」を尋ねる質問において，「わかったこと」を書くことができる生徒は，二次的な無知に相当するメタ認知を持っていることになるが，その内容の書き方は，キーワードをただ書いている生徒がいたり，あるいは具体的に文章で書いている生徒がいたりと異なっていた。この傾向は自分の理解の変容について書いてもらう質問においても同様であった。そこで，単元学習後の結果については，各質問に対し，前述の4つのレベルに生徒の回答を一つ一つ分類した後，生徒の記述内容をもとに，具体的なメタ認知の状況とイオン概念の獲得状況を応答パターンA・B・C・D・Eにまとめた。

表2-3-1 単元学習後の応答パターン

	わかったこと・わからないことの記述の仕方	理解の変容や学習の状況	イオンをどう認識しているか	人数（人）
A	キーワードを具体的に書いている（自分の言葉で書いている）。	単元全体を通した自分の理解の様子を具体的に書いている。	「イオンと電気分解」，「イオンと酸・アルカリ」との関係を理解できる。	14
B	キーワードを具体的に書いている。	それぞれの場面での自分の理解の様子を書いている。	イオンに関する単語の説明ができ，「イオンと電気分解」との関係を理解できる。	13
C	キーワードだけを書いている。	それぞれの場面での自分の理解の様子を書いている。	イオンに関する単語をいくつかあげることはできるが，詳しく説明することはできない。	15
D	キーワードだけを書いている。	自分の理解の様子を書くことができない。	イオンに関する単語の数は少なく，その意味をわかっていない。	7
E	空白・無記入。	自分の理解の様子を書くことができない。	イオンに関する単語をあげることができない。	7

表2-3-1の全体的な応答傾向から，わかったことや自分の理解の変容過程を具体的に書ける生徒，つまり，メタ認知能力に相当する力を持っている生徒の方が，イオン概念を獲得していると認められた。他方，自分の変容過程を具体的に書けない生徒，つまり，メタ認知能力が働いていない生徒は，イオンについても理解できていないことが確認できた。

集団に対する調査から，記述の仕方がメタ認知能力に係わっていることは示唆されるが，具体的にどのようなメタ認知能力がイオン概念獲得に係わっているかについては確認できなかった。そこで，以下，個人個人の事例をもとに具体的な関係を検討する。

(3) 個人の変容事例

単元学習後に行った調査の応答傾向から，調査に対する生徒の記述内容や「振り返り用紙」における記述内容に着目し，具体的に意見が書けている生徒・書けていない生徒，合計10人に対し，3回行った調査の時に考えていたことを詳細に聞くため，インタビューを試みた。ここでは，特徴的な傾向が見られた6人の生徒にしぼり，単元学習前・中・後の調査における「イオンと聞いて思いつく単語」と，単元学習後において，各時点を振り返って書いてもらった「理解の状態」を表2-3-2に示した。

表2-3-2に示した，6人の「イオン」と聞いて思いつく単語の回答や，「イオン」に関する各時点での理解の状態の回答から，O君とUさんは，学習中・学習後の項目で思いついた単語の数が多く，単語の内容も授業に沿ったものであり，イオンを理解していると言える。S君は，学習前の項目には，セリーヌディオンや英会話のイーオンなどを記載していたが，学習後には電解質や電離に関する単語を書いており，授業に沿ったイオンを理解していると言える。しかし，学習中の項目では「＋・−」しか回答しておらず，学習途中の電気分解の理解に関しては，この表からは判断できない。NT君は，学習後の項目に電気分解のみを回答している生徒であり，イオンに関する理

表 2-3-2　6 人の生徒の記述内容

	経過	「イオン」と聞いて思いつく（連想する）単語	「イオン」に関する理解の状態 単元学習後に各時点を振り返って書いてもらった内容
O君	学習前	原子爆弾，温泉，水，陽・陰	イオンのことを知らなかった。 ↓
	学習中	陽極・陰極，分解，分子，原子	新しいものを学ぶとき特有にある気持ちの典型的のような感じがした。 ↓
	学習後	身近にあるいろいろな液体	新しいものを学ぶとき特有にある気持ちの典型的のような感じがした。
U さん	学習前	水・水滴	イオンのことを知らなかった。 ↓
	学習中	原子，陰イオン・陽イオン・電解質・金属と非金属	イオンとは電気を帯びた原子。 陽イオンと陰イオンがある。 ↓
	学習後	原子，陰イオン・陽イオン，電離，中和，塩，酸，アルカリ	酸が共通に持っている性質は H^+，アルカリが共通に持っている性質は OH^-，この 2 つが結びつき水になると中和する。
S君	学習前	セリーヌディオン 英会話のイーオン +・−イオン	イオンのことを知っていたか，知らなかったか覚えていない。 ↓
	学習中	+・−	電流を流せる。 ↓
	学習後	電解質，電離，アルカリ性（OH^-），酸性（H^+），中性（中和）	多すぎて書けません。
NT君	学習前	なし	イオンのことを知らなかった。 ↓
	学習中	なし	まだイオンというのは何かわからない。 ↓
	学習後	電気分解	イオンとイオンをあわせると一つの物質になるということがわかった。
NA君	学習前	なし	イオンのことを知らなかった。 ↓
	学習中	電子，プラスイオン マイナスイオン	水素イオンの式 ↓
	学習後	水素イオン	特にない。
Yさん	学習前	いやされそう	イオンのことを知らなかった。 ↓
	学習中	なし	何か想像していたのとは違うなぁ…。 ↓
	学習後	なし	空白

解の状態の回答を踏まえると，イオンに関してはほとんど理解できなかった生徒と言える。NA君は，学習中と学習後の項目に，電子，プラスイオン，マイナスイオン，水素イオンの単語を回答しているが，イオンに関する理解の状態の回答を踏まえると，イオンを理解しているかどうか不明な生徒と言える。Yさんは，学習前の項目に，いやされそうと回答しているが，学習中，学習後には何も回答していない生徒であり，イオンを学習しても，よく分からなかった生徒と言える。

　次に，振り返り用紙への回答やインタビューの様子を踏まえ，メタ認知の能力の観点から6人を分析する。表の一番上に示したO君は，課題解決方略についてのメタ認知的知識が豊富にあり，自分のやっていることなどを第三者的に捉えることができていた。授業で理解したことも自分の言葉で表現することができ，常に新たな疑問をみつけ学習を進めていた。Uさんも学習において，適切なメタ認知的知識を豊富に持っており，わからないことが生じても自分が納得できるまで学習を進めていくよう，メタ認知的活動が働いていた。S君は，最初は誤ったメタ認知が見られ，わかったところなどを表現するのが苦手で，記述の量は少なかった。しかし，授業が進むにつれ，曖昧だった二次的な無知も具体的にはっきりとしたものとなった。さらに，自分の変容過程や学習の状況を容易に判断し，自分のやったことを評価できるようになった。NT君は二次的な無知に相当するメタ認知を持っている。表2-3-2の「『イオン』に関する理解の状態」の欄に示したようにNT君は何がわかって何がわからないかをよく理解できており，理解している限度も把握できている。メタ認知的活動のモニタリングに相当するメタ認知は十分働いているが，それに対するコントロールは働いていない。NA君はあまり理解していなくても，理解していることに対して「まあまあ自信がある」と答えており，自信と理解が一致していない生徒である。また，書いたり表現することが曖昧で，興味や関心があるところのみを理解していた。表の最後に示したYさんは無力感を生み出すメタ認知的知識を持っており，メタ認

知的活動がほとんど働いていない生徒である。自分が「学習内容を理解していない」ことをわかっている生徒である。

表2-3-2からは，イオンに関する認識の変容過程は一人一人の生徒で異なっていることがわかる。さらに，上述した分析と全体的な応答傾向からは，メタ認知能力とイオン概念の獲得との関係を，「学習における適切なメタ認知が働いている生徒」（O君・Uさん・S君），「学習における二次的な無知に相当するメタ認知がみられた生徒」（NT君），「メタ認知がほとんど働いていない生徒」（NA君・Yさん）の大きく3パターンに分けることができた。以下では，メタ認知能力とイオン概念の獲得との関係を分析するために，6人の中からそれぞれのパターンを代表する3名の生徒の変容事例を取り上げる。

【個人の変容事例1：Uさんの場合】―学習におけるメタ認知能力がみられた生徒（表2-3-3参照）―

単元学習前の調査で聞いた「あなたは授業で『わからない』と思うことがあった時，どうしますか」という質問で，「とてもわからないときは，やはり自分で解決するのが1番私にとってわかる方法です。その結果，いつも最後にはちゃんとわかります。」と答えた生徒である。Uさんのメタ認知に相

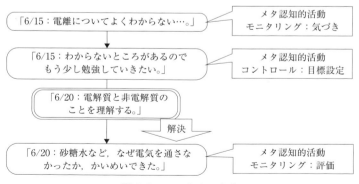

図2-3-5　Uさんの変容

表2-3-3 Uさんの変容過程 （振り返り記録用紙・調査用紙の記述から）

時間の流れ	メタ認知に相当する回答	単なる理解・覚えたこと・考えたこと
事前調査 6月6日		〈イオンと関係しそうな語句〉 原子，分子，元素記号，食塩水，食塩，水 〈イオンのイメージ〉 ・形が変わる水状のもの
6月15日	・食塩水が濃いということは，イオンの数が多いということ！	
	・電離についてよくわからない……。 （⇒認知についての気づき） ・今日の授業でわからないところがあるのでもう少し勉強していきたいです。（⇒認知についての目標設定）	
6月20日 振り返り記録用紙の記述から		・金属と非金属が結びついているものが電解質となる。 ・非金属原子だけでできているものは非電解質となる。
	・砂糖水など，なぜ電気を通さなかったか，解明できた。	
	・イオンのつながり，＋や－のやりとりの仕方がまだよくわからない。（⇒認知についての気づき） ・私には少し難しいみたいで今日の授業はカンペキに理解できなかった。（⇒認知についての評価）	
6月21日	・どの物質が－を持っているのか，どの物質が＋を持っているのかよくわからない。（⇒認知についての気づき） ・イオンの化学式がキチンと覚えられてよかった。家でちゃんと復習したいです。（⇒認知についての計画） ・難しいと思い込んではダメだと思う。（⇒認知についての方略）	・イオン物質の化学式 （イオンカードを用いた授業による）
6月22日	・電池についてのちゃんとしたまとめをしたい。（⇒認知についての目標設定）	・電解質の水溶液に2つの金属を浸すと電流が流れる。 ・塩酸の電気分解のまとめ
	・今日また塩酸の電気分解についてやって，前わからなかった電離式，その他の計算がわかってよかった。	
6月23日	・電池についての説明が難しくてまだよくわからない。（⇒認知についての気づき） ・まだ理解していないものがあるので理解しなくてはと思った。（⇒認知についての目標設定）	

途中調査 6月23日	イオン理解に対する自信　＊まあまあある 授業で習ったことはまあ理解できたと思うけど，まだやっていないところもあるし，問題をやってみたりしないと自信があるとはいえないから （⇒認知についての感覚）	〈イオンと聞いて思いつくキーワード〉 原子，陰イオン・陽イオン，電解質，金属と非金属
	問いの生成法　〈Uさんが作った，自分がわかる問題〉 　塩化銅水溶液を電気分解しました。そうすると，金属と非金属からできたものがイオンにわかれます。それぞれ何の物質が，何極側につきますか？　　（答え）陽極：塩素　陰極：銅 〈Uさんが作った，自分がわからない問題〉 イオンについて簡素に説明してください。	
事後調査 7月14日	・化学反応式の書き方など，今までやったのはわかったけど，いろんなものがでてきたらかけないかもしれません。（⇒認知についての気づき）	〈イオンと聞いて思いつくキーワード〉 陽イオン，陰イオン，電離，原子，中和，酸，アルカリ，塩 ・イオンそのもののこと「電気を帯びた原子」だということ
	・中和のところ。H^+ + OH^- が結びつき，水になること。図などで勉強してよくわかった。	
	・イオンと聞くだけでとても難しそうだというイメージを持ったのですが思ったよりも難しくもなく，勉強を進められてよかったです。	

＊「わかったこと」はメタ認知と理解したことの両方を含むため[14]，上記表の両枠に共通のものとなる。（表2-3-4，表2-3-5も同様）

当する回答と単なる理解・覚えたこと・考えたことを区別してまとめたのが表2-3-3である。その中から特にメタ認知的活動が表れている記述を抽出し図2-3-5に示した。

　このようにUさんは「○○がわからない」→「勉強していこう」→「授業で△△について理解した」→「○○が理解できた」という理解の仕方をしており，常に自分の学習状況を理解しながらイオン概念を獲得していったと考えられる。本来ならば，紙面上ではこのようなメタ認知的活動に相当するメタ認知を読み取ることは難しいが，Uさんの記述からはその一部が読み

取れた。また,「難しいと思い込んではダメだと思う。」(6/21) というメタ認知的知識なども読み取ることができ,Uさんは学習においてプラスに働くメタ認知的知識によって,自分に合った学習方略を自分で見つけることができている。このようなメタ認知的知識がメタ認知的活動にも影響を与え,学習において適切に働いていたと言える。

[インタビューから]

> T:最初に書いていたころの回答を今見てどう思う?
> U:全然違うのをイメージしていたと思う。
> T:どんなイメージをしていたの?
> U:なんか,イオンって聞くと水。水滴や水の中に入っている成分か何かだと思っていた。

Uさんは,授業で習ったことをきちんと吸収していった生徒である。単語数も少しずつ着実に増えていき,授業で新しい概念が生成され拡張したタイプである。最初に考えたイオンのイメージは本人の頭の中には残っていたが,そのイメージは学習前のものだと理解しており,そのイメージでイオンを考えることはなかった。Uさんは自らの概念変容をしっかり認識できた生徒とみなすことができる。

【個人の変容事例2:NT君の場合】―学習における二次的な無知に相当するメタ認知がみられた生徒(表2-3-4参照)―

NT君は自分のわかるところ・わからないところを答えることができており,自分の理解の状態を理解している生徒である。また,どの程度,自分が理解できているかという理解の限度や自分の学習状況についても理解できている生徒である。NT君の調査用紙の一部からメタ認知能力に相当する次の記述に着目してみる(図2-3-6)。

NT君が記述した内容は「認知についての気づき」に相当する回答であり,モニタリングに相当するメタ認知は十分働いていたものの,それに対するコ

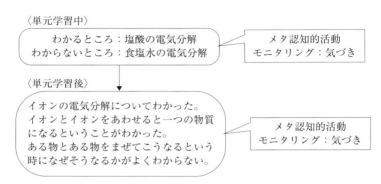

図 2-3-6　NT君の変容

ントロールに相当する回答はみられなかった。NT君は,「わかる」・「わからない」がわかるという二次的な無知を持っていても,「次に何をすべきか」というメタ認知が働いていない生徒と言える。

　NT君のイオン概念の獲得に関しては,調査用紙の記述や,単語の変容からもわかるように,単元の途中では,理解していなかったのが,単元の最後においてイオンと電気分解との関係を理解している。しかし,イオンと酸・アルカリに関しては,「ある物とある物をまぜてこうなるというときになぜそうなるかがよくわからない。」と書いているように,中和におけるイオンのやりとりによって生じるものについては理解できていないと言える。

　次にイオン概念の変容についてインタビューを示す。

［インタビューから］

> 　T：自分の考えが変わったと思いますか？
> NT：最初のころに比べて変わったなあと思う。
> 　T：それはどのように変わったのかを説明してください。
> NT：最初はイオンというのは全く知らなくて,聞いたこともなかったけど,授業をやっていくうちにだんだんその内容がわかってきて,どんどん理解できてきた感じがする。

表 2-3-4　NT 君の変容過程　(振り返り記録用紙・調査用紙の記述から)

時間の流れ	メタ認知に相当する回答	単なる理解・覚えたこと・考えたこと
事前調査 6月6日		〈イオンと関係しそうな語句〉 質量保存の法則，電子，元素記号，電気分解，水，石けん水，温泉
振り返り 記録用紙	振り返り記録用紙の提出がない	
途中調査 6月23日	イオンに対する理解の自信　＊まったくなし まだ自分でも全然よくわからないから（⇒認知についての感覚） 問いの生成法： 〈NT君が作った，自分がわかる問題〉 　塩酸を電気分解すると陽極・陰極から何がでるか？ 　　（答え）陰極：水素イオン，陽極：塩素イオン 〈NT君が作った，自分がわからない問題〉 　食塩水を電気分解すると陽・陰極から何がでるか？	〈イオンと聞いて思いつくキーワード〉 なし
事後調査 7月14日	・ある物とある物をまぜてこうなるというときになぜそうなるかがよくわからない。（⇒認知についての気づき） ・イオンの電気分解についてわかった。 ・イオンとイオンをあわせると一つの物質になるということがわかった。	〈イオンと聞いて思いつくキーワード〉 電気分解 イオン分子からいろいろな気体や物質ができるところが重要だと思った。

　NT 君は理解の変容を述べることができている。イオンのことについては知らなかったが，だんだん授業内容を理解することによってイオンに対する理解が広がっていった。しかし，表 2-3-4 に示した記述内容からもわかるとおり，実際に理解している内容は少ない。

【個人の変容事例 3：Y さんの場合】―学習におけるメタ認知能力があまりみられなかった生徒（表 2-3-5 参照）―

　Y さんの回答からは，メタ認知に相当する回答はほとんどみられないが，イオンと聞いて思いつくキーワードをあげる質問において，「説明できませ

表 2-3-5　Yさんの変容過程　（振り返り記録用紙・調査用紙の記述から）

時間の流れ	メタ認知に相当する回答	単なる理解・覚えたこと・考えたこと
事前調査 6月6日		〈イオンのイメージ〉 植物，水，いやされそうなかんじ 〈本人がかいたイオンのイメージ〉
振り返り 記録用紙	振り返り記録用紙の提出がない	
途中調査 6月23日	イオンに対する理解の自信　＊まったくなし もともと化学式などが苦手だから（⇒メタ認知的知識） 〈Yさんが作った，自分がわかる問題〉：記述なし 〈Yさんが作った，自分がわからない問題〉：イオンとは何ですか？	〈イオンと聞いて思いつくキーワード〉 ・説明できません。
事後調査 7月17日	空白	〈イオンと聞いて思いつくキーワード〉 空白 何か想像していたものと違うなぁ

ん」と答えており，「わからないことはわからない」と意識しているようである。また，毎時間の振り返り用紙の提出がないだけではなく，調査においても回答は空白に近く，書くことを通した表現力が乏しい生徒と言える。単元前の調査において，「わかったと感じる時はどんな時ですか？」という質問に対して，Yさんは「ひらめき」と答えていた。Yさんは段階を追って理解する生徒ではないようである。インタビューにおいても，イオンの学習が難しかったことや，自分が化学を苦手であるのは理解しているが，何を理解したかなどは答えることができなかった。

[インタビューから]

> T：何か想像していたものと違うなあって書いてあるんだけど，前に想像していたことは？
> Y：絵に表したとおりで……。
> T：空気かな？　それとも植物が何か出しているようなもの？
> Y：イオンて，天然っぽいような。植物が光合成したときに，水蒸気のような感じでとんでくれるような感じで……。
> T：それが，授業（イオンの単元）を終えてみて，どうだった？
> Y：なんかわからなくなった……。
> T：その絵に描いていたイメージはまだある？
> Y：なくなっちゃった。

　最初はYさんなりに自分のイメージを持っていたが，学習していくうちに，そのイメージは消え，イオンそのものの実体がわからなくなってしまった生徒である。「何か考えていたこととは違うなあ。」という自分のイメージが変わったことはわかっているようであるが，学習内容においては何を理解したかは全くわかっていない。また，学習における自分の変容過程も考えるまでには至っていない。考えが置換されてはいるが，完全に新しい考えを受け入れたわけでもなく，曖昧なものとして新しい考えが存在している。Yさんは，誤った理解をしたというわけでもなく，学習前のイメージに固執しているわけでもなく，新しい考えもあまり身についていない生徒の代表例である。

5．本調査のまとめ

　中学校3年生を対象とした調査から，以下の点が明らかとなった。
1) 学習において適切なメタ認知能力を持っている生徒は，理解したことを把握しながら次の目標を決め，イオン概念を獲得していった。
2) 自分の学習状況について理解できていても，「次に何をすべきか」という認知についてのコントロールが働かなかった生徒は，イオンの学習内容の

理解も中途半端であった。

3) 学習過程を振り返ることができなかった生徒は，学習におけるメタ認知がほとんど働いていないだけでなく，イオン概念を獲得することができず，曖昧な理解のままだった。

本項の事例からは，生徒のメタ認知がイオン概念の獲得に影響を及ぼしており，メタ認知があるといっても学習において適切に働かなければイオン概念の獲得にはつながらないことが明らかとなった。さらに，学習において自分に合った学習方略や学習を向上させるメタ認知的能力が働くと，イオン概念の獲得が困難なく着実に進むことが確認できた。

第3項　物質量（単位 mol）の学習時に見られた生徒の粒子認識

1．モルの有用性と必要性の明示

「物質の粒子性」や「原子・分子」に関する学習は中学校段階で終了し，高等学校では，両者の活用として「物質量（amount of substance）」が導入される。物質量は物理量の1つであり，単位は mol である。物質量（「物質量」は SI 単位で規定された物理量の1つだが，質量や体積などの「物質の量」との混同を避けるため，以下，本論文では「モル」と記載する）とは，物質中の原子・分子・イオンなどの粒子の量であり，極微の世界の現象を実験化学の世界で扱うために欠かせない概念である。モルからは粒子数に基づく質量や体積の関係がすぐわかるのだが，初学者にとっては新しい用語や定義が数多く出てくるので難しい概念である。また，モルの定義では「相対質量」の考え方が必要とされ，これが日常世界からかけ離れた印象を生徒に与えている。

ここでは，A 高等学校1年生（男子22名・女子36名）を対象に，2001年10月に行った授業を通したモルに関する生徒の実態を分析する。本実践のモルの導入場面では，教師がモルを教えている。さらに，この授業の中では，関係概念としてのモルの「必要性」や「有用性」を生徒に意識させている。1時間目は，生徒が主体的に取り組む活動を設けたが，2・3時間目の「展開」，

表 2-3-6　本実践の展開

		学 習 内 容 ・ 配 当 時 間
導入	1時間	目標：小さな粒を例にあげて，「相対質量」の考え方を理解する。 ① 身近な小さな粒の集合体について考える。 ② 身近な小さな粒の扱い方を考えた後，「相対質量」の考え方を導入する（実験）。 ③ 原子・分子を集合体として比較することを考える。 → 原子・分子を「同じ質量」でまとめるか，「同じ数」でまとめるかを考えさせる。
展開	2・3時間目	目標：物質量の単位であるモルを理解する。 ① 物質を規定する3要素「重さ・体積・数」を確認する。 → モルで換算できる3つの量を意識させる。 ② 身のまわりにある単位について確認する。 → 原子・分子をまとめて扱う単位の「必要性」を意識させる。 ③ 原子量と質量数の関係について学習する。 単位であるモル（mol）について学習する。 → 教師主導のモルの導入（生徒は，ここで初めて原子量・質量数・モルを学習する。）
まとめ		目標：モルを，質量・体積・粒子数の関係として図にまとめる事ができる。 ① 図を書きながら，モルの「有用性」をまとめる。 ② 固体や液体として存在する1モルの物質の量を実際に見せる。 → 氷砂糖，食塩，水，アルミニウム（1円玉）を扱う。

「まとめ」は教師主導の授業である（表2-3-6）。

2．モルの理解度に関する調査

(1) モルの理解度

【調査時期】

（第1回目調査）モル学習直後の調査：2001年11月

（第2回目調査）5ヶ月後の調査：2002年3月

　以下，A, B 2つの観点について結果をまとめる。

> A. モルの理解度に対する生徒の自己評価
> B. モルの説明（自由記述）

A. モルの理解度に対する生徒の自己評価

　モルの理解度に対する自己評価の質問と，モルの学習直後と5ヶ月後における変化を図2-3-7に示した。

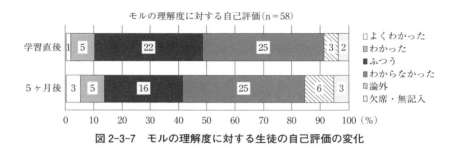

図2-3-7　モルの理解度に対する生徒の自己評価の変化

【学習直後】問．モルの学習は，わかりましたか？
　　a）よくわかった　b）わかった　c）ふつう　d）わからなかった
　　e）論外
【5ヶ月後】問．物質量の単位である「モル」は理解できましたか？
　　a）よくわかった　b）わかった　c）ふつう　d）わからなかった
　　e）論外

　この結果では，モル学習直後と5ヶ月後では，それほど大きな変化が見られなかった。一方，「論外」と回答した生徒が3名増加した。この背景には化学反応を量的に考える際の計算や数字に対する拒否反応の現れであると推察される。

B. モルの説明（自由記述）

【学習直後】 問．モルについて説明してください．
（文章・図・箇条書き，何でもかまいません）
【5ヶ月後】 問．あなたの理解している範囲で，モルについて説明してください．

モルについての記述の分類は，平川が行った分類[15]を参考に作成した基準で行った（表2-3-7）．

表2-3-7に示した基準をもとに，モルの学習直後と5ヶ月後の生徒の説明に使用された用語の割合を図2-3-8に示す．

本実践では，先行研究を踏まえ，モルを用いて換算できる3つの量の中で，特に，生徒のつまずきが見られた「質量」と単位の関係について強調した授

表2-3-7 「生徒がモルの説明に使用した用語」の分類基準

観　点	生徒が使用した用語
単位についての記述	物質量／単位／mol
1モルの質量についての記述	原子量／分子量／g／質量
1モルの粒子数についての記述	6.02×10^{23}個／アボガドロ数／粒子数
1モルの気体の体積についての記述	22.4L／標準状態／体積／気体

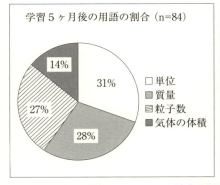
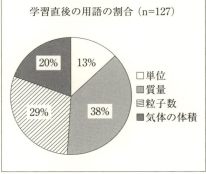

図2-3-8 モルに対する説明で使用された用語の割合

業を行った。その結果，理解の偏りが改善できたと考えられる。しかし，その反面，「気体の体積」に関係する用語の割合は，質量・粒子数と比較して少なかった。これは，本実践の中での気体の体積についての説明が，口頭のみでの説明となり，「体積」と単位の関係が実感に欠けるものになったことによる。

5ヶ月後では，「単位に関する記述」の割合が高くなっている。これは，「化学反応の量的関係」の単元で実際にモルを使用した学習をしたことにより，単位としての認識が高まったことを反映している。

粒子数に関する用語の割合は，学習直後と5ヶ月後の両者とも，その割合はほぼ等しかった。これは，1モルの粒子数「6.02×10^{23}個」や「アボガドロ」の印象が強く残っていたことによると考えられる。

(2) 定期試験の結果分析に基づくモル概念獲得の実態

本実践は「化学IA」での実践であり，生徒はモルを学習した後，モルを使用する機会はほとんど無い。この点を踏まえ，学習1ヶ月後の試験問題は基礎的な問題とした（図2-3-9）。

本問題の解答をもとに，「生徒がモルを単位として認識しているか」，「物質量から質量・粒子数・気体の体積への換算ができるか」の2つの観点について分析した。

モルの導入から5ヶ月間の授業の中では，「物質の燃焼」のみでモルを使用している。そこで，5ヶ月後の定期試験の問題（図2-3-10）では，具体的なプロパンガスの燃焼反応の量的関係に関して，モルの理解度を調べた。ここでは，限定的ではあるが上記の問題に対する理解度をもってモル概念の獲得を判断した。

2種類の定期試験の結果をもとに，学習1ヶ月後と5ヶ月後における生徒の理解度の変化を図2-3-13に示した。なお，定期試験におけるモル概念の獲得状況の判定基準は図2-3-12に示した。モル単元学習1ヶ月後から5ヶ

第2章　粒子理論の教授内容と児童・生徒の粒子認識　141

問1．モルとは何を表す単位（何の単位）であるか答えなさい。
問2．次の各分子の1モルの質量は何gであるか答えなさい。
　　　また，各分子の分子式を答えなさい。
　　　なお，各原子の原子量は水素＝1.0，炭素＝12.0，酸素＝16.0，塩素＝35.5，ナトリウム＝23.0とする。
　　　① 水　　② 二酸化炭素　　③ 酸素（分子）　　④塩化水素
問3．1モルに含まれる粒子数のことを何と呼ぶか答えなさい。
問4．1モルの物質には，6.0×10^{23}個の粒子が含まれている。このとき，以下の質量の物質には何個の原子・分子・結晶が含まれているか答えなさい。なお，原子量は問2で示した値を使用すること。
　　　① 炭素原子12g　　② 水180g　　③ 塩化ナトリウム117g
問5．1モルの気体は，0℃，1気圧において，22.4Lである。このとき，以下の質量の気体の体積は，0℃1気圧において何リットルであるか答えなさい。なお，原子量は問2で示した値を使用すること。
　　　① 酸素分子32g　　② 二酸化炭素132g　　③ メタンガス（CH_4）32g

図2-3-9　学習1ヶ月後の定期試験問題

問1．プロパンガス1 molの質量は何gであるか答えなさい。
問2．プロパンガス1 molの燃焼に必要な酸素の量は何molであるか，また，このときに必要な酸素は何Lであるか答えなさい。
問3．224Lのガスタンクの中がプロパンガスで満たされている場合，このガスタンクの中に入っているプロパンガスの質量を求めなさい。

図2-3-10　学習5ヶ月後の定期試験問題

月後において，モル概念獲得の状況がC→Aの様に変化した生徒を「モルの理解が進んだ」生徒，C→Cの様な生徒を「現状維持」の生徒，B→Cの様に変化した生徒を「モルの理解が低下した」生徒と判断した。
　この結果から，モルの理解が進んだ生徒の大方は，学習1ヶ月後の判定（図2-3-11）においてC・D・Eと判定した生徒であった。グラフからも明ら

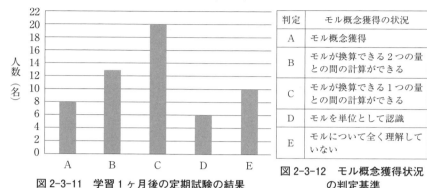

図2-3-11 学習1ヶ月後の定期試験の結果

図2-3-12 モル概念獲得状況の判定基準

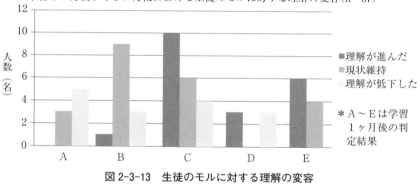

図2-3-13 生徒のモルに対する理解の変容

かなように，各カテゴリーの約半数の生徒の理解が進んだことがわかる。学習1ヶ月後の定期試験ではよく理解できなかった生徒も，「物質の燃焼」について，実際にモルを使ってプロパンガスの燃焼を量的に考えたことにより理解が進んだと推察される。このことから，授業の中でモルを使用する具体的な機会が設定されれば，モルの理解は進展すると言える。

さらに，モル単元学習5ヶ月後の定期試験においてB判定の13名中9名

の生徒が，モルに対する理解度を維持していることが明らかとなった。しかし，A判定の生徒のうち，1人がA⁻（A基準とB基準の間）へ，残りの4人がBへ低下したことが確認された。

本実践では，モル学習後に授業の中でモルを使用する機会が一度しかなかったことを踏まえると，モル概念は「必要性」や「有用性」が強調される中で一度獲得されると比較的失われにくい概念と言える。

3．本調査のまとめ

本実践から以下のことが明らかになった。
1) モル概念は獲得が困難な概念と言われるが，一度獲得されると比較的安定した概念となる。
2) モルの理解は，化学反応の量的関係の計算で繰り返し使用することにより深まる。
3) モルの換算計算の能力は，物質の粒子性（1モルには6.02×10^{23}個の粒子が含まれる）や「相対質量」に注意を払うことにより高まる。

第2章；註及び引用文献
第1節　第1項・第2項・第3項
1) 文部科学省，中学校学習指導要領解説理科編，2008.
2) 清原洋一，理科の各調査との関連を踏まえて，理科の教育，No. 8, 2008, pp. 4-9.
3) Children's Learning in Science Project (1984) *Approaches to Teaching the Particulate Theory of Matter*, University of Leeds: 11.
4) 本書では，「粒子概念」という用語を粒子に係わる事物や現象をひとまとめに認識する際には欠かせないものとして扱っている。
5) 日本教材システム，小学校学習指導要領新旧比較対照表，教育出版，2008.
6) 清原洋一，学習指導要領移行期の新内容・新教材への対応―A区分・第1分野―，理科の教育，No. 4, 2009, pp. 5-7.
7) 笹尾幸夫，中学校理科第1分野の改善事項，理科の教育，No. 8, 2008, pp. 16-21.
8) 田代直幸，中学校理科第2分野の改善事項，理科の教育，No. 8, 2008, pp. 22-27.

9) 塚田昭一，新 A 区分「物質・エネルギー」の内容，理科の教育，No. 5, 2008, pp. 16-19.
10) 清原洋一，前掲書 p. 8 の表から「粒子」に係わる項目のみ記載した。

第2節　第1項・第2項・第3項

1) Children's Learning in Science Project (1984) *Approaches to Teaching the Particulate Theory of Matter*, University of Leeds: 11.
2) Children's Learning in Science Project, *Ibid.*: 2.
3) Children's Learning in Science Project, *Ibid.*
4) Novic, S., Nussbaum, J. (1981) Pupils' understanding of the particulate nature of matter: A Cross age study. *Science Education, 65* (2): 187-196.
5) Nussbaum, J. (1985) The particle nature of matter in the gaseous phase. In R. Driver(ed.) *Children's Ideas in Science*, Open University Press: 124-144.
6) Osborne, R.J., Freyberg, P. (1985) *Learning in Science: The Implications of Children's Science*, Heinemann. 森本信也・堀哲夫（共訳）子ども達はいかに科学理論を構築するか，1988，東洋館出版社，pp. 78-97.
7) 同上書，p. 91.
8) 兵庫将夫・前田勝・池尾和子・藤村亮一郎，中学・高校生および大学生の原子分子理解の発達—学年変化の調査と分析，日本理科教育学会研究紀要，Vol. 22, No. 1, 1981, pp. 67-76.
9) Doran, R. L. (1972) Misconception of selected science concepts held by elementary school students. *Journal of Research in Science Teaching, 9* (1): 127-137.
10) Novick, S., Nussbaum, J. (1978) Junior high school pupils' understanding of the particulate nature of matter: An interview study. *Science Education, 62*: 273-281.
11) Krajcik, J.S. (1991) Developing students' understanding of chemical concept, In S.M. Glynn, R.H. Yeany and B.K. Britton (eds.) *The Psychology of Learning Science*, LEA: 117-147.
12) Novick, S., Nussbaum, J., *op. cit.*: 187-196.
13) 片平克弘・高野恒雄・長洲南海男，モル概念の定義と必要性に関する教科書記述の分析および生徒の意識調査—モル概念指導のための基礎的資料として—，日本理科教育学会研究紀要，Vol. 28, No. 1, 1987, pp. 27-34.
14) 片平克弘，理科教育における構成主義的認知研究と授業改善—物質の粒子性を

事例に―，日本科学教育学会第15回年会論文集，1991，pp. 87-90.
15) Duncan, I. M., Johnstone, A. H. (1973) The mole concept, *Education in Chemistry, 10* : 212-214.
16) Novick, S., Menis, J. (1976) A study of student perceptions of the mole concept, *Journal of Chemical Education, 61*: 720-722.
17) 片平克弘・高野恒雄・長洲南海男，前掲書，pp. 27-33.
18) Griffiths, A. K., Kass, H. and Cornish, A. G. (1983) Validation of a learning hierarchy for the mole concept, *Journal of Research in Science Teaching, 20* : 639-654.
19) 平川研，化学における物質の量に関する高校生の理解―量の換算を中心として―，理科教育研究誌，Vol. 10, 1998, p. 59.
20) Bent, H. A. (1985) Should the mole concept be x-rated?, *Journal of Chemical Education, 62* (1): 59.
21) Bent, H.A. (1987) To The Editor, *Journal of Chemical Education, 64* (2): 192.
22) Osborne, R.J., Freyberg, P., *op. cit.* 森本信也・堀哲夫（共訳）前掲書，p. 91.
23) 杉本美穂子，平成10・11年度埼玉大学大学院派遣教員研修報告書：対話と協同の中での学びを生かした授業デザインと教師の変容―中学生の粒子概念形成を事例に―，2000．に詳しい．本調査は杉本教諭との共同研究の中で行った実態調査である．2005年7月22日，杉本美穂子教諭は家庭訪問の途中，交通事故で亡くなられた．心からご冥福を祈る．
24) 高野圭代・堀哲夫・平田邦男，粒子概念の理解に関する研究―空気の温度による体積変化を事例にして―，日本理科教育学会研究紀要，Vol. 32, No. 2, 1991, pp. 91-100.

第3節　第1項・第2項・第3項

1) 杉本美穂子，平成10・11年度埼玉大学大学院派遣教員研修報告書：対話と協同の中での学びを生かした授業デザインと教師の変容―中学生の粒子概念形成を事例に―，2000.
2) 同上書．
3) 露木和男，支援という営みの奥にあるもの，理科の教育，Vol. 46, No. 12, 1997, p. 14.
4) 柞磨昭考，イオン概念形成のために，理科の教育，Vol. 43, No. 6, 1994, p. 40.
5) 内田東明，物質とイオンの導入，理科教室：11月増刊号，新生出版，Vol. 27,

No. 13, 1984, pp. 186-187.
6) 堀哲夫・松森靖夫・市川英貴, 中学生のイオンの認識実態に関する研究, 山梨大学教育学部研究報告, Vol. 48, 1998, p. 64.
7) 三宮真知子, 認知心理学からの学習論—自己学習力を支えるメタ認知—, 鳴門教育大学研究紀要（教育科学編）, Vol. 12, 1997, p. 2. 三宮は, メタ認知を「認知に対する認知」と定義し,「見る, 聞く, 書く, 話す, 理解する, 覚える, 考える, といった通常の認知活動をもう一段高いレベルからとらえた認知」と説明している。メタ認知概念の提唱者である J.H. フラベルは, メタ認知の構成要素として「メタ認知的知識」「メタ認知的経験」「認知的目標」「認知的行為」の4つをあげている。(Flavell, J. H. (1979) Metacognition and cognitive monitoring: A new area of cognitive-developmental inquiry, *American Psychologist, 34*: 906-911.) 三宮は, J. H. フラベルが提唱するメタ認知の構成要素をもとにし, メタ認知を「認知についての知識」であるメタ認知的知識と「認知のプロセスや状態をモニタリングしたり, コントロールしたりする」メタ認知的活動の2つに分けている。
8) ブラウン, A.L. 著, 湯川良三, 石田裕久訳, メタ認知—認知についての知識, サイエンス社, 1984.
9) Fairbrother, R. (2000) Strategies for Learnig, In M. Monk., J. Osborne (eds.) *Good Practice in Science Teaching: What Research has to say, 8*, Open University Press.
10) 中山迅, メタ認知, 理科の教育, Vol. 44, No. 4, 1995, p. 30.
11) 杉本美穂子, 前掲書, pp. 29-31.
12) 鈴木秀幸, 自己評価からメタ認知へ, 指導と評価, 2月号, 日本教育評価研究会, 1998, p. 40.
13) White, R. T., Gunstone, R. (1992) *Probing Understanding*, Falmer Press. 中山迅・稲垣成哲監訳, 子どもの学びを探る, 東洋館出版社, 1995.
14) 深谷優子, わからないがわかるには, 学習評価研究, Fall/1998, C.S.L 学習評価研究所, みくに出版, 1998, p. 76.
15) 平川研, 化学における物質の量に関する高校生の理解—量の換算を中心として—, 理科教育研究誌, Vol. 10, 1998, p. 59.

第3章

構成主義に基づく粒子理論の授業デザイン

第1節　粒子理論の授業デザイン

第1項　構成主義に基づく教授方法

第1章第3節第2項3で述べたイギリスの *Children's Learning in Science* (CLIS)[1] プログラムや同章同節第4項3で述べたアメリカの *Matter and Molecules* (MAM)[2] プログラムは，それぞれのアプローチを通して粒子概念の形成を目指していた。CLISとMAMの教授展開はいずれも，図3-1-1に示した科学概念や新しい科学知識への洗練プロセスと考えることができる。このプロセスは，学習初期に子ども達が持っているミスコンセプションや事前の知識が科学概念や新しい科学知識へ再構成していくプロセスである。また，CLISとMAMの両者はともに，実践を通して実証的に評価を繰り返し，その結果を踏まえた変更を重ねていた。

既に序章で述べたように，CLISとMAMは，生徒のミスコンセプションや授業の中での生徒の認知的な活動を重視していた。しかし，ミスコンセプションの扱い方は異なっており，CLISは構成主義学習説を採用し，ミスコンセプションを概念変容すべき対象とした。他方，MAMは転移説と概念変容アプローチを採用し，ミスコンセプションを「単元目標」を作成する基礎資料とした。「暖められた物質の分子はより早く動く」という単元目標は

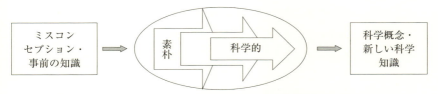

学習における再構成のプロセス（科学概念や新しい科学知識への洗練プロセス）

図3-1-1　学習プロセスの構成主義説の図的表現

「分子そのものが暖かくなったり，冷たくなったりする」という生徒のミスコンセプションから生み出されたものである。このような特徴を認めつつも，CLISでは，概念変容の契機となる「葛藤」場面をどのように準備し生徒にいかに葛藤を生じさせるかの吟味が，MAMでは，ミスコンセプションと「単元目標」及び転移説と概念変容アプローチの関係性の吟味が一層必要とされる。さらに，CLISとMAMの両者はともに，学習者のミスコンセプションは「新しい科学概念に対して抵抗しない」や「根強く，変化することを拒む」等の概念変容の根本に係わる課題の解明が残っている。

　以上のような課題があるものの，CLISとMAMのプログラムには，生徒の学習を成功に導くための多くの示唆も含まれており，学習者を重視した授業デザインを開発する際に参考となる視点が得られた。たとえば，CLISからは，生徒のミスコンセプションや科学概念の取扱いの方向性を示唆する視点，MAMからは，教授アプローチの具体例や展開方法を示唆するための視点が得られた。具体的には，CLISから，

・教師は，生徒のミスコンセプションを同定する。
・教師は，生徒に事象を解説させ，事象を説明させ，予測をたてさせる中で，ミスコンセプションを再構成するための経験を提供する。
・生徒に，新しい見方や考え方や概念を応用する機会を与える。
・生徒に，ミスコンセプションを変えた理由やその様子を発表する機会を与える。

MAMから，

・学習初期には，教師が学習を援助するための枠組を準備する。
・生徒に，問題解決を行う機会を提供する。
・生徒に，興味深い課題を見つけさせる。
・教師は，他の状況の下で，生徒に獲得した概念やスキルを使用する機会を与える。
・生徒が概念を形成したら，教師は援助を減らす。

等の視点が得られた。これらの観点を授業デザインの中に組み入れるためには，学習者の理解特性，教授内容の構造的分析，教授シークエンス等の検討が必要となる。

次に，概念変容のプロセスを伴った教授シークエンスを図3-1-2に示した。

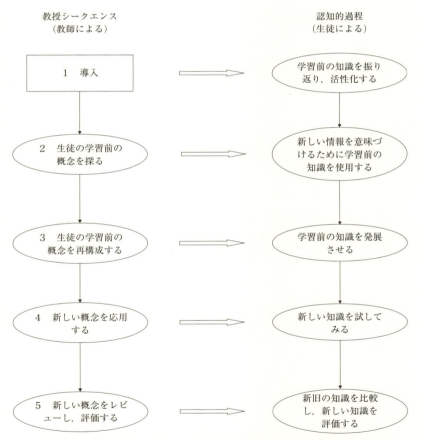

図 3-1-2　構成主義の教授シークエンスと期待される生徒の認知過程
(Widodo, A., p. 46)[3)]

これは，R. ドライバー (1989) や A.E. ローソン (1989) らが提示したもので，構成主義に基づく教授を構想する際に，多くの研究者が参照したシークエンスである[4)5)]。図 3-1-2 に示した生徒の認識を再構成させるための教授シークエンスには，生徒が自分自身の考え方を明らかにし，それを他の生徒と共有し，批判的な精密検査にさらし，観察や実験によりその堅固さをテストする機会を作ることが含まれている。また，この図は，構成主義の教授シークエンスを生徒の認知的過程に対応させることによって，両者の関係を明確に示している。具体的な教授活動の中では，教師は焦点化した対象に生徒を向き合わせるために発問したり，問題を解説したり，興味深い演示実験をしたり，ビデオを見せたりすることから始めなければならない。また，教師は，それぞれの活動に対する生徒の応答をもとに，生徒一人一人の認知や理解の状態も探らなければならないのである。

ところで，R. ドライバーや A.E. ローソンらは，ミスコンセプションの拡張・変更・拒否などに対して最も影響を与える刺激は，遭遇した状況への対応に失敗する経験と考えている。教師にとって，この「失敗経験」を教授シークエンスにどのように組み込むかはとりわけ難しい課題と考えられる。また，生徒にとっては，よく知っている状況，そうでない状況のいずれにおいても，自らの「失敗経験」の意味を探り，その上で失敗しないための考え方を特定し，自分自身でそれを評価することが求められている。

教授方法や授業の展開はその時の生徒達の学習状況に依存するものであり，すべての状況に当てはまる「すぐれた方法」はない[6)]ということを踏まえつつも，本検証授業の授業デザインでは，構成主義の学習理論を踏まえ，図 3-1-2 に示した再構成のプロセスを教授アプローチの中へいかに組み込むかを課題とした。

第 2 項　構成主義の主張に基づく教授学習環境の条件

構成主義が唱える「知識は構成される」ということを踏まえた教授学習環

境の条件整備では，生徒が自律的に学ぶことができ，教師や仲間と意味のある相互支援ができる場が必要と考えられる。そこでは，生徒は相互作用の中で思考し内省することを求められ，他方，教師はコミュニケーションをとりながら，生徒が新しい知識を獲得できるよう支援することを求められる。

第1項で述べた論点を踏まえ，本研究の検証授業では，以下の教授学習環境を整えることにした。2-1)～2-5) に示した教師が行うべき観点の根拠については，当該箇所で述べる。

2-1) 生徒のミスコンセプションを踏まえた問題状況を準備する
2-2) 学習内容と学習プロセスの両方について生徒が内省できる機会を用意する
2-3) 問題解決のプロセスを生徒が自分のこととして捉えられるようポートフォリオを活用する
2-4) 生徒の多様な変化を評価できる環境を作る
2-5) 課題に生徒が主体的に取り組めるよう支援する

2-1) 生徒のミスコンセプションを踏まえた問題状況を準備する

従来，抽象的な学習内容は教師が説明をていねいに行い，基礎的な内容から難しい内容へと順を追って教えていた。しかし，このような教師の努力にも拘わらず，生徒達の実態はなかなか改善しなかった。ところが，既に述べたように，ミスコンセプションの研究が進展するにつれ，生徒達が間違えるのは，現象に対する描写や説明の能力が不足していたのではなく，専門家とは根本的に異なる見方で現象を捉えていることや，さらに，彼らの既有知識が新しい情報への応答を規定することも明らかとなった。本検証授業では，これらの点を踏まえ，問題状況をより生徒の既有知識や見方と密接なものにするために，この観点を設定した。

これは特に，第1章第2節第2項1で述べたD.P.オースベル (1978) の，「もし，私が，教育心理学のすべてを単純な一つの原理に還元しなければな

らないなら，『生徒が既に知っているものを見つけだし，それに従って教えよ。』と主張するだろう。」[7] と唱えた指摘を受けている。さらに，ここでは，G.ケリー（1955）の次の指摘も踏まえた。「（生徒は）自分が作ったわかりやすい様式や鋳型を通して世界を見ている。そして，世界が作られている現実に当てはめようとする。それは必ずしもうまく適合するとは限らない。しかし，もし，そのパターンがなければ，それ以外に意味がとれない画一的な同質のものとして，世界は現れるだろう。ほんの少しの適合も全然ないよりははるかに役立っている」（Kelly, 1955）[8]。これは，目に見えない「物質の粒子性」を生徒に理解させるには，G.ケリーが主張する「わかりやすい様式」や「鋳型」が必要不可欠と考えたからである。

2-2）学習内容と学習プロセスの両方について生徒が内省できる機会を用意する

第2章第2節第3項で述べたように，中学校3年生を対象に行った「試験管の真ん中にシャボン膜を張り，閉じ込めた空気の膨張・収縮を尋ねる調査」では，同じ事象に対する生徒達の説明に使われた根拠や理由は，多少の重複はあるものの，かなり異なっていることが確認できた。これは，生徒達が自らの経験をもとに内省しながら根拠や理由を考えたために，事象に対する多様な意味づけを行ったためと推測できる。

また，第2章第3節第1項で述べたように，温度変化による気体の膨張・収縮時の「粒子の均一性」の実験では，調査対象である5人の異なった粒子認識を確認することができた。ここでは，「気体の性質」に関する微視的概念の育成には，ミクロの概念を押しつけるような指導ではなく，「なぜ，気体の粒子性を考えなければならないのか」等の問いへの答えの提示が，教師にとって必要とされることが明らかとなった。また，本検証授業では，これらの結果を踏まえ，対話や協働作業を組み込んだ他者との相互作用の過程を授業の中に組み込むことにした。さらに，検証授業の実験や観察に関しては，

事前に得られた生徒の疑問や追求課題を生かし,内省がより深められる課題を準備することにした。

2-3) 問題解決のプロセスを生徒が自分のこととして捉えられるようポートフォリオを活用する

　第1章第2節第3項1の表1-2-1で示したように,J.ブルックスと M.ブルックス(1993)は,学習の評価は教授と不可分なものと捉えている。彼らは,学習の評価を,従前のテスト法に換えて学習成果物であるポートフォリオを用いて評価することを主張している。ポートフォリオには,概念変容に係わる確実な証拠が含まれている。序章でも触れたように,ポートフォリオは,生徒が経験した変化を振り返ることを可能とする作品や作品集であり,彼らの内省に刺激を与えることができる対象物が数多く含まれている。また,教師が継続的かつ直接的に生徒のポートフォリオを評価することによって,生徒が何に関心を示し,何を考え,何を学習してきたかを明確にすることができる。本検証授業では,特に,生徒が自らの問題解決のプロセスを意識できるようにポートフォリオ評価を教授デザインの中に組み込むことにした。これにより,従来の認知面の概念変容研究では見落とされがちだった感情や意志的な要因を抽出することができると考えた。

2-4) 生徒の多様な変化を評価できる環境を作る

　理科の実験・観察では,それぞれのプロセスを見通す力や自らの学習過程や状況を把握する力が求められている。これらの能力はメタ認知能力と言われているが,理科教育ではメタ認知の捉え方の難しさもあって,学習内容と生徒のメタ認知との関連性に関する報告は少ない。第2章第3節第2項では,イオンの授業を受けた特徴的な生徒数人に対しインタビューを行い,イオンに関する理解過程を探った結果,生徒のメタ認知能力やイオン概念の獲得状況を明らかにすることができた。これは,イオン概念の理解を,インタビュ

ーのプロトコルの分析に止まらず，授業に係わる「振り返り用紙」，「テスト結果」，「授業者のメモ」など多様なプロトコルデータをもとに総合的に分析したことによっている。

　本検証授業では，これらの研究成果を踏まえ，粒子理論の理解に伴うメタ認知を探るために，ワークシートの中に多様な評価項目を組み入れた。メタ認知に係わる項目としては，「自己評価」，「他者評価」以外に，「納得したこと」，「疑問に思ったこと」，「追求したい課題」などの項目を設けた。また，本検証授業では，授業中に交わされた授業者と生徒の会話のプロトコルは，生徒のメタ認知の実態を探る分析対象として使用する。

2-5) 課題に生徒が主体的に取り組めるよう支援する

　教師の役割に関しては，A.ミンストレル (1989) の主張を踏まえる。彼は，「(力学に関する) 生徒達の初期理解は，乱雑に織られた布地のようなものである。したがって，学習指導とは，生徒達が自分でその糸を解きほぐし，1本1本の糸にラベルをつけ，再び正しく織り直すのを手助けすることに他ならない。その際，教師は生徒達の信念を否定するのではなく，生徒達があらかじめもっていた素朴理論を科学的理論と整合的に統合できるように手助けすることが重要である。」[9] と指摘する。ここでは，特に信念や素朴理論に常に注意を払う必要性が強調されている。A.ミンストレルが言う信念や素朴理論は，2-1) で指摘したミスコンセプションに含まれるものである。A.ミンストレルは，それらを上手く活用すれば学習を促進する効果を期待できると主張する。しかし，もし教師が信念や素朴理論を無視して一方的な授業をすると，教師が意図したものとは異なった科学理論を生徒が身につけてしまうことをこの引用は暗示している。本検証授業では，これらの点を踏まえ，教師は教授を行うことに加え，ファシリテータとしての役割も兼ね備えた存在と捉えた。

第3項　構成主義の主張に基づく教授やカリキュラムの条件

　近年，構成主義の理論は新しい教授のあり方やカリキュラムの方向性を導く1つの教義として扱われている。しかし，既に述べたように，構成主義の理論は学習理論であり，教授やカリキュラムのための理論ではない[10]。たとえば，仮に，教授やカリキュラムが構成主義者のものだと判断されても，必ずしも特殊な形態を伴っているわけではない。以下では，構成主義の理論を踏まえ，教授デザインやカリキュラムデザインが構成主義者のものとみなされるために定式化すべき要件を，これまで検討してきた先行研究の論点をもとに検討する。教授デザインやカリキュラムデザインを構成主義者のものにする際に最も難しいところは，それぞれのデザインの中に構成主義の理論をいかに組み込むかにある。

　ここでは，学習活動，学習内容，学習の文脈を構成主義者のものに定式化するために，以下の4点を取り上げた。この4点は構成主義研究の主張や構成主義者が使用している方法論から導いた観点である。3-1)～3-4)に示した構成主義のカリキュラムが含むべき観点の根拠については，当該箇所で述べる。

3-1)　生徒の既有知識からミスコンセプションを引き出す活動がある
3-2)　認知的な葛藤や不調和を引き起こす学習内容がある
3-3)　学習して得た知識をフィードバックし，新たな対象に応用する文脈がある
3-4)　学習全体を振り返る機会がある

3-1)　生徒の既有知識からミスコンセプションを引き出す活動がある
　構成主義では，「知る」とは人間が頭の中で世界を構成する過程であり，人間から独立した世界は存在しないという立場に立っている。したがって，

現実は構成されたものであり,「知識」は人間から独立した現実を写しとったものではないと捉えられている。また,新しい知識は,既にある知識と比較されながら獲得されると考えられている[11)12)13)]。したがって,第1の要素は,構成主義のカリキュラムでは,生徒が有する既有知識を引き出す契機の設定と,引き出す手法の検討にある。たとえば,教師が,生徒の既有知識を引き出すための手法や手順を知らないと,新しい知識を生徒の知識に組み込ませる方法も提示できない。また,既有知識を引き出すことと同様に,生徒の興味や関心を引き出せないままで,彼らに新しい知識を与えてしまうと,生徒は新しい知識を無視するようになったり,あるいは,自らの知識に間違って組み込んだりしてしまうことになる。

　生徒の既有知識を引き出す方法は多様であり,たとえば,質問紙によるプレテスト,コンセプトマップ,授業時における発問,インタビューなどを用いることができる。これらの方法論の価値は,生徒のミスコンセプションを多様な観点から意味づけている点にあり,それぞれの結果からは,生徒がミスコンセプションを新しい知識にどう関係づけたかを確認することができる。

3-2）認知的な葛藤や不調和を引き起こす学習内容がある

　第2の要素は,授業を構成する中で認知的な葛藤や不調和が生じる場面を準備しているかどうかである。G.H. ウェトリー（1991）は,構成主義の授業を準備する中では,「教師が,生徒にとって問題となる可能性が高い課題,たとえば,生徒に問題の発見を行わせるような課題を選択する」[14)]ことが重要だと指摘する。言い換えれば,教師は生徒にとって興味深い課題を使って,彼らのミスコンセプションと新しい知識の間にある不調和に気づかせなければならないのである[15)]。というのも,生徒が「新しい知識」は自らの既有知識とは関係なく「独立しているもの」と捉えた瞬間,新しい知識は生徒にとって単に獲得すべきものや暗記すべきものとなり,構成主義者のものにならないからである。

しかし，このような，ミスコンセプションと新しい知識の間にある相違に気づかせなければならないという主張には異論もある。たとえば，生徒は不調和や矛盾の多いミスコンセプションを新しい概念と入れ換えるよりは，納得するための別の方法を発見することに力を注ぐからである。しかも，彼らは矛盾した原理を上手く分類し，同じ事象に対する異なった説明を頭の中に平等に存在させようとするのである。このような事実を踏まえると，相違から生じた葛藤を概念変容の要因まで高めることは単純なプロセスではなく，多くの仮説の領域が存在していると言える。

3-3) 学習して得た知識をフィードバックし，新たな対象に応用する文脈がある

　第3の要素は，学習プロセスの中に，学習して得た知識をフィードバックし，新たな対象に応用する文脈があるかどうかである[16)17)18)]。生徒が，新しい文脈の中で獲得した知識を解釈できなかったり，応用できなかったりしたら，彼らには誤解や拒絶が必ず生じる。そこで，個人的な構成物を新しい状況の中で比較し，その有効性や妥当性を試してみることが必要となる。

　従来，理科教育の中で，フィードバックができる対象はプロセススキルであった。あるテーマに対して，「仮説設定」ができるか，「グラフ化」作業ができるか等が問われた。これらのスキルは共通要素を抽出しやすく，フィードバックの実際を確認しやすい対象であった。しかし，獲得した知識や概念のフィードバックの効果を探る研究では，新しい文脈の中でその効果の証拠を何に求め，どう判断するかが非常に難しい。フィードバックが上手く行われたかどうかは，概念の定着・活用に係わる一般論，あるいは，新たな知識を扱う文脈での成否でしか限定的に語れず，これがフィードバックに対する評価を一層難しいものにしている。また，概念が獲得された瞬間の評価では，フィードバックの効果を判定することが難しく，継続した効果測定も必要となる。

3-4) 学習全体を振り返る機会がある

　第4の要素は，3-3）とも密接に係わる要素だが，カリキュラムの中に学習を振り返ることが含まれているかどうかである。学習したことに対する振り返りが特に重要とされるのは，一般に，生徒が新しい知識を獲得した時には，それを検証する活動の中で，自らが学習したことに気づくと考えられているからである[19)20)]。多くの構成主義の授業で，学んだことを発表する機会が必ず提供されているのはそのためである。まとめの段階のプレゼンテーションや作文・レポートを作成する際には，生徒による学習の振り返りが必ず行われる。また，日常的に行われている試験においても，それが生徒に自らの学習を気づかせるなら，試験問題を使う伝統的な評価法によっても学習の振り返りを行うことは十分可能である[21)]。

　ここで言う学習を振り返る活動はメタ認知活動であり，科学概念の学習時でも「振り返り用紙」への記入，友人への「科学概念の説明」などの活動を通して行われる場合が多い。メタ認知は概念変容研究においても重要性が認められているが，概念変容研究では，生徒が自らのミスコンセプションを自覚できていない時，すなわち，メタ認知ができていない時でもミスコンセプションが変容することが確認されており，このことが概念変容とメタ認知の関係性の問題をより一層難しいものにしている。また，M.T.H.チィらは，学習の振り返りを通したメタ認知は，存在論の境界を越えて概念が変容する過程で生じる変化であり，振り返りを通した総体的な見方と深く連動していると主張している。

　メタ認知との関連が強い「振り返り活動」は，必ずしも構成主義カリキュラムの定式的な部分ではないが，この活動を授業の中に組み入れることによって，授業はより構成主義者のものとなると考えられる。

　以上，4つの要素を見てきたが，本項では「生徒主導」については，構成主義の大前提と言える観点なので上述した要素には加えなかった[22)23)]。一方，

構成主義カリキュラムの中で「グループ活動」を中心とする教授を提案している文献[24]があるが，本研究では，グループ活動は構成主義の教授法やカリキュラムにとって本質的な要素ではないと捉えた。というのも，社会構成主義者が，文化や集団やコミュニティー内のディスコースを通して個人の知識の基礎が構成される[25]と捉えているが，彼らは，知識を個人がいかに獲得するかについては何ら語っていないし，また，「唯一グループの中で学習が生じる」とも，「学習はグループの中で行うのがベスト」だとも語っていないからである。

第2節　概念変容の教授アプローチとしてのコンフリクトマップ

　構成主義の理論を踏まえた教授学習環境の条件整備と，授業デザインやカリキュラムデザインが構成主義者のものとみなされるために定式化すべき要件を踏まえ，以下，本研究の検証授業のためのデザインを検討する。ここでは，学習者の認知プロセスに関する最近の研究成果を踏まえた。

　既に述べたように，概念変容研究の中で現在まで影響を及ぼしているのはP.W. ヒューソン（1981）が示した4条件であった[1]。そこでは，概念変容では，古い概念の中には「矛盾」があり，そして，新しい概念は「分りやすく(intelligible)，妥当性が高く(plausible)，有益なもの(fruitful)」でなければならなかった。同様の条件はG.J. ポスナーら（1982）も指摘している[2]。しかし，C.C. ツァイは，P.W. ヒューソンやG.J. ポスナーらが主張するミスコンセプションと矛盾した現象の提示だけでは，生徒は正しい科学概念を受け入れることはないと指摘し，2つの葛藤，すなわち，「新しい知覚や感覚と生徒の見方や考え方の間で生じる葛藤」と「生徒の見方や考え方と科学概念の間で生じる葛藤」の両者を解消しなければならないと強調している[3,4]。

第1項　コンフリクトマップの特徴

　コンフリクトマップは，台湾の科学教育研究者である C.C. ツァイによって2000年に開発された教授ツールである[5]。コンフリクトマップは科学概念と異なる生徒達の見方や考え方（C.C. ツァイは，これらをオルターナティブコンセプションと呼んでいるが，本論文ではプリコンセプションやミスコンセプションの表記に変えた。）をいかに教授目標の科学概念に変えるかに焦点を当てており，一つの典型的な概念変容を目指した教授ツールである。コンフリクトマップは以下に示した教授学的仮定のもとに開発されているが，この仮定のほとんどは既に述べてきた構成主義者の主張と符合している。

（ア）意味のある概念学習では，密接に関係する事象，実例や現象などから引き出された知覚的なサポートを必要とする。

（イ）学習は知識構成のための活動的な過程である。生徒は，新しい概念を先行する経験や既存の概念をもとに理解する。

（ウ）意味のある学習では，生徒に統合した知識構造を構成させることが行われる。その知識構造には，先行する知識，経験，新しい科学的な概念，他の密接に関係する知識が含まれている。

　既に序章で述べたように，C.C. ツァイは，この教授学的仮定を踏まえた上で，ミスコンセプションと矛盾した現象の提示だけでは，生徒は正しい科学概念を受け入れることはないと指摘している。それは，一般に生徒達は自らの予想と異なる新しい知覚や感覚を与えられても，自分にとって都合の良い解釈を行い，彼らのミスコンセプションは変わらないからである（図3-2-1）。C.C. ツァイは，この点を，教授を行う際の大前提として位置づけている。

　C.C. ツァイはこの前提を踏まえ，科学概念と異なる見方や考え方を科学概念に変えるためには，新しい知覚や感覚と生徒の見方や考え方の間で生じる葛藤（以下，「葛藤1」）と生徒の見方や考え方と科学概念の間で生じる葛藤（以下，「葛藤2」）の両者を解消しなければならない点を強調している。C.C.

第3章 構成主義に基づく粒子理論の授業デザイン 163

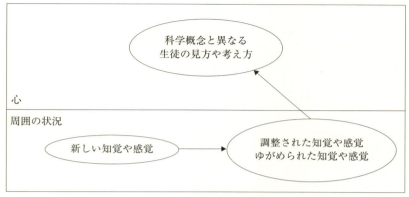

図 3-2-1 矛盾した事象に対する生徒達の典型的な反応（Tsai, 2000, p. 287, Figure2 より）

ツァイは，M.Z. ハシュウェ (1986) の論文[6]からこの着想を得たと述べている[7]。

以下，M.Z. ハシュウェが唱えた概念変容モデルを概観する。彼は，生徒の見方や考え方と科学概念との間の葛藤に深く着目した人物である。特に，「新しい概念と古い概念の間に葛藤がある時には，再組織化や再構造化を行う必要がある。」[8]と述べ，そのモデル図（図 3-2-2）を提案している[9]。

このモデルでは，概念の世界と現実の世界を C1，C2，R1～R4 の記号を用いて説明している。学習が始まる前には，生徒のプリコンセプション (C1) と現実の世界の事象や現象 (R1) との相互作用は何ら問題がない様子が⟵⟶で示されている。しかし，生徒は，教師や研究者によって与えられた事象や現象 (R2) が示されると，R2 が自らのプリコンセプションと異なっており，その結果相互作用は生じず，解釈に失敗してしまう。ここで，生徒には葛藤が生じる。M.Z. ハシュウェは，この葛藤を J. ピアジェが指摘する認知的葛藤の一部であり，しかも，これは科学者が例外に直面した時に生じる葛藤と同じ性質を有していると主張する。

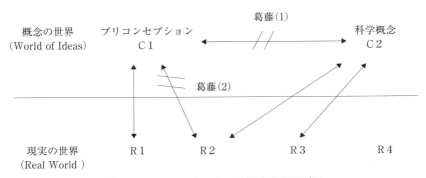

図 3-2-2　M.Z. ハシュウェの概念変容モデル

　ところで，M.Z. ハシュウェは，プリコンセプションと科学概念の間に存在する葛藤（以下，葛藤（1）；C.C. ツァイの論文では「葛藤2」に相当）について述べている。これは，生徒の概念と新しい概念間の葛藤の問題である。一般に，葛藤（1）は，R2をうまく説明できるC2の採用によって解決される，と考えられている。しかし，新たな科学概念（C2）の採用は，葛藤（1）を解決することはないのである。すなわち，C2は，葛藤（1）の存在理由を説明することはない。言い換えれば，C1を持っている生徒は，葛藤（2）（C.C. ツァイの論文では「葛藤1」に相当）に直面し，その解決を目指しており，その状況下でC2を採用することはできないのである。そこで，M.Z. ハシュウェは，このモデルの中では，葛藤（1），葛藤（2）のいずれも解決されなければならない葛藤として位置づけている。

　このモデル図では，葛藤（2）は，C1がR1と上手く関連しているが，R2とは上手く関連づけられなく，その違いが，R1とR2との違いにあることを説明することによって解決される。葛藤（1）はC1とC2間の葛藤が，同じR1を表現している一方で，C2がR2と何か別なR3やR4を説明できることによって解決される。このM.Z. ハシュウェのモデルは認知的葛藤の解決に基づく概念変容の1つのモデルとして位置づいている。

第3章 構成主義に基づく粒子理論の授業デザイン 165

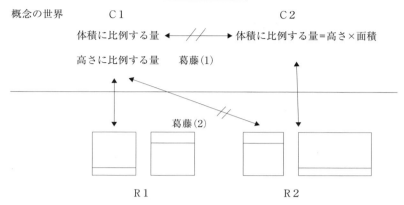

図3-2-3 液体の体積保存に関する M.Z. ハシュウェのモデル

このモデルの具体例を，M.Z.ハシュウェは「液体の体積保存」（図3-2-3）で説明している[10]。これは，コップの大きさと液面の高さの課題に関する例である。多くの幼児は，「コップの水の量は，水の高さに関係している。」というプリコンセプションを持っている。このようなプリコンセプションの適用は，同じ大きさのコップを使用している過程ではたいてい上手くいく。しかし，コップの大きさや形が異なった時（R2）には，当てはまらない。この時の子どもの葛藤（1）は，「高さが水の量の多さをあらわしているのに，なぜ，ここではうまくいかないのか。」である。そこで，子どもは，正しい科学概念であるC2を教師により与えられ，「体積は高さと等しくなくて，高さ×面積に等しい。」ことを学ぶことになる。

ここでの解決方法は，以下の通りである。
1．同じコップでは，量は高さに比例する。私たちはいろいろなコップを持っている。（C1は，R1に関係づけることができる。R1とR2は異なったもの。）
2．量は体積に比例する。体積＝高さ×面積である。同一のコップと異なるコップの場合を説明する。（C2が与えられ，R1とR2に関係づけられる。）

3. 体積＝高さ×面積であるが，面積が一定の時，体積＝定数×高さであり，この時には，体積が高さに比例する。（ここでは，C1はC2の特殊な事例であることを示すことによって，葛藤(2)を解決する。）

ところで，M.Z.ハシュウェの概念変容モデル（図3-2-2）は，C.C.ツァイの論文に先行し，生徒のプリコンセプションと科学概念の間に存在する葛藤，プリコンセプションと現実世界の間に存在する葛藤の2者を解決しなければならないと述べているが，詳細な教授過程に基づく実践例は示されていない。そこで，C.C.ツァイは，科学概念の学習に際しても，下図（図3-2-4）に示す「葛藤1」と「葛藤2」に関する実践的研究が重要と考えたのである。

従来の葛藤に関する考え方では，「矛盾した事象（Discrepant Event）」さえ示せば「葛藤1」が解決され，その結果，自ずと「葛藤2」も解決されると考えられていた。しかし，生徒達は，新しい知覚や感覚が与えられ，自らの見方や考え方と異なる科学概念が示された時には，それを簡単に受け入れることはせず，「葛藤2」が必然的に生起するとC.C.ツァイは考えたのである。そして，この「葛藤2」を意識して構想されたのがコンフリクトマップである。C.C.ツァイは，この「葛藤2」を解消するためには，生徒達のミスコン

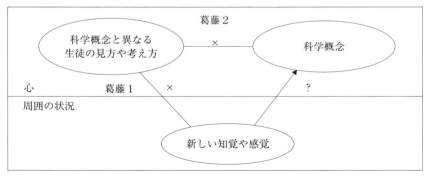

図3-2-4　矛盾した事象に対する不十分な適応

セプションがどのように形成されたかを徹底的に調べることが必要だと指摘した。

この「葛藤」に対する考え方と具体的な対処法が，上述した CLIS と MAM の教授アプローチとの大きな相違点である。C.C. ツァイが，このような教授アプローチを構想するのは，生徒達のミスコンセプションを科学概念に変容させるためには，まず，授業の中で目標となる科学概念を生徒に提示し，自分の見方や考え方とどこがどのように違うかということをはっきり認知させることが必要だと考えているからである。すなわち，彼は，自分の「ミスコンセプション」と「科学概念」の両者を知らなければ，その間にある葛藤を解決することはできないと捉えているのである。次項では，コンフリクトマップの教授シークエンスの特徴を述べる。

第2項　コンフリクトマップの教授シークエンス

コンフリクトマップは，科学概念と異なる子ども達の見方や考え方をいかに教授目標の科学概念に変えるかに焦点を当てており，一つの典型的な教授ストラテジー（C.C. ツァイはこれを「教授シークエンス」と表記している。）を提案している[11]。また，コンフリクトマップの教授学的仮定は，概念学習では，
1) 概念に密接に係わる事象やそれから引き出される知覚的サポートを必要とする。
2) 学習を知識構成のための活動的な過程と捉える。
3) 新しい概念は先行経験や既有概念をもとに理解される。
4) 生徒に統合した知識構造を構成させる。
であった。これらの仮定は，構成主義者の主張とほぼ共通している。

さらに，C.C. ツァイは，概念変容学習の困難性に関して，構成主義者の主張と同様，一般に，生徒達は自らの予想と異なる新しい知覚や感覚を与えられても，自分にとって都合の良い解釈を行い，彼らの見方や考え方を変えようとしない，と捉えている。既に述べたように，彼は，これまで発表されて

きた概念変容アプローチの多くは,「葛藤1」に注意を注ぎ,「葛藤2」にはほとんど注意を払わなかったと指摘し，この「葛藤2」を意識して構想したのがコンフリクトマップだと述べている。C.C.ツァイは，この「葛藤2」を解消するためには「葛藤2」を生じさせているミスコンセプションに直接働きかける決定的な証拠を探すことが重要であり，この証拠こそがミスコンセプションから科学概念へ移り変わる際に無くてはならない事象と述べている。科学論では決定的な証拠を扱う「決定実験」は一般に否定されているが，C.C.ツァイは生徒の概念変容ではこれをどうしても欠かせない要件と捉えており，この事象を「葛藤2」で生じた境界を乗り越える事象という意味で「臨界事象（Critical Event）」と名づけている。

1．「臨界事象」の重要性

この臨界事象に関しては，A.シャンペインが興味深い結果を示している。A.シャンペインは，中学生から大学生を対象に物体の自由落下をどのように考えているかを調査している。その調査では,「1Kgのおもりと2Kgのおもりを同じ場所から同時に落とすと，2つのおもりがどうなるか」を尋ねている。この質問に対して，中学生，高校生，大学生のほとんどが「2Kgのおもりが速く落ちる」と答えている。そこで，A.シャンペインは彼らに2つのおもりを同時に落としてみせ，その結果，2つの重りが同時に着地するのを観察させている。生徒達の様子は，この結果に驚きの声をあげるものの，観察した事実に納得することはなく,「実験した距離が短かったので違いが生じなかった。」や「人間の感覚では，着地の違いを感じることができない。」と述べて，目の前の実験結果を受け入れようとしなかったと報告している。

一般に大人も子どもも,「重いものは，軽いものより速く落ちる。」という見方や考え方を持っており，これは，花びらや枯れ葉が落ちる時にひらひらと舞い落ちていく様子を見ることなどによって，小さいころから知らず知ら

ずのうちに形成されてきたものと推測される。上述したA.シャンペインの例は，現象を十分に観察させても，「重いおもりが速く落ちる」というミスコンセプションを簡単に変えさせることができないことを端的に示している。この自由落下の見方や考え方は，空気抵抗があるところで，しかも紙切れのような軽い物体とおもりを同時に落とした時には正しい。しかし，われわれは，紙切れ以外の物体に対してもこのような見方を適用してしまい，その結果，1Kgと2Kgのおもりを落とした場合では，2Kgの方が速く落ちるという見方や考え方を持つことになる。自由落下に対するミスコンセプションの多くは，このような日常経験に対する知覚や感覚から生まれるのである。そこで，C.C.ツァイは，この日常経験を根底から覆す事象として「空気抵抗がない状態」，すなわち，「真空中で紙切れとおもりが同じ速さで落下する」事象が臨界事象として最も相応しいと指摘している。「臨界事象」を日常経験から生まれた知覚や感覚に真正面から対峙させることが，ミスコンセプションと科学概念間の葛藤解消の重要な要素と考えたのである。すなわち，C.C.ツァイによれば，「臨界事象」こそが「葛藤2」を解消し，概念変容を進めるための「決定的証拠」なのである。

　ところで，この真空中での落下実験はわが国でも多く扱われており，そう目新しい実験ではない[12]。しかし，わが国の一般的な理科授業の中では，真空中での「落下実験の観察」は日常ではあり得ない特殊な例として実験が準備され，また，日常の事象との相違も十分に説明されることはない。授業では，「真空中では紙もおもりも同時に落ちる。」という結果の記憶のみが強調され，生徒の概念変容のために十分に活用されているとは言えない。

2．「臨界事象」と科学概念を支持する他の概念

　C.C.ツァイのコンフリクトマップの中では，わが国の取り扱いとは異なり，臨界事象として「真空中で紙とおもりが同じ速さで落下する」事象を観察させた後に，さらに，目標とする科学概念に「密接に係わる他の概念」や，目

標とする科学概念を「支持する現象や考え方」を示したりすることが求められている。

これらの手続きは，新たな概念の有効性を定着させ，概念の構造的な理解を導くために必要な手続きである。特に，自由落下の概念に密接に係わる概念としては，「ニュートンの万有引力の法則」，「加速度」の概念をあげ，さらに，自由落下の概念を支持する現象や考え方としては，「自由落下におけるガリレイの思考実験」，「他の惑星での重力概念」などを取り扱っている。しかし，「加速度」に関しては，人間の目でその変化を認識することが難しく，これが生徒による「加速度概念」の理解を妨げていると指摘する。

このようにC.C.ツァイの開発したコンフリクトマップでは，「葛藤1」，「葛藤2」を解消することに止まらず，目標とする科学概念に「密接に係わる概念」や「支持する現象や考え方」を総合的に活用しながら概念変化を成し遂げようとしている。以下では，C.C.ツァイの作成したコンフリクトマップを示す。なお，教授シークエンスは矢印で示されている。

図3-2-5の教授シークエンスの中で用いられている記号は，次のような意味で使用されている。

P_1　　　　　：矛盾した事象（Discrepant Event）が引き起こす知覚（感覚）
DE　　　　　：矛盾した事象（Discrepant Event）（P_1が原因となっている）
C_1'　　　　　：C_1とは異なっている生徒の見方や考え方
C_1　　　　　：教えられるべき科学概念（すなわち，目標とする科学概念）
CE　　　　　：臨界事象（Critical Event），あるいは，説明
C_2, C_3, C_4　：密接に関係する科学概念
P_2, P_3, P_4　：科学概念をサポートする他の知覚（感覚）

この図に描かれている，C.C.ツァイの提案する教授シークエンスは，スタートがDE（またはP_1）で，そこからC_1，CE，C_2，C_3，C_4と展開していき，その後P_2，P_3，P_4と進んでいく[13]。コンフリクトマップの教授シーク

第3章 構成主義に基づく粒子理論の授業デザイン　171

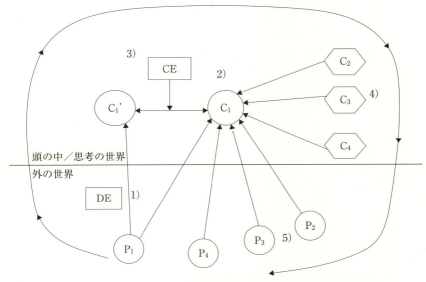

図3-2-5　C.C.ツァイの提案する教授シークエンス（一部改変）[14]

エンスを箇条書きにすると次のようになる。1)～5)は図中に付記した記号に対応させた。
1) 生徒の見方や考え方と矛盾した事象を観察させる。（矛盾した感覚の覚醒）
2) 目標とする科学概念を提示する。（これを，臨界事象を見せる前に生徒に示す。）
3) 生徒の見方や考え方の原因となる経験に働きかける事象（臨界事象）を観察させる。
4) 目標とする科学概念と密接に関係する概念を提示する。
5) 目標とする科学概念を支持する感覚や知覚を経験させる。

　たとえば，既述した自由落下の問題をこの教授シークエンスに当てはめてみると，まず，1)で，矛盾した知覚を覚醒させるために，重い物体（2Kg）

と軽い物体（1Kg）を同じ高さから落下させる演示実験を行う。2）で目標とする科学概念（「紙もおもりも同時に落ちる」）を教える。その後，3）では，臨界事象として「真空中での落下実験」を行う。4）では，「ニュートンの万有引力の法則」「加速度」を取り上げ，5）では「自由落下におけるガリレイの思考実験」「他の惑星での重力概念」などを扱っている。C.C.ツァイは，一連の教授シークエンスを経ることによって生徒は自由落下に関する理解を深めたと述べている。

C.C.ツァイのコンフリクトマップは，2）の段階で，「目標とする科学概念を教えてしまう」点，すなわち，CE（Critical Event：臨界事象）の提示前に必ずC1（目標とする科学概念）を生徒に示す点が，これまでの概念変容を目指す教授シークエンスと根本的に異なっている。たとえば，わが国の場合には，「観察実験や話し合いといった活動を通して，授業の最後に結論として子ども達に科学概念を提示する」[15]ことが多く，3）4）5）などの実験や学習活動を経て，最後に2）の「目標とする概念」にたどり着く展開をとっている。

本検証授業においては，C.C.ツァイの教授シークエンスを参照しながらも，対象とする生徒の実態を踏まえた粒子理論の教授シークエンスを構成する。

図3-2-6には，C.C.ツァイが構想した自由落下の教授シークエンスを示した。

この図から，コンフリクトマップには以下の要素が含まれていることがわかる。

1)「目標とする科学概念」とは異なる生徒の見方や考え方
2) 矛盾した知覚を生じさせる演示実験（「葛藤1」を解決する。）
3)「目標とする科学概念」の提示（「葛藤2」を生じる最初の状況を導く。）
4) 臨界事象や説明（「葛藤2」の状況を明らかにする。）
5)「目標とする科学概念」に密接に関係する他の概念の提示（「葛藤2」の解決を理論的に補完する。）

第3章　構成主義に基づく粒子理論の授業デザイン　173

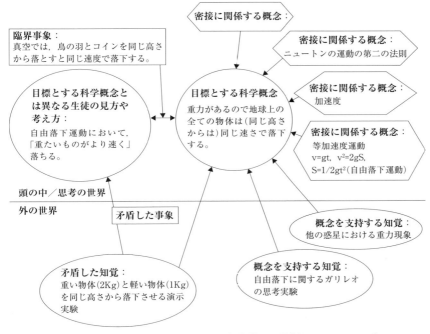

図3-2-6　C.C.ツァイが構想した自由落下の教授シークエンス[16]

6) 他の知覚による「目標とする科学概念」の支持（「葛藤2」の解決を知覚的に満たす。）

　生徒達はコンフリクトマップに含まれる1)〜6)の要素を意識して学習することが求められている。さらに，図3-2-6からは，生徒の見方や考え方に対し，「葛藤1」を引き起こす矛盾した事象や「葛藤2」を引き起こす臨界事象が具体的な演示実験として用意されていることがわかる。

第3項　本検証授業の化学のコンフリクトマップの構造

　物理分野のミスコンセプションに関しては，生徒は幼いうちから自然に対する知覚的な経験を組織し，彼らなりの筋の通った説明的な枠組みを形成し

ている。この枠組みを形成する複雑なシステムが素朴物理学と言われているものである。しかし，それに対し，化学分野で扱うミスコンセプションは，自然に対する知覚的な経験からは派生しないものが多い。それは，多くの学習において，目に見える物理現象と違い，目に見えない現象が学習対象となっているからである。さらに言えば，過去の経験がないために，プリコンセプションやミスコンセプションさえも形成することができない現象も存在する。このように，現在の理科の学習内容として扱われているすべてが，共通する日常経験に開かれている訳ではないのである。特に，化学分野のコンフリクトマップを用いたアプローチを構成する際には，生徒一人一人の経験の蓄えを増やすために，より実践的な経験を提供する必要があると考えた。

　検証授業で扱う11時間分の教授の展開は次章で詳しく述べるが，ここでは，コンフリクトマップを用いて教授アプローチの概要を述べる。図3-2-7は，検証授業を構想する時点で作成した「物質の粒子性」のコンフリクトマップである（11時間扱い）。

　本コンフリクトマップでは，生徒の葛藤がどこにあり，「目標とする科学概念」が何で，どのタイミングで「臨界事象（Critical Event）」を示すかを明記することを意識した。「葛藤1」や「葛藤2」を引き起こすための事象を具体的に示し，さらに，「目標とする科学概念」に密接に関係する他の概念や，知覚による「目標とする科学概念」を支持する工夫なども明記した。「葛藤1」と「葛藤2」を解決するための事象に関しては，「葛藤1」を引き起こすための事象が，生徒が持っている1つか2つのミスコンセプションを刺激する事象として，そして，「葛藤2」を引き起こすための事象が，ミスコンセプションの概念的枠組みと科学概念の概念的枠組みの間に生じる葛藤をなくすための事象として選択された。本検証授業においても，「葛藤1」「葛藤2」の吟味を繰り返し行い，図3-2-7に示した検証授業構想時の「物質の粒子性」に関するコンフリクトマップを完成させた。ところで，本検証授業のためのコンフリクトマップは，C.C.ツァイが提案した物理のコンフリ

第3章 構成主義に基づく粒子理論の授業デザイン 175

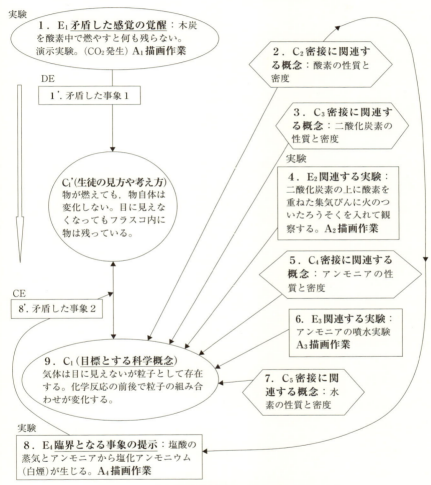

図 3-2-7　検証授業構想時のコンフリクトマップ

クトマップとは大きく異なったものとなっている。それは，本コンフリクトマップでは，教授効果を確認するために評価（Assessment）の要素を組み込んだ点に現れている。C.C.ツァイのコンフリクトマップには評価の要素は組み込まれていない。本検証授業で用いる最終的なコンフリクトマップには，「教授の目標とする概念」「葛藤を引き起こす概念」「教授シークエンス」を加え，教授デザイン全体を示すマップとして仕上げた。

図3-2-7の中の記号の意味は以下の通りである。ここでは，C.C.ツァイの表記方法に加筆・修正を施し，新たな記号であるE（Experiment）とA（Assessment）を用いている。

$1 \sim 9$ ：教授の展開順序
$E_1 \sim E_4$ ：実験（Experiment）／葛藤や確認を引き起こす知覚や感覚となる。
C_1 ：目標とする科学概念
$C_2 \sim C_5$ ：C_1 に密接に関連する概念
C_1' ：C_1 とは異なっている生徒の見方や考え方
DE ：矛盾した事象（Discrepant Event）（E_1 から引き出される。）
CE ：臨界事象（Critical Event），あるいは，説明（E_4 から引き出される。）
$A_1 \sim A_4$ ：評価（Assessment）を行うためのポートフォリオ（描画）の作成／描画を描かせることによって生徒の知覚や感覚を表出させる。

図3-2-7のコンフリクトマップには大まかな展開のみを記した。それは，学習活動の中で表出してきた生徒の疑問や発言を取り上げ，マップを柔軟に再デザインできるようにするためである。また，本検証授業で扱う課題は，生徒の実態を確認しながら授業者と筆者が繰り返し改良しながら創り上げた課題である。さらに，今回の学習は日常生活とは切り離された実験室での活動を中心とした学習であり，「矛盾した知覚を生じさせる」演示実験や「臨界事象」となる演示実験は，すべて教師側が意図的に準備した実験とした。

ところで，本検証授業の対象である中学校1年生は，「気体の発生と性質」

の学習の前までに,「金属と非金属の違い」,「有機物と無機物の違い」,「物質を見分けるための密度」について学習している。したがって,本検証授業を通して,物質の粒子性に対する理解と平行させて,酸素,二酸化炭素,アンモニア,水素,塩化水素の各気体がそれぞれ固有の性質と密度を持った物質として捉えられるようになることも目指した。

第3章；註及び引用文献
第1節　第1項・第2項・第3項

1) Children's Learning in Science Project (1984) *Approaches to Teaching the Particulate Theory of Matter*, University of Leeds: 11.
2) Berkheimer, G.D., Andersson, C.W. and Blakeslee T.D. (1988) *Matter and Molecules Teacher's Guide: Activity Book* (Occasional paper No. 122), Michigan State University, Institute for Research on Teaching.
3) Widodo, A. (2004) *Constructivist oriented lessons; The learning environments and the teaching sequences*, Peter Lang.
4) Driver, R. (1989) Changing conceptions. In P. Adey, et al. (eds.) *Adolescent Development and School Science*, Falmer Press: 81.
5) Lawson, A.E. (1989) Research on advanced reasoning, concept acquisition and a theory of science education. In P. Adey, et al. (eds.) *Adolescent Development and School Science*, Falmer Press: 11-38.
6) Reigeluth, C.M. (1999) What is instructional-design theory and how is it changing? In C.M. Reigeluth (ed.) *Instructional-Design Theories and Models*, Lawrence Erlbaum.
7) Ausubel, D.P., Novak, J.D. and Hanesian, H. (1978) *Educational Psychology: A Cognitive View, 2nd* edn., Holt, Rinehart and Winstone: 337.
8) Kelly, G.A. (1955) *The Psychology of Personal Constructs*, Norton: 8.
9) Minstrell, A. (1989) Teaching science for understanding. In L.B. Resnick, L.E. Klopfer (eds.) *Toward the Thinking Curriculum: Current Cognitive Research*, ASCD Books.
10) Airasian, P.W., Walsh, M.E. (1997) Constructivism Cautions, *Phi Delta Kappan*, 78 (6): 449.

11) Vermette, P., Foote, C., Bird, C., Mesibov, D., Harris-Ewing, S. and Battaglia, C. (2001) Understanding constructivism (s): A primer for parents and school board members, *Education, 122* (1): 87-93.

12) Windschitl, M (2002) Framing constructivism in practice as the negotiations of dilemmas: An analysis of the conceptual, pedagogical, cultural and political challenges facing teachers, *Review of Educational Research, 72* (2): 131-175.

13) Yager, R. (1991) The constructivist learning model: Towards real reform in science education, *The Science Teacher, 58* (6): 52-57.

14) Wheatley, G.H. (1991) Constructivist perspectives on science and mathematics learning, *Science Education, 75* (1): 15.

15) Sewell, A. (2002) Constructivism and student misconceptions, *Australian Science Teacher's Journal, 48* (2): 24-28.

16) Vermette, P., Foote, C., Bird, C., Mesibov, D., Harris-Ewing, S. and Battaglia, C., *op. cit*: 87-93.

17) Windschitl, M, *op. cit*: 131-175.

18) Yager, R. *op. cit*: 52-57.

19) Windschitl, M, *op. cit*: 131-175.

20) Yager, R., *op. cit*: 52-57.

21) Saunders, W. (1992) The constructivist perspectives: Implications and teaching strategies for science, *School Science and Mathematics, 92* (3): 136-141.

22) Vermette, P., Foote, C., Bird, C., Mesibov, D., Harris-Ewing, S. and Battaglia, C., *op. cit*: 87-93.

23) Yager, R., *op. cit*: 52-57.

24) Load, T.R. (1994) Using constructivism to enhance student learning in college biology, *Journal of College Science Teaching, 23* (6): 346-348.

25) Marin, N. Benarroch, A. and Jimenez-Gomez, E. (2000) What is the relationship between social constructivism and Piagetian constructivism? An analysis of the characteristics of the ideas within both theories, *International Journal of Science Education, 22* (3): 225-238.

第2節　第1項・第2項・第3項

1) Hewson, P. W. (1981) A conceptual change approach to learning science, *European Journal of Science Education, 3* (4), 383-396.

2) Posner, G. J., Strike, K. A., Hewson, P. W. and Gertzog, W. A. (1982) Accommodation of scientific conception: Toward a theory of conceptual change, *Science Education, 66* (2): 211-227.
3) Tsai, C.C. (2000) Enhancing science instruction: The use of 'conflict maps', *International Journal of Science Education, 22* (3): 291.
4) Hashweh, M.Z.(1986) Toward an explanation of conceptual change, *European Journal of Science Education, 8* (3): 229-249. C.C. ツァイは,コンフリクトマップの着想をこの論文から得ていると述べている。(Tsai, C.C., *op. cit*.: 287.)
5) Tsai, C.C., *op. cit*.: 291.
6) Hashweh, M.Z. *op. cit*.: 229-249.
7) Tsai, C.C., *op. cit*.: 287.
8) Hashweh, M.Z., *op. cit*.: 244.
9) *Ibid*.
10) *Ibid*.: 244-245.
11) Tsai, C.C., *op. cit*.: 285-302.
12) 福嶋正吾,学習内容の定着化を図る指導法の研究―メタ認知ツールとしてのコンフリクトドキュメントの利用―,平成15年度埼玉大学長期研修教員研修報告書,2004, p. 23.
13) Georghiades, P. (2000) Beyond conceptual change learning in science education: Focusing on transfer, durability and metacognition, *Educational Research, 42* (2): 131.
14) Tsai, C.C., *op. cit*.: 291. の表や注釈の内容をわかりやすくするため一部変更した。
15) 福島正吾,前掲書,p. 24.
16) Tsai, C.C. *op. cit*.: 289.

ate.

第4章

粒子理論の教授実践と効果

第4章 粒子理論の教授実践と効果　183

第1節　粒子理論の教授の構成と実際

第1項　「気体の性質」の検証授業の構成

　本検証授業では，C.C. ツァイによって開発された教授ツールであるコンフリクトマップを用い，生徒のミスコンセプションを科学的な粒子概念に変えることを目指す。また，C.C. ツァイが唱えた教授学的仮定からは，構成主義の教授をより効果のあるものにするために，以下の点を参照した。
・概念学習では，密接に関係する事象や経験を通した知覚的サポートが必要である。
・学習者は，先行経験や既存の概念を用いて新しい概念を理解する。
・教師は，学習を通して，統合した知識を生徒に構成させる。

　さらに，生徒の主体的な活動を生じさせるために，第3章第1節第3項で述べた，(1)「生徒の既有知識からミスコンセプションを引き出す活動」や，(2)「認知的な葛藤や不調和を引き起こす学習内容」を授業の前提に位置づけた。また，第2章第3節第1項「討論や協働作業の中で見られた生徒の粒子認識」の分析で明らかにした (3)「生徒の振り返り活動」や，第2章第3節第2項「メタ認知から探ったイオンに関する中学生の粒子認識」でその重要性を示した (4)「メタ認知を引き出す活動」を取り入れる。

　さらに，授業を通して身につけた知識を生徒がより確かなものとするために，第2章第3節第3項で取り上げた (5)「学習して得た知識をフィードバックし，新たな対象に応用する文脈がある」を準備した。

　以上の5点を，本検証授業を構成主義者のものにするための基礎的な枠組みとした。

　次に，上述した (1)〜(5) に対応した教授活動の概略を示す。
　(1) の教授活動としては，二酸化炭素や酸素等の気体の実験を観察させな

がら生徒の既有知識を引き出す活動を行う。ここでの評価は，生徒が描いた描画や教師と生徒の会話プロトコルを分析対象とする。(2) の教授活動としては，第3章第2節で詳述したコンフリクトマップのアプローチの中で演示実験を行う。ここで生徒に認知的な「葛藤」に向き合わせる。なお，本検証授業では，観察した事象を既有知識や過去の経験で説明できない場合に「葛藤」が生じると捉えている。(3) の教授活動としては，生徒各自が描いた描画やワークシートをポートフォリオとして保存させ，それをもとに学習の振り返りを行わせる。ポートフォリオに関しては，学習中，いつでも使用できるように心がける。(4) の教授活動としては，生徒達に4回の描画作業を行わせる。ここでは，描画作成中のインタビューから生徒のメタ認知を引き出すことを試みる。また，生徒には，観察した現象の描画を班員へ説明する機会を設けた。これを通して，生徒一人一人に自らの理解状態をメタ認知させるよう試みる。(5) の教授活動としては，新しい状況の下で，生徒に獲得した知識の応用を行わせる。これは，構成した知識を確実なものにするために欠かせない活動である。

　さらに，授業の中で扱う話題に関しては，(1) で引き出された既有知識や学習したことによって生じた疑問等を活用することにした。さらに，検証授業の中で新たなミスコンセプションが確認された時には，それが授業展開に大きな影響を与えるか否かを判断し，状況に応じては，学習内容や順序の変更も辞さないこととした。これは，序章第1節「本研究の目的と方法」で述べた「イシュー（論点）に基づいたアプローチ」を採用することによって可能となった点である。この変更は，本研究が葛藤場面の構成原理を実践的に検証している点からも欠かせないと考えた。

第2項　「気体の性質」の検証授業の実際

(1)「気体の性質」の検証授業の目的

　本検証授業の目的は，気体の発生に関する生徒の粒子認識の実態とその変

容を探ることである。扱った単元は中学校1年「気体の発生と性質」であり，気体の性質を探究的に探らせている。

本検証授業では「木炭の完全燃焼の実験」，「気体が入ったシャボン玉の浮遊実験」，「アンモニアの水溶性を調べる実験」，「アンモニアと塩酸で塩化アンモニウムの白煙が生じる実験」の4つに対して，生徒が観察した後に，「もし目で見ることができたらどう描けるか」と問いかけ，自らの理解の様子を振り返らせる。本検証授業では授業者（佐藤貴広教諭）に加え，参与観察者（2名：小杉真之教諭と筆者）が常に参加している。

(2) 検証授業の時期：2008年11月11日～12月12日
(3) 対象：埼玉県内公立H中学校，1年3組・1年5組の2クラス，生徒数74名
(4) 単元のねらい

身の回りの代表的な気体を扱い，その発生と捕集の仕方，性質を調べるための知識と技能を身に付けさせるとともに，各気体の性質を理解させる。

(5) 気体の粒子性の検証の視点からみた授業構成

本検証授業では，気体の粒子性に対する認識とその変容を探る視点から，観察や実験を行いながら気体の正体を微視的に考えることを生徒に求めている。特に，生徒が理解しづらい「気体は質量と体積をもつ物質である」こと，「異なる気体が反応すると新たな物質が生じる」ことを概念化できるように課題を工夫している。

以下に，学習課題の意図と検証授業の手順を示す。

(ア) 密閉された中で，木炭の完全燃焼（$C + O_2 \rightarrow CO_2$）を観察させる。固体の木炭が燃え尽きて完全に見えなくなってしまう現象から，酸素（O_2）と二酸化炭素（CO_2）の気体をイメージさせる。

(イ) アンモニア（NH_3）が水（H_2O）に溶解する現象を観察させる。減圧によってペットボトルがつぶれる現象から，アンモニアが水に溶ける様子をイメージさせる。

(ウ) アンモニア（NH₃）と塩酸（HCl）が反応して塩化アンモニウム（NH₄Cl）の白煙が生じる現象を観察させる。気体粒子がぶつかり合って固体ができる様子をイメージさせる。

(ア)〜(ウ)の実験では，生徒には目に見えない気体を微視的に考察させ，気体は粒子からできている物質であることに気づかせる。

(6)「気体の発生と性質」に関する教授学習過程（11時間扱い）

ここでは，検証授業の構想を展開の順序に従って示す。授業で扱う内容は検証授業を実施する中学校で使用している教科書に沿った。この「気体の性質と発生」の単元は，従来6時間扱いだが，本実践では，検証授業として実施するために事前・事後調査を加え，さらに，生徒たちの粒子認識の変容を探るために描画活動を4カ所に取り入れたため11時間扱いで行うことにした。○は生徒の学習内容，＊は授業者の指導時の留意点である。

〈検証授業の構想（11時間扱い）〉

【1時間目】（導入実験）クエン酸と重曹に水を加えるとどうなるか調べよう。（事前調査を含む）

〈生徒の学習内容〉

○事前調査に回答する。（マークシートを用いたので，記入の仕方を説明する。）

○クエン酸と重曹を手のひらにとり，そこに水を加えて，体感しながら変化の様子を調べる。

〈授業者の指導時の留意点〉

＊身の回りの物質で，簡単に気体が発生することを実感させ，学習の動機づけを行う。

＊物質が反応するときには熱の出入りがあることを実感させる。

【2時間目】酸素を充満させた丸底フラスコの中で木炭を燃やすとどうなるか調べよう。

〈生徒の学習内容〉

○木炭が燃えて完全に見えなくなるところを観察する。

○実験を通して抱いた二酸化炭素のイメージを考えさせ，自由に描画する。

〈授業者の指導時の留意点〉
 ＊密閉した丸底フラスコの中でデッサン用の木炭が完全燃焼する様子から，反応前後で物質が変化していることに気づかせる。
【3時間目】フラスコの中の炭素はどこに行ったのか調べよう。
 〈生徒の学習内容〉
  ○酸素中での硫黄の燃焼を観察し，燃焼後の物質の違いを木炭の燃焼と比較する。
  ○硫黄の燃焼では二酸化炭素が発生しないことから，木炭が燃えて二酸化炭素が発生したとき，木炭はどこに行ったのかを考え，燃焼後の二酸化炭素のイメージを描画する。
 〈授業者の指導時の留意点〉
  ＊硫黄が燃焼したときにできる物質については二酸化硫黄であることを実験後に教師が教える。
  ＊木炭が燃えると二酸化炭素になることを意識させる。
【4時間目】酸素・二酸化炭素がどんな気体か調べよう。
【5時間目】酸素・二酸化炭素の性質をまとめよう。
 〈生徒の学習内容〉
  ○前時に調べた内容を班ごとにＡ２用紙にポスターとしてまとめる。ポスターを黒板に貼り，全体で話し合いながらそれぞれの気体の性質を各自でまとめる。（ポートフォリオアセスメントの実施）
【6時間目】気体のシャボン玉を観察し，その重さの原因を考えよう。
 〈生徒の学習内容〉
  ○二酸化炭素，酸素，窒素，水素の各気体で作られたシャボン玉が飛ぶ様子を観察し，それぞれの気体の重さの違いの原因を考える。
  ○重さ（密度）の違いに関するイメージをシャボン玉の描画として表現する。
 〈授業者の指導時の留意点〉
  ＊シャボン玉の飛び方の違いが，気体の重さにあることを生徒に確認し，気体は見えないが確かにそこに物質があることを実感させる。
  ＊目に見えない気体に重さがどうしてあるのかを考えさせた上で，自由にシャボン玉の中の気体のイメージを描画させる。
【7時間目】窒素と酸素を違った比率で混ぜたびんにろうそくを入れた時，ろうそくの火はどうなるか。（この内容は，実際の授業では行わなかっ

た。）
【8時間目】アンモニアでいっぱいのペットボトルに水を入れるとどうなるか調べよう。
〈生徒の学習内容〉
アンモニアを水上置換する様子を観察しアンモニアが水によく溶けることを見出す。
○ペットボトルに捕集したアンモニアに少量の水を入れるとどうなるか考える。
○ペットボトルがへこんだ理由を考える。
○ペットボトル内のアンモニア（水に溶ける前のアンモニア）をイメージして描画する。
〈授業者の指導時の留意点〉
＊円筒状のガラスを使い，アンモニア水を加熱して，発生したアンモニアが水中ですぐに溶け込むところを観察させる。
＊ペットボトルがへこむ現象がなぜ起きたのかを考えさせる。
【9時間目】アンモニアの性質を調べよう。
〈生徒の学習内容〉
○塩化アンモニウムと水酸化カルシウムを混ぜてアンモニアを発生させ，フェノールフタレインでろ紙に描いた文字や絵を浮かび上がらせる。
○アンモニアと塩酸から塩化アンモニウムの白い煙ができる現象を観察する。
○アンモニアの噴水実験を観察し，その現象が起きた理由を考える。
〈授業者の指導時の留意点〉
＊塩化アンモニウムができるとき，2つの気体どうしがぶつかるところで何が起きているのかを考えさせる。（化学変化が生じていることを考えさせる。）
＊噴水現象が起きた理由（前時のペットボトルがへこんだ現象の理由）を考えさせる。教師が演示実験を行う。フェノールフタレイン溶液の性質は教師が生徒に教える。
【10時間目】水素の性質を調べよう。
【11時間目】（3組）事後調査＋単語連想法により学習を振り返ろう。
（5組）事後調査＋塩化アンモニウムができる様子を描画しよう。
〈生徒の学習内容〉

○3組は単語連想法でこれまでの学習を振り返る。
○5組はアンモニアと塩酸が反応して塩化アンモニウムの白煙ができる様子を観察し，そのときに何が起きているのかを考え，イメージを描画する。

第3項 「気体の性質」に対する生徒のミスコンセプションの実態

1．プロトコルから抽出した気体の重さに対する認識

　本節第1項で触れた生徒の既有知識やメタ認知に関して，対象とした中学校1年生の実態を述べる。検証授業の中では，まず調査に際して，生徒に二酸化炭素（CO_2），酸素（O_2），窒素（N_2），水素（H_2）の各気体が入ったシャボン玉の浮遊する様子を観察させた。その後，「もしシャボン玉の中の気体が見えたら，どうなっているのだろうか？」と課題を示し，絵を描かせた。この描画作業は，単に何も見えない気体を描くだけでなく，シャボン玉が浮遊する重さの原因を想像しながら図を描くため，中学校1年生にとってはかなり難しい課題である。

　以下に，調査時のプロトコルを示す。これは，課題を指示する際の授業者と生徒の会話である。（　）は授業者の補足，《　》はその時の状況の補足である。

> 100T：今日，みんなに考えてほしいのは，実は，これ（前回のレポートを拡大したコピーを見せながら）です。これに衝撃をうけました。これはH君のレポートなんだけど，ほかに調べてみたいと思ったことに「なぜこんなにも重いのか」とあったんだよね。H君，何が重たいと感じたの？
> 101S：酸素とか気体が。
> 102T：うん，気体が。二酸化炭素と酸素を見てなぜこんなに重たいのかっていうH君の疑問。なぜ？　シャボン玉の中に二酸化炭素や酸素や水素が入って，（動きが）違うのはわかったよね？　これ，なんで重さがあるんだろう？　目に見えない気体に。今までみんなフラスコの中で酸素や二酸

化炭素を，イメージしてきたじゃん。シャボン玉にしたときシャボン玉のなかには（酸素や二酸化炭素は）見えないよね。でも，確かにシャボン玉は出来てるんだからこの中には気体が入ってるんだろう。それに重さがあって，二酸化炭素はスーって沈んで，水素はスーっと上がっていく。これ，中に何があるんだろう。

103 S：気体……。
104 T：いや，気体があるんだけど，何で重たい気体があったり，軽い気体があるんだろう？
105 T：じゃあ，もう一回だけ見て考えてね。二酸化炭素いくよ。《二酸化炭素でシャボン玉を作る》僕たちは見えないんだよ。見えないんだけど，確かにこの中にみんなが調べてくれた二酸化炭素が入ってるのがわかる。で，これが確かに落ちていくってことは重いんだよね。でも見えないじゃん。その見えないんだけど確かに重たいものは中にあるよ。これをちょっとみんな話し合いながらでいいから考えてほしいんだ。
106 T：イメージを考えてほしい。（シャボン玉の中に）何があるの。どう？　ちょっと難しい？
107 S：難しい……。（複数の声）
108 S：二酸化炭素の中には炭素が入っている。
109 T：そうするとどうして重たくなるの？
110 S：さあ……《首をかしげながら》。
111 T：重さの違いを，みんなはシャボン玉の中にどういう風にイメージするかを書いてみて。

上記のプロトコルから，生徒は，観察した現象から気体による重さの違いをはっきりと確認できていた。しかし，「107 S：難しい……」の発言が複数の生徒に確認され，さらに，引き続く教師の「109 T：そうするとどうして重たくなるの？」という問いに対しても「110 S：さあ……」としか答えられず，重さの原因を予測することは生徒にとって難しい課題であった。ここでのプロトコルからは，生徒は，観察した事実を受け入れているものの，その原因を説明できない自らの理解の様子をメタ認知していると推察される。

2．描画から抽出した気体の重さに対する既有知識

(1) 重さの違いを「粒の数」で捉える生徒

　図4-1-1のシャボン玉の図と説明文では，生徒は，「粒」を描きながら，その「粒の多さ」や「数の少なさ」の違いを指摘しており，「数の違い」が気体の重さの違いと捉えていることが分かる。このことから，この生徒は，気体を粒子からできていると捉えていると推察できる。

(2) 重さの違いを「密度の違い」で捉える生徒

　この生徒は，図4-1-2の中の文章で，「密度の違い」が気体の重さの違いであると説明している。シャボン玉の中の気体を斜線で表現していることから，気体に対する既有知識がどのようなものかははっきりしないが，シャボン玉には何かが「いっぱい詰まっている」と捉えていることだけはよくわかる。この生徒は重さの違いを密度の観点から正しく理解している生徒である

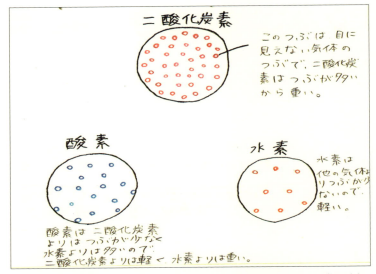

図4-1-1　中学1年生が描いたシャボン玉の中の気体のイメージ図 (1)

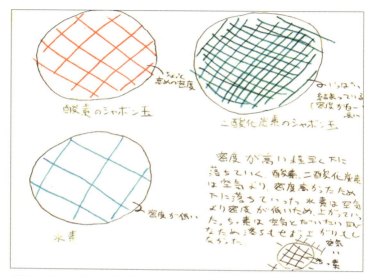

図 4-1-2　中学1年生が描いたシャボン玉の中の気体のイメージ図 (2)

が，物質を粒子的に捉えているかどうかは，図4-1-2のみからでは判断できない。

(3) 重さの違いを「粒の大きさの違いと数の違い」で捉える生徒

　この生徒の既有知識に関しては，会話のプロトコルとイメージ図の説明から以下の2点が明らかとなった。まず，プロトコルからは，二酸化炭素，酸素，水素の重さの違いを，「粒の大きさに比例したもの」と捉えていることが確認できた。しかし，反面，イメージ図（図4-1-3）からは水素の軽さの原因を，「粒の数の少なさに依存」したものと捉えていることが読み取れる。この生徒は，気体を粒子的に捉えている生徒と言えるが，重さの違いに関しては対象とする気体によって理由を変えている生徒である。このことから，この生徒は質量の違いの原因について理解していない生徒と言わざるを得ない。

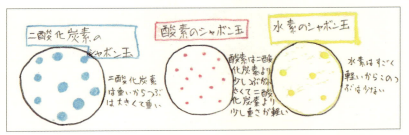

図 4-1-3　中学 1 年生が描いたシャボン玉の中の気体のイメージ図 (3)

150 T：なんか粒があるんだ。二酸化炭素の方が多いのかな？
151 S：多いです。あと大きいんですよ，粒が。
152 T：大きくて多い，ふんふん。
153 S：で，酸素は二酸化炭素より，あれ？　軽いんでしたっけ？　あれ？
154 T：二酸化炭素，酸素どっちが重いの？
155 S：二酸化炭素。
156 T：そうだね。こっちの方が重いね。
157 S：ですよね。ああ，よかった。で，水素は二酸化炭素と酸素より比べても粒は小さくて軽い。

　以上，特徴的な描画を分析してみると，気体の粒子性の理解には，気体の質量をどのように捉えるかが大きく係わっている。また，調査対象の中学校 1 年生では，いろいろな気体が入ったシャボン玉の浮沈現象を観察することによって，気体の中に「粒」らしきものを想像し，見えなくても何か密度を持った粒が存在している，と捉えることが可能になっていると言える。

第 2 節　粒子理論の教授とその効果

第 1 項　教授学習過程にみられた生徒の概念変容

　以下の事例の中では，教授学習過程の中で確認できた生徒の認知的な葛藤

に基づく概念変容と生徒の振り返り活動による概念変容の実態を分析した。

1．中学生の粒子概念の変容
(1) 化学変化に対する中学生の概念変容の実態
　ここでは，化学変化に関する概念変容がみられた2人の生徒（Mさん，I君）の事例を分析する。

(a)【認識の変容事例1】―「木炭のゆくえ」に疑問に持ったMさんの変容―
　2時間目の検証授業では「木炭の完全燃焼」の実験を行った。

（2時間目の授業展開）
・<u>本時の目標</u>：「酸素でいっぱいになった丸底フラスコの中で木炭（炭素）を燃やすとどうなるか調べよう。」
・<u>本時の学習内容</u>：
　　○木炭が燃えて完全に見えなくなる現象を観察する。
　　○燃焼後のフラスコの中の二酸化炭素をイメージし，描画する。
　　○実験を通して抱いた二酸化炭素のイメージを考えさせ，自由に描画させる。
・<u>授業者の指導の観点</u>
＊密閉した丸底フラスコの中で，デッサン用の木炭が完全燃焼する様子を観察させ，反応前後での物質の変化に気づかせる。

　この実験は，酸素が入った丸底フラスコ内で木炭を完全燃焼させ，固体の木炭が酸素と反応して気体の二酸化炭素になったことを理解させるための実験である。また，丸底フラスコは密閉されているので，木炭が完全燃焼して見えなくなるが，二酸化炭素に変化し，それが容器内に存在していることを実感させることもねらいである。
【Mさんの1回目のレポートから】
　Mさんは，木炭の完全燃焼を観察したあと，レポートに「確かになったこと」を次のように書いていた。

第4章　粒子理論の教授実践と効果　195

> フラスコの中は確かに二酸化炭素になっていたことが石灰水を使い白くにごったので，分かった。

　Mさんのレポートには，「フラスコの中は確かに二酸化炭素になっていたことが石灰水を使い白くにごったので，分かった。」と書かれてあった。これだけを読むと，Mさんは「炭素と酸素で二酸化炭素になった」ことが分かった生徒だと評価することができる。しかし，Mさんのレポートの「疑問」の欄には，次のようなコメントが見られる。

> 木炭はどうなってしまったのか？
> 取り出せないのか

　「木炭はどうなってしまったのか？　取り出せないのか」という記述からは，Mさんが，二酸化炭素の発生は石灰水の白濁から理解しているものの，目に見えなくなった木炭がフラスコの中にまだあると考えていることが分かる。Mさんは，見えていたものが見えなくなったこの現象を不思議に思っており，しかも，砂糖水や食塩水から溶質を析出するように，木炭も取り出せると考えているのである。この2時間目の授業では，Mさん同様，石灰水の白濁を見たことにより，二酸化炭素ができたことを認めている一方，それとは別に，「形を変えた木炭」の存在を気にしている生徒が多数いた。そこで，「ものが燃えれば必ず二酸化炭素ができる」という考えを払拭するために，3時間目の授業では，「硫黄の燃焼」の演示実験を行うことにした。これは事前の計画からの大きな変更点である。

(新たな3時間目の授業展開)
・本時の目標:「フラスコの中の硫黄はどこに行ったのか調べよう。」
・本時の学習内容:
　○酸素中での硫黄の燃焼を観察し,燃焼後の物質の違いを木炭の燃焼と比較して考える。
　○硫黄の燃焼では二酸化炭素が発生しないことから,木炭が燃えて二酸化炭素が発生したとき,木炭はどこに行ったのかを考え,燃焼後の二酸化炭素を描画する。
・授業者の指導の観点
＊「硫黄を燃焼させたときにできる物質は二酸化硫黄である」ことを実験後に教師が教える。
＊木炭が燃えると二酸化炭素になることを意識させる。
＊今回の実験を通して持った二酸化炭素のイメージを意識させ,再び自由に描画させる。(二酸化炭素の描画の2回目)

　本検証授業の中で,急遽「硫黄の燃焼」実験を加えたのは,Mさんの「木炭を取り出せないか」という疑問の記述が,小学校で学習した「植物体が燃えると二酸化炭素が発生する」という学習内容と,中学校2年生で学習する「化学変化の単元」を結びつける重要な「鍵になる」と判断したからである。2時間目の演示実験(木炭の完全燃焼の実験)では,多くの生徒が,木炭という単なる「もの」が燃えたから二酸化炭素ができると考えているだけであって,木炭という「炭素」を含む有機物が燃えて二酸化炭素ができたとは理解していない,と推察される。

【Mさんの2回目のレポートから】
　硫黄の燃焼との比較後のMさんのレポート(2回目)には,木炭の燃焼について次のように「確かになったこと」が記入されていた。
　Mさんは,「炭素は見えない気体になって,フラスコの中にあった。燃やしたから二酸化炭素になった。」と書いており,二酸化炭素の「炭素」に波線を記入し強調している。この記述から「Mさんは,炭素が二酸化炭素に

> 炭素は見えない気体になって,フラスコの中にあった。燃やしたから二酸化炭素になった。酸素を燃やして二酸化炭素にはならない。硫黄を燃やしたら二酸化硫黄になった。→炭素はフラスコの中に見えずにあった。

なったのだと理解した」と推察できる。Mさんは,硫黄の燃焼実験と木炭の燃焼実験を比較したことによって,「炭素は二酸化炭素になったので目に見えなくなった」と考えられるようになったのである。Mさんの記述の中の2つの「炭素」という単語は,「炭素が変化したもの」を指している(これは作業時にMさんに確認済み)。また,この実験では,硫黄が燃焼したあとの気体が石灰水を白濁させないことから,生成した気体が二酸化炭素ではないことは生徒全員で確認した。同時に授業者は,この気体が「二酸化硫黄という名の気体」であり,工場の排煙や火山ガスに含まれていることや酸性雨の原因になっていることを教えていた。

【Mさんの二酸化炭素のイメージ】

図4-2-1は,「木炭のゆくえ」に疑問を持ったMさんの二酸化炭素のイメージ図である。

Mさんは描画の説明の中で「炭素のゆくえ」について,「透明だけど炭素が燃えて二酸化炭素になりフラスコの中に炭素(炭素が変化したもの)がある。」と記入しており,見えないけれどもフラスコの中に,酸素でも炭素でもない別のものが存在していると捉えている。図4-2-1の説明の中にも「炭素」の表記が幾つかあるが,「炭素が燃えて」の炭素は「木炭」を示しており,「炭素は見えない気体」と「フラスコの中に炭素がある」の炭素は「炭素が変化したもの(二酸化炭素)」のことを示している。ところで,この図からは,この時点で,Mさんは粒子的な認識をしていないことも読み取れる。

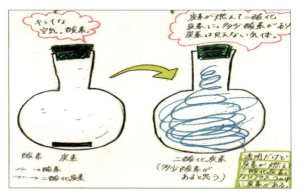

図 4-2-1　M さんが描いた二酸化炭素の描画

(b)【認識の変容事例２】―二酸化炭素の考え方が変化したＩ君の変容―

　Ｉ君は，２時間目の「木炭の完全燃焼」を観察した結果，フラスコの中には二酸化炭素があると考えている。また，描画から，二酸化炭素は炭素と酸素がうずまき状に混ざりあったものだと考えていたことが確認できた。

【再掲】（２時間目の授業展開）
・本時の目標：「酸素でいっぱいになった丸底フラスコの中で木炭（炭素）を燃やすとどうなるか調べよう。」
・本時の学習内容：
　　○木炭が燃えて完全に見えなくなる現象を観察する。
　　○燃焼後のフラスコの中の二酸化炭素をイメージし，描画する。
　　○実験を通して抱いた二酸化炭素のイメージを考えさせ，自由に描画させる。
・授業者の指導の観点
＊密閉した丸底フラスコの中で，デッサン用の木炭が完全燃焼する様子を観察させ，反応前後での物質の変化に気づかせる。

【Ｉ君の１回目のレポートから】
　２時間目の授業の中で，Ｉ君は，「フラスコの中に石灰水を入れたらふら

第4章 粒子理論の教授実践と効果　199

〈I君のはじめの二酸化炭素の考え方〉

フラスコの中に石灰水を入れたらふらないでも白くにごって二酸化炭素だけになったことが確かになった

このことから酸素と炭素はうずまき状にまざり合っていると思う

フラスコの中に石灰水を入れたらふらないでも白くにごって二酸化炭素だけになったことが確かになった

このことから酸素と炭素はうずまき状にまざり合っていると思う

ないでも白くにごって二酸化炭素だけになったことが確かになった」と答えており，木炭と酸素とが混ざり合って二酸化炭素ができることを受け入れており，「木炭のゆくえ」には疑問を持っていない。しかし，次の3時間目の授業で，授業者が他の生徒の疑問として，「木炭はどこに行ったのか」という問いを全員に投げかけたことにより，I君は，授業を通して二酸化炭素のイメージを変容させた。

【再掲】(3時間目の授業展開)
・本時の目標：「フラスコの中の硫黄はどこに行ったのか調べよう。」
・本時の学習内容：
　○酸素中での硫黄の燃焼を観察し，燃焼後の物質の違いを木炭の燃焼と比較して考える。
　○硫黄の燃焼では二酸化炭素が発生しないことから，木炭が燃えて二酸化炭素が発生したとき，木炭はどこに行ったのかを考え，燃焼後の二酸化炭素を描画する。
・授業者の指導の観点
＊「硫黄を燃焼させたときにできる物質は二酸化硫黄である」ことを実験後に教師が

教える。
＊木炭（炭素）が燃えると二酸化炭素になることを意識させる。
＊今回の実験を通して持った二酸化炭素のイメージを意識させ，再び自由に描画させる。（二酸化炭素の描画の２回目）

【I君の２回目のレポートから】

３時間目の冒頭で，授業者が，「木炭のゆくえ」についてクラス全体に質問したとき，I君は「木炭は，燃えて，他の気体とまざりあって木炭はなくなった」と書いており，１回目のレポートと同じように，フラスコの中で他の気体と混ざり合っていると考えていた。

> 木炭は，燃えて，他の気体とまざりあって木炭はなくなった

しかし，I君はこの後に行った「硫黄の燃焼」の実験と「木炭の燃焼」を比較して，「炭素と酸素が混ざり合った二酸化炭素」ではなく，「炭素と酸素で二酸化炭素が確かになった」と記入しており，この記述からは，物質が化学変化したものとして二酸化炭素を捉えることができたと推察される。

〈I君の二酸化炭素の考え方の変化〉

> ・酸素だけでは焼え（燃え）ず中に物が入っていないと焼え（燃え）ない
> ・硫黄と酸素で二酸化硫黄なので炭素と酸素で二酸化炭素が確かになった

【I君の二酸化炭素のイメージ図の変化】

I君は，木炭（炭素）の燃焼の１回目の実験を観察した後には，二酸化炭素のイメージ図を「炭素と酸素が混ざり合った」うずまき状に描いていた（図4-2-2）。「硫黄の燃焼」の実験を行った後の２回目の二酸化炭素のイメージ図では，「炭素と酸素で二酸化炭素」と添え書きして描いている（図

図4-2-2 I君が1回目に描いた二酸化炭素のイメージ図（炭素と酸素がうずまき状に混ざっている。）

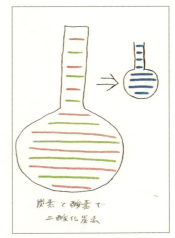

図4-2-3 I君が2回目に描いた二酸化炭素のイメージ図（それぞれの物質の色を変えて表現している。）

4-2-3)。さらに，その描画には，それぞれの色がどの物質を表しているかについても説明が書かれている（図4-2-4）。物質を色分けすることにより，I君は二酸化炭素を炭素と酸素からできた新しい物質だと捉えるようになったことが確認できた。

I君は，「炭素はどこに行ったのか？」を問われたことにより，自分の考えを再考した生徒である。「硫黄の燃焼」という新しい現象を「木炭の燃焼」と比較させることにより，二酸化炭素に対する認識を変容させることができたのである。また，これらの図からは，I君も，この時点で粒子的な認識を行っていないことが読み取れる。

図4-2-4 物質を色で分けたI君の説明

以上，化学変化に関する変容の事例として取り上げたMさんは，「自らの疑問を，実験と考察を繰り返すことにより解決できた」概念変容の事例であり，I君は，「他の生徒の疑問をもとに，自らの考え方を変化させ，より科学的な概念に近づいた」概念変容の事例と言える。

(2) 物質の粒子性に対する中学生の概念変容の実態

既に特徴的な例で述べたように，2時間目と3時間目の授業レポートや描画から，生徒が化学変化や発生した二酸化炭素をどのように捉えているかが明らかになった。本検証授業では，対象が中学校1年生であり，「化学変化」をまだ学習していないので，授業者は，「炭素と酸素が結びついた」という表現をあえて使用しなかった。

本単元を授業者と構想した時点では，フラスコ内での木炭の完全燃焼の様子を観察すれば，生徒は木炭と酸素が一緒になった二酸化炭素を直ぐにイメージするだろうと想定したが，生徒のイメージ図からは，実験後のレポートの文章等ではわからないことが数多く確認できた。描画から確認できた生徒が頭の中で描いている気体のイメージは，われわれが考えていたものとは大きくかけ離れていた。以下では，授業の実施順序を踏まえながら，5組と3組の生徒が示した代表的な既有知識の例を示す。

【5組のIさんとS君】

ここでは，5組のIさんとS君を比較してみる。IさんとS君は，この木炭の完全燃焼の実験から「確かになったこと」を，次のようにレポートに記述している。

レポートの文章からは，2人とも，この実験では木炭が燃焼し二酸化炭素ができたことを理解していると読み取ることができる。

図4-2-5，図4-2-6は，IさんとS君が描いた1回目のフラスコの中の二酸化炭素のイメージ図である。Iさんは，「火が消えた後は炭素と酸素がまじって二酸化炭素になる。」とし，それぞれがつながった「粒」として二酸

第4章 粒子理論の教授実践と効果　203

Iさんのレポート

> このことから酸素でいっぱいの丸底フラスコの中で木灰(炭?)を燃やすと火がだんだんと強くなに(り?)時間がたつと，火は消え中の気体は二酸化炭素になっていました。

S君のレポート

> つまり気体を加熱すると体積が増え，酸素の中で物が燃えると激しく燃えてやがて消えて，後には二酸化炭素が残ることがたしかになった。

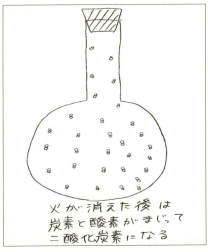

図4-2-5　Iさんが1回目に描いた二酸化炭素のイメージ図

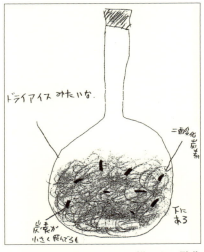

図4-2-6　S君が1回目に描いた二酸化炭素のイメージ図

化炭素を表現している。一方，S君は，「ドライアイスみたいな」ものとして二酸化炭素を描いている。そして，その中には「炭素が小さく飛んでるし」，二酸化炭素は「下にある」と記載している。IさんとS君のレポート

の文章からは，2人とも二酸化炭素の発生について書いていたものの，両者の二酸化炭素のイメージは全く異なっていた。ところで，仮に，教師が生徒に描画を行わせる前に「気体を『粒』として考えて描いてみよう。」と指示したならば，このような両者のイメージの違いに気づくことはできなかったと考えられる。

この描画のあと，3時間目には，「硫黄の燃焼」と比較させ，「木炭のゆくえ」について考えさせ，再び二酸化炭素のイメージを描画（2回目のイメージ図）させた。

【再掲】（3時間目の授業展開）
・<u>本時の目標</u>：「フラスコの中の硫黄はどこに行ったのか調べよう。」
・<u>本時の学習内容</u>：
　　○酸素中での硫黄の燃焼を観察し，燃焼後の物質の違いを木炭の燃焼と比較して考える。
　　○硫黄の燃焼では二酸化炭素が発生しないことから，木炭が燃えて二酸化炭素が発生したとき，木炭はどこに行ったのかを考え，燃焼後の二酸化炭素を描画する。
・<u>授業者の指導の観点</u>
＊「硫黄を燃焼させたときにできる物質は二酸化硫黄である」ことを実験後に教師が教える。
＊木炭（炭素）が燃えると二酸化炭素になることを意識させる。
＊今回の実験を通して持った二酸化炭素のイメージを意識させ，再び自由に描画させる。（二酸化炭素の描画の2回目）

その結果，前回，炭素と酸素の粒の2つをつけて二酸化炭素を表現したIさんは，図4-2-7のように，今度は1つの粒で二酸化炭素を表現している。一方，ドライアイスのような二酸化炭素をイメージし，炭素が小さく飛んでいる図を描いたS君は，今度は図4-2-8のように，「くもってる」「ちょっとうすい木炭が交わって黒っぽい」二酸化炭素のイメージ図を書いていた。

Iさんは，酸素と炭素が混ざったものとして1つの二酸化炭素の粒を描い

第4章 粒子理論の教授実践と効果　205

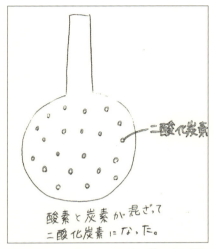

図4-2-7 Ｉさんが2回目に描いた二酸化炭素のイメージ図

図4-2-8 Ｓ君が2回目に描いた二酸化炭素のイメージ図

ている。文章では，「酸素と炭素が混ざって二酸化炭素になった。」と答えているが，この図からは，炭素と酸素で新たに二酸化炭素ができたと考えていると推察できる。これは化学変化の考え方へ移行するための萌芽と考えることができる。また，粒状に二酸化炭素を描いており，目に見えない二酸化炭素を粒子的な存在として捉えていることがわかる。しかし，図4-2-7だけでは，Ｉさんが粒子の運動性を踏まえてこの絵を描いているかについては判断できない。

一方，Ｓ君は，木炭の黒色の影響を受け，二酸化炭素を表現する際にも「黒っぽい」ものとして表現している。この絵からは，Ｓ君がフラスコの中に，炭素の広がりをイメージしていることがわかる。また，1回目の描画を踏まえると，この2回目の描画でもＳ君は二酸化炭素を細かい微粒子として捉えており，さらに，フラスコ中を飛び回っているので塗りつぶした絵を描いていると推察できる。

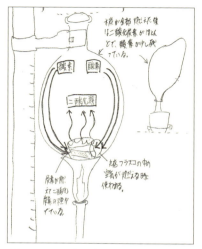

図4-2-9 Y君が描いた二酸化炭素ができるときのイメージ図

　このように，IさんとS君2人の描画からは，木炭の燃焼や硫黄の燃焼の実験を通して，二酸化炭素に対する粒子的な見方を変容させ，新たな二酸化炭素のイメージを描いていることが認められた。

【3組のY君】

　5組の授業実践の結果をもとに，1時間遅れで展開した3組の授業では，授業者が，「硫黄の燃焼」と「木炭の燃焼」を比較した際に，「どのようにして二酸化炭素ができるのか」を特に意識して描画するよう指示をした。

　木炭と硫黄という2つの物質の燃焼の比較を生徒に意識させたために，5組の生徒が書いた2回目の二酸化炭素の描画に比べて，3組の生徒が書いた描画には，「酸素が使われ，二酸化炭素が発生する」ことを強調するための矢印を用いる描画が確認できた。たとえば，Y君の描画は，木炭が燃えるのに酸素が使われ，その結果，木炭から二酸化炭素が発生していることを論理的に表現した描画となっている（図4-2-9）。しかし，この時点のY君の描画には，粒子的に表現した二酸化炭素のイメージは描かれていない。

(3) 本実践のまとめ

　本検証授業では，「木炭の燃焼実験」を観察することにより生じた「木炭はどこに行ったのか？」という素朴な「疑問」に基づき，「硫黄の燃焼実験」を，生徒達の「矛盾する感覚を覚醒する事象」や「振り返りのための活動」として位置づけ，授業を展開した。燃焼により必ず二酸化炭素が生じると考

えている生徒にとっては,「硫黄の燃焼実験」により二酸化硫黄が生じる事象は,「認知的な葛藤や不調和」を生じさせる有効な事象となることが認められた。

本検証授業を通して,次の点が明らかとなった。
ア) 生徒の理解の実態を踏まえ,新たに加えた「硫黄の燃焼」の実験は,生徒の燃焼に対する概念を変容させ,より深い化学的な理解へと導くことができた。
イ) 描画法を用いることにより,生徒の認識の変容を追うことが可能となった。レポートでは同じように考察している生徒でも,描画では,現象に対して異なった考察をしていることが認められた。なお,「木炭の燃焼実験」の描画を粒子的に描いた生徒は,3組では35名中5名,5組では39名中6名であった。

2．塩化アンモニウム生成に関する生徒の認識

ここでは,生徒の振り返り活動や,獲得した知識の応用の観点から分析する。

(1)「塩化アンモニウムの合成実験」の描画とプロトコルから読み取れる粒子認識

検証授業10時間目の5組のみで,「塩化アンモニウムの白煙が生じる反応」を演示し,その様子を描かせた。塩酸とアンモニアの反応に対する微視的な考察は,中学校2年の化学反応を理解する上での基礎となる。

本検証授業の中では,教師は「気体が粒子から出来ている」ことを説明しておらず,われわれは生徒の描画や授業中の会話を通して,彼らの粒子認識の変化を探っている。描画によるイメージの表出は,このクラスの生徒にとっては5回目となる。以下は,演示実験から描画作業を指示する時点までのプロトコルである。

101T：この実験は，見えない気体と塩酸，つまり塩化水素の気体がぶつかったとき，そこに塩化アンモニウムって言う物質ができあがっている現象なんです。

102T：塩酸のこの煙，あっ，吸わないで。煙に見えるんだけど，これは塩酸の煙ではなくて塩化水素が，見えない水蒸気と反応して塩酸になってるんで，見えてるんですよ。この白い煙は気体ではないんですね。これ，液体なんですよね。みんな，薬缶からあがって立ちのぼっている湯気。あれも気体ではないよね。

103T：いくよ。いま，この状態でやや煙ってますけど，で，ちょっと離してあげるとアンモニアは……。うん，近くで？　もう警戒してますよね！何で警戒したの？

104M：えっ？　臭う。

105T：うん。そうだよね。臭いんでわかるんだよ。だけど，（目にみえないので）この状態でここにあるのは分からないじゃん。で，見えないはずの，その２つの気体を近づけてあげると……。（塩化水素の気体とアンモニアの気体を近づけたので，もうもうと白煙が生じた。）

106S：おー。（複数の声）

107N：ここからあっちに行っている。

108T：うん。動きが分かるね。これ，また離してあげると……。（白煙が消えた。）

109M：くっさい！

110T：では，もう一回だけ。はは。吹いたな，N君。（N君がアンモニアの容器の口の部分に息を吹きかけた。アンモニアの臭いが広がる。ざわつく。）

111T：はい。話をやめて。最後にここで私がどうしてもみんなに考えてほしいのは，見えないアンモニアと塩化水素が触れ合った瞬間に塩化アンモニウムってものになるじゃない。今までずっと気体を追ってきたんだけど，みんな，見えないものが触れ合ったときに見えるようになったよね。この触れ合ってるここに，触れ合う前のアンモニアと塩化水素があるんだけど，これをみんながどうイメージするかを最後に考えてほしいんだよ。今までは，それぞれの気体をイメージしてもらったんだけど，今は，（２つの気体が）触れ合ったら確かにそこに白い煙が浮かび上がってきたね。ということは，触れ合う瞬間があるはずだよね。そうでしょ。その，そ

こがどうなっているかを，最後に，みんなに描いてもらいたいのです。いいですか。
112S：はい。（複数の声）
113T：いい？　では，みんな席に戻って。作業をしましょう。

　ここでは，アンモニア（NH_3）の気体と塩化水素（HCl）の気体を反応させ，塩化アンモニウム（NH_4Cl）の白煙ができる様子を演示実験し，それらを生徒達に十分観察させた後，イメージを描かせた。描画のための作業時間は約10分である。

1) 一貫して「粒」で気体を表現してきたIさん

　Iさんは，ここまで4回の描画において全ての気体を粒で描いた生徒である。そして，今回の塩化アンモニウムの描画も粒で描いている。

　以下は，Iさんと授業者とのプロトコルと，彼女が描いた描画（図4-2-10）である。

356T：Iさんは，最後までこれ（粒子をさす）で来ましたね。
357I：はい。最後までこれで来ましたよ，私は。
358T：そして，赤が？
359I：赤と青が混ざって合わさって大きくなって固体になって見えるようになる。
360T：赤は何を表しているの？
361I：塩酸の粒。
362T：そしたら，ここに書いておいて。塩酸の粒って。で，青は？
363I：アンモニアの粒。
364T：で，この赤と青が合わさっているのが？
365I：えーと，何だっけ。
366T：難しいよね。
367I：そう，塩化アンモニウム！
368T：それ，（絵に言葉で）表しておいて。

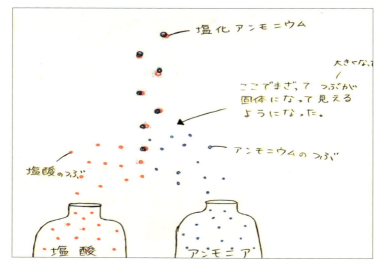

図 4-2-10　Iさんが粒子的に描いたアンモニアと塩酸から塩化アンモニウムができる様子

　Iさんは，赤色の粒と青色の粒で塩化アンモニウムを描いており，過去4回の粒子的な描画や本プロトコルからも気体を粒子的に捉えている生徒と言える。しかし，ワークシートの記載を見ると，「ほんとに気体のつぶなんてあるのか？」と，学習の途中で自問自答をしている。これは，自分の理解に対してメタ認知が働いており，一貫して粒を描いてきたIさんも，気体に重さがあることは理解できるものの，それを粒で説明している自分の考え方が果たして正しいのかどうかを迷っている証である。Iさんのように，一貫して粒子で考えることができる生徒でも，目に見えないものを粒子的に捉えることは困難であり，さらに，確信を持つに至ることは非常に難しいと言える。物質の粒子性に関する教授は，目に見えない現象を扱うだけに生徒に確信を持たせることは難しいが，本実践で行った教授ストラテジーをたどることにより，生徒の粒子認識を発展できることが確認できた。

第4章　粒子理論の教授実践と効果　211

〈Iさんが自ら下線を引いて強調した，自らの疑問〉

> ～わかったこと～
> 目に見えない気体にも重さがある。
> ？ほんとに気体のつぶなんてあるのか？

?ほんとに気体のつぶなんてあるのか？

2）気体のイメージをなかなかつかめないKさん

　Kさんは，ここまで気体のイメージをずっと色を塗って表現してきた生徒である。「もし，気体が見えたらどんなものが見えると思う？」と授業者が聞いても「わからない」と答えていた。今回の課題でKさんが描いた描画も，色鉛筆で塗りつぶしたものだった。そこで，授業者は「塩化アンモニウムという白い煙ができるね。そのところを気体が見える虫めがねで見たら何が見えるかな？　それを書いてみて。」と，塗りつぶした中がどうなっているかを考えてみるよう指示している。以下は，授業者がKさんに声をかけているプロトコルと，彼女の描画（図4-2-11）である。

```
480T：煙って目に見えないくらい，小さい小さい固体なのよ。わかる？
481K：「……。」（無言）
482T：まって，まって。たとえば，砂をぱっとまくと，遠くから見ると砂煙に
　　　見えるじゃん。でも，近くで見ると砂でしょ？
483K：「……。」（うなずく）
484T：あれも白い煙に見えるんだけど。
485K：……はい。
489T：ぐーってクローズアップすると，煙も1個の白い固体なのよ。そこまで
　　　クローズアップしたら，アンモニアと塩化水素っていう気体のイメージ
　　　なんだけど，Kさんはそこまでぐーっとクローズアップすると，そこに，
　　　気体，なんか見えてくる？
490K：「……。」（無言）
```

　上記の会話は，授業者とKさんの会話というよりも，授業者の発言を中

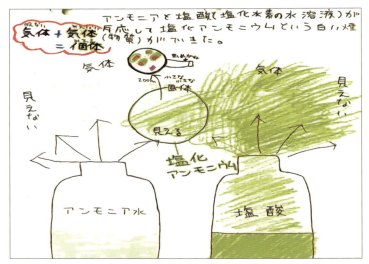

図 4-2-11　K さんが描いたアンモニアと塩酸から塩化アンモニウムができる様子

心とするものだった。ここでの会話からは，授業者が，発生した気体の中の様子を K さんにイメージさせる難しさを痛感していることが分かる。しかし，授業後に提出された K さんの描画からは，授業者との会話の後，彼女が深く考えていた痕跡が確認できた。K さんは，会話の中ではほとんど発言していないが，描画の中では，「気体＋気体＝固体」と書いたり，「虫めがね」や「ズーム」などを加え，イメージ図を完成させていた。また，「虫めがね」の中には，アンモニアを表すピンクと，塩酸を表すオレンジの 2 色で表現した「みえる」固体が表現されている。会話の中では，自分の意見を言葉できちんと言えない K さんも，描画することによって自分の考えを表出できるようになった。イメージを生徒に描かせることは難しい作業であるが，描画の結果からは会話では推察しきれない生徒の理解の実態を探れることがわかった。

(2)「塩化アンモニウムの合成実験」のまとめ

本検証実験は，気体の粒子性を生徒達に深く考えさせるための有効な実験だった。

ここでは，以下の2点が特徴的な結果である。
- 39名の描画を分析した結果，塩化アンモニウムの合成反応を粒子モデルで描いた生徒が20名確認できた。
- 描画活動を通して，多くの生徒は自分の認識の変化を振り返ることができた。また，第1時から粒子モデルを使えていた生徒が，「塩化アンモニウムの合成実験」の描画活動では，気体を粒子モデルを使って描くことに不安を感じていた。

第2項　事後調査に基づく生徒のメタ認知の実態

ここでは，4段階のSD法を用いた事後調査の結果やプロトコル分析から生徒のメタ認知の実態を考察する。選択肢の①～④の項目は，質問項目の結果表の下に示した。なお，表の①～④の欄には生徒の人数，右端の平均値の欄にはSDの平均値を示した（図4-2-12）。

1. 気体のイメージを描画することを生徒はどのように捉えたのか（SD法の結果から）

事後調査の質問14，15，22，23は，気体のイメージを考えることに対する生徒の感想を探るための項目である。質問14と22は「やさしい」「難しい」，質問15と23は「楽しい」「つまらない」の対義語を用いて生徒の感想を探った。これらの結果から，気体のイメージを描画させる課題は，生徒にとって「やさしく」かつ「難しい」ものだったことがわかる。

描画作業のねらいは生徒に抽象的能力を発揮させ，また，友達の描画と比較することにより自分の理解をメタ認知することにあったが，この調査結果だけからはそれぞれの能力の高まりは判断できない。しかし，多くの生徒は，

質問	質問内容	①	②	③	④	平均値
14	気体のイメージを絵で表したり考えるのはやさしいと思いますか。	16	35	20	2	2.11
22	気体のイメージを絵で表したり考えるのは難しいと思いますか。	19	31	17	5	2.11
15	気体のイメージを絵で表したり考えるのは楽しいと思いますか。	48	20	3	1	1.40
23	気体のイメージを絵で表したり考えたりするのはつまらないと思いますか。	3	3	16	47	3.57

①大変そう思う　②ややそう思う　③あまりそう思わない　④まったくそう思わない

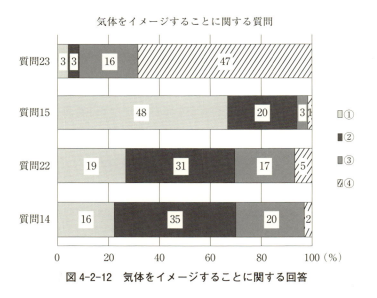

図 4-2-12　気体をイメージすることに関する回答

気体のイメージの描画作業を楽しく感じていたこと（4段階での平均値：質問15 [1.40]，質問23 [3.57]）が確認でき，また，次頁に示すプロトコルからも読み取れるように，描画作業に対する認知が生徒の抽象能力やメタ認知能力に少なからず影響を及ぼしていたと推察できる。

2．気体のイメージを描画することを生徒はどのように捉えたのか（プロトコルと描画から）

次に，描画作業に対する2人の生徒（男子・女子各1名）の様子を，2人が描いた描画と授業者との会話から探った。

(1) T君（男子）の事例

T君は，「気体を微粒子からできている」と考えるようになった生徒である。事後調査の質問の「気体のイメージを絵で表したり考えたりするのは難しいと思いますか」に対して，彼は自分の回答は教師の用意した選択肢（4肢選択）にはないとし，新たに5つ目の選択肢（⑤「全然思わない」）を書き込んでいた。以下はT君と授業者の会話である。

〈T君が，質問の回答として「⑤全然思わない」を書いていたとき〉
T君：（強調して）全然思わない！　駄目ですか作っちゃ？
教師：全然思わない？　考えることが難しくないっていうこと？
T君：はい。
教師：やさしかった？
T君：まあ。
教師：T君なりの気体のイメージって，できあがった？
T君：なんか，微粒子。

T君が，気体を「微粒子」で考え始めるようになったのは，木炭の完全燃焼の演示実験を見た時である。クラスの他の人の考えを聞いて，「酸素＋炭素＝二酸化炭素？」と考えるようになった。この時のT君の描画には，気体が小さな丸い粒で表現され，その粒が合わさって二酸化炭素の粒として描かれている。さらに，その後のシャボン玉の実験の描画でも粒で描いており，気体は微粒子からできていると強く考えるようになったことが確認できた。T君は，他の生徒との協同の学習を通して自分自身の理解の様子をメタ認知できた生徒と言える。

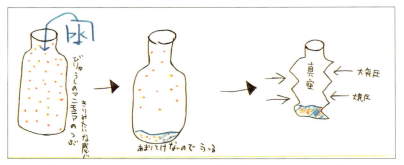

図 4-2-13 「びりゅうし」という用語で説明している T 君の描画

　さらに，アンモニアの実験でも，「びりゅうし」という用語を用いて，描いたアンモニアの描画に補足説明を書いている。この説明からは，T 君が気体を微粒子からできていると確信していることが読み取れる（図 4-2-13）。
(2) T さん（女子）の事例
　T さんは，気体を描画させる課題を否定的に受け取めた生徒である。T さんの解答からは，自らの学習への取り組みについてメタ認知的にモニタリングしていたことが認められる。たとえば，事後調査の質問の「気体のイメージを絵で表したり考えるのは楽しいと思いますか。」に対し，彼女は 2 クラスの生徒の中でただ 1 人，「④全くそう思わない」と答えている。しかし，T さんの他の事後調査の結果を見てみると，描画に対する否定的な回答と

は異なり，気体の学習を通して理科に対する興味や関心が高まったことが確認できた。「あなたは理科の授業で予想を立てることが楽しいと思いますか。」に対して，事前調査では「④まったくそう思わない」だったのが，事後調査では「①大変そう思う」に変化していた。また，「あなたは理科の実験をするとき，自分なりに予想を立ててから行っていますか。」に対して，事前調査では「④まったくしていない」だったのが，事後調査では「①よくそうしている」と変化していた。

さらに，描画に否定的であったTさんが，「自分なりに気体の具体的なイメージを持つようになりましたか。」，「実際に気体を見てみたいと思うようになりましたか。」の質問項目に対しては，どちらに対しても「①大変そう思う」と回答している。この回答からは，Tさんも気体の正体について知りたいと考えていたことがわかる。

以下に，検証授業後のTさんの感想を示した。ここからは，気体の描画に否定的なTさんが，見えない気体に対していろいろな想像を巡らしていることがわかる。本検証授業に取り入れた「見えない気体を描画させる」評価法は，たとえ描画する行為を否定する生徒に対しても，目の前の現象を熟考させ，自らの思考を広げさせる効果があったと言える。

| ～感想～
私は以外で気体は見えているんじゃないかと思い出し始めました。
このへんに空気があるから、空気は見えないのであって、
空気がピンクでも、
空気は見えないとその世界の人は言うと思います。 | 私は以外（意外？）と気体は見えているんじゃないかと思い始めました。このへんに空気があるから，空気は見えないのであって，空気がピンクでも，空気は見えないとその世界の人は言うと思います。 |

第3項　検証授業による成果

本検証授業では，授業者から生徒に対し，気体が粒子（原子や分子）からできていること，それが飛び交っていることを一切伝えなかったが，生徒の

興味や関心を引く現象を演示実験や生徒実験として用いたことにより，多くの生徒は気体の運動性を理解し，気体の化学変化や物理変化を表現するために粒子モデルを用いることができるようになった。

特に，臨界事象である「塩化水素とアンモニアの反応（第10時）」では，塩化アンモニウムの合成を粒子的に描いた生徒が39名中20名に確認できた。このクラスでは，第1時で用いた「木炭の燃焼」を粒子的に描いた生徒が39名中6名しかいなかったことと比較すると，14名の生徒が，本検証授業を通して粒子概念を形成したと言える。既に代表的な描画の詳細については述べたが，14名の生徒が描いた描画のいずれからも粒子モデルを理解していることが読み取れた。

しかし，塩化アンモニウムの合成実験の文脈では，気体を粒子で描くことに不安を感じている生徒が確認された。本実験で用いた「自分の理解を振り返らせる描画」は，気体の粒子性を深く考えさせるための有効な方法だった反面，それらを多用したため，一部の生徒，とりわけ，優秀な生徒には不安を生じさせてしまった。この点に関しては，今後，粒子理論の教授ストラテジーを開発する上での課題となる。

第4項　概念変容を目指した教授へのコンフリクトマップの有効性

1．「物質の粒子性」の検証授業実施後のコンフリクトマップ

本研究では，概念変容の教授を構想する上での1つの重要な手掛かりとしてミスコンセプションを捉えており，検証授業では2つ目の「矛盾する知覚を生じさせる事象」の提示がどうしても欠かせなかった。検証授業では，葛藤を引き起こすために準備した「木炭の燃焼実験」（実験1：「第1の矛盾する知覚を生じさせる事象」の提示）が，生徒に新たなミスコンセプション（「どんな物が燃焼しても必ず二酸化炭素が発生する」）を誘発してしまい，その結果，再度，生徒に葛藤を引き起こす事象が必要となり，「硫黄の燃焼実験」（実験2：「第2の矛盾する知覚を生じさせる事象」の提示）を準備した。

この経緯を具体的に述べる。まず，検証授業前のコンフリクトマップの構成では，導入時に生徒が持つ「物が燃えると何もなくなってしまう」というミスコンセプションに対峙させるために，酸素中での「木炭の燃焼実験」を設定した。検証授業では，丸底フラスコに酸素を入れ，その中で木炭を燃やす実験を行った。木炭を完全燃焼させると木炭は消失し，フラスコの中は透明となった。生徒には，何も残らないことを確認させ，さらに，そこに石灰水を入れ，白濁する様子を観察させた。「木炭の燃焼実験」の授業後に回収した生徒のレポートからは，「物が燃えると必ず二酸化炭素が発生する。」，「燃焼で木炭はどこかに消えたが，再び現れる。」とするミスコンセプションが認められた。

さらに，丸底フラスコに入っている二酸化炭素をイメージさせた描画からは，「粒子的に書いているもの」と「煙のようにもやもやで書いているもの」の2種類が確認できた。また，描画には，酸素の粒子と炭素の粒子がそれぞれの性質を保ったまま隣り合った絵が多く，燃焼を物理変化として捉えている生徒がいることも確認できた。授業準備時には予測できなかったこのようなミスコンセプションの出現を踏まえ，次の時間の内容はこれらの状況を解消するためのものに変更した。特に，ここでは「燃焼すると必ず二酸化炭素が生じる」とする生徒のミスコンセプションに対峙する実験として「硫黄の燃焼」を演示実験で示すことにした。

本検証授業で取り上げた「目標とする科学概念」は，気体の粒子概念と粒子に基づく化学反応概念である。また，検証授業時の具体的な教授目標は，「気体は目に見えないが粒子として存在する。化学反応の前後で粒子の組み合わせが変化する。」ことの理解である。

実施時の教授アプローチの要点を1)～7)に示した。

1) 生徒の見方や考え方と矛盾する実験1（「フラスコ内の木炭の燃焼実験」）を観察させた。ここでは，「燃えるとフラスコ内には何も残らない」現象を観察させ，生徒に木炭はどうなったのだろうかと考えさせ，彼らの「矛盾

する知覚や感覚」を覚醒させた。この実験では，石灰水を入れ二酸化炭素が発生したことを確認させた。

2) 実験1によって表出した生徒のミスコンセプション（「物が燃えると必ず二酸化炭素が発生する。」）と矛盾する実験2（「フラスコ内の硫黄の燃焼実験」）を観察させた（「矛盾する知覚や感覚の覚醒②」）。ここでは，硫黄の燃焼では，二酸化炭素ではなく，二酸化硫黄が生じることを生徒に確認させた。1）2）では，目に見えない現象を生徒がどう捉えているのかを描画させた。

3)「目標とする科学概念」に密接に係わる概念を提示した。ここでは，O_2，CO_2，H_2のそれぞれには質量があり，密度が異なることを観察させた。発生させた気体をシャボン玉に入れて，それぞれが上へ下へと浮遊する様子を観察させた。

4) 粒子概念を支持する基礎理論を生徒に確認させた。（「化学反応論」，「分子運動論」）

5) 生徒の見方や考え方の原因となる経験に働きかける事象（「臨界事象」；塩化アンモニウムの合成実験）を観察させ，その様子を描画させた。

6)「目標とする科学概念」を提示し，生徒に確認させた。

7) 1）2）3）5）で作成した描画を比較させ，生徒に自らの概念の変容を振り返らせた。

ところで，1)〜7)の展開では，C.C.ツァイのコンフリクトマップの展開と次の2点で大きく異なった。第一の相違点は，本検証授業では，教師が提示した実験を観察したことによって生徒から表出されたミスコンセプション（教師が想定していなかったミスコンセプション）を，一人一人の生徒に自覚させるために，第二の葛藤（「矛盾する知覚や感覚の覚醒②」）を生起させる事象の提示が必要となった点である。化学変化を伴う事象では目に見えない変化に対する推論が必要となり，教師がよほど単純化した事象を示さない限り，「矛盾する知覚を生じさせる」事象の提示が新たなミスコンセプションを生徒に誘発してしまう危険性がある。

第4章　粒子理論の教授実践と効果　221

　第二の相違点は，C.C. ツァイのコンフリクトマップでは，早い時点で「目標とする科学概念」を提示し，生徒に確認させることが強調されていたが，本検証授業ではこの提示を展開の最終段階の6）の位置に移動した点である。これは，5）の「臨界事象」を提示する前に，初めてこの単元を学習する生徒に気体の様々な性質に関する経験（「豊かな経験」）をつませる必要が生じたからである。具体的には，3）4）で粒子概念に密接に係わる幾つかの理論や，気体の質量・体積・密度に関する基礎的な事項を学習させた。このような経験をつませた後に，5）で生徒達に臨界事象を提示した。その結果，多くの生徒が臨界事象を粒子モデルを用いて描けるようになった。

　図4-2-14に，検証授業実施時の「物質の粒子性」に関するコンフリクトマップを示した。

　図4-2-14の中の記号の意味は以下の通りである。ここでも，C.C. ツァイの表記方法に加筆・修正を施し，新たな記号であるBC（Basic Concept）を加えた。

　　1～12　：教授の展開順序
　　E_1～E_5：実験（Experiment）／葛藤や確認を引き起こす知覚や感覚となる。
　　C_1　　：目標とする科学概念
　　C_2～C_5：C_1に密接に関連する概念
　　C_1'　　：C_1とは異なっている生徒の見方や考え方
　　BC_1　　：C_1を支持する基礎概念（Basic Concept）
　　DE　　：矛盾した事象（Discrepant Event）（E_1, E_2から引き出される。）
　　CE　　：臨界事象（Critical Event），あるいは，説明（E_5から引き出される。）
　　A_1～A_4：評価（Assessment）を行うためのポートフォリオ（描画）の作成／描画を描かせることによって生徒の知覚や感覚を表出させる。

検証授業実施時の「物資の粒子性」のコンフリクトマップ

頭の中の世界と外の世界（上から下への流れは主たる教授シークエンス）

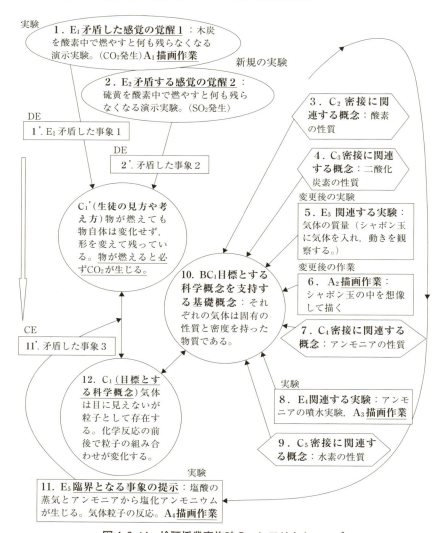

図4-2-14　検証授業実施時のコンフリクトマップ

2．化学教授のための教授デザインの一般化

上述したように，本実践では，生徒が化学の授業に持ち込むミスコンセプションを踏まえ，それを変えるためにコンフリクトマップを活用した新たな教授デザインを開発した。ここでは，化学のコンフリクトマップ（Chemical conflict map：以下，Chemicom と略記する）を一般化し，C.C.ツァイのコンフリクトマップと比較する。

既に述べたように，物理現象を扱っている C.C.ツァイのコンフリクトマップの教授シークエンスは，日常現象の接点やその比較から理論が導かれる物理という教科の特性を活かしたものであった。しかし，化学変化を伴う事象では目に見えない変化に対する推論が必要となり，コンフリクトマップの教授シークエンスを根本的に変更せざるを得なかった。しかし，本コンフリクトマップの作成に際しても，C.C.ツァイが主張する「子どもは，ミスコンセプションと矛盾する現象を示されただけでは，正しい科学概念を受け入れ

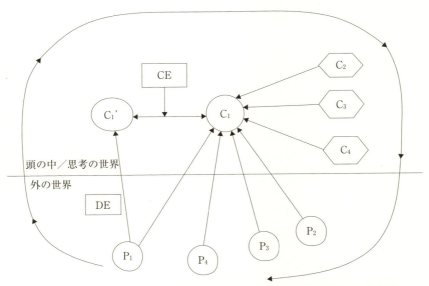

図 4-2-15　C.C.ツァイの提案する教授シークエンス（図 3-2-5 を一部改変）

ることはない」ことを大前提として共有した。

　ここでは，新たに開発した Chemicom の特徴を明確にするために，C.C. ツァイの教授シークエンス（図3-2-5）を再掲する（図4-2-15）。

　　　P_1　　　：矛盾した事象（Discrepant Event）を引き起こす知覚（感覚）
　　　DE　　　：矛盾した事象（Discrepant Event）（P_1が原因となっている）
　　　C_1'　　　：C_1とは異なっている生徒の見方や考え方
　　　C_1　　　：教えられるべき科学概念（すなわち，目標とする科学概念）
　　　CE　　　：臨界事象（Critical Event），あるいは，説明
　　　C_2, C_3, C_4：密接に関係する科学概念
　　　P_2, P_3, P_4：科学概念をサポートする他の知覚（感覚）
　　　＊コンフリクトマップを用いた教授シークエンスにおいては，一つの例外がある。それは，CE（Critical Event：臨界事象）の前に，C_1が提示されなくてはならないということである。すなわち，ここで提案するシークエンスは，DE（またはP_1），C_1，CE，C_2，C_3，C_4と進み，その後，P_2，P_3，P_4の順序となる。

　図4-2-15に再掲したC.C.ツァイの教授シークエンスに対し，今回の検証授業実施時の教授シークエンスは上述したように多くの点で異なるものとなった。この点に関しては，小学校から中学校にかけて学習内容が繰り返し表れる物理分野の学習内容に比べ，化学の学習内容は単発的で，各校種や学年を通して1回しか扱われない内容が多いこと，また，本検証授業で扱った「粒子理論」に代表される化学理論の学習内容は，事象からの類推が難しいものが多いことも影響していると考えられる。

　ここでは，このような特徴を踏まえChemicomを構想した。また，Chemicomの一般化に際しては授業デザインの視点からC.C.ツァイのコンフリクトマップでは扱われていない評価の要素を付け加えた。検証授業で扱った「気体の発生と性質」の内容は，目に見えない事象を扱う実験が多く，生徒に繰り返し類推を求める必要に迫られた。類推の様子を評価するために，気体の発生や密度についての考え方を何度も描画させ，その変化を追った。生徒にとって，目に見えないものを事象から類推し，それらを文字化するこ

とは難しい作業だったが，類推したものを絵として描かせる評価方法（描画法）からは，生徒達の様々な認識が明らかとなった。

ところで，C.C.ツァイの開発した物理のコンフリクトマップでは，頭（Mind）の中で処理されることと，頭の外の世界（環境：Environment）で感知されることとを区別し，教授シークエンスをMindの部分（図4-2-15の上部）とEnvironment（図4-2-15の下部）の部分に分けていた。しかし，化学の場合には，生徒に繰り返し実験と概念化を求めなければならないシークエンスがあり，化学教授のためのコンフリクトマップでは，MindとEnvironmentの区別を設けることが必ずしも有効ではないと判断した。上

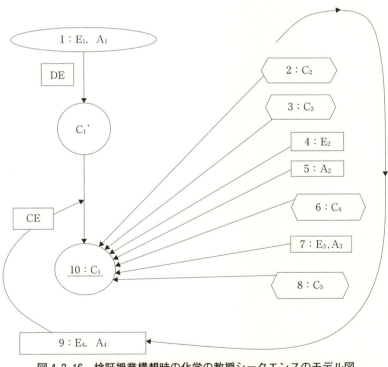

図4-2-16 検証授業構想時の化学の教授シークエンスのモデル図

述した学習内容や教授シークエンスをもとに，本実践前後でのコンフリクトマップを図4-2-16のように整理した。

図4-2-16の中の記号の意味は以下の通りである。ここでは，C.C.ツァイの表記方法に加筆・修正を施し，新たな記号（E：Experiment, A：Assessment）を用いた。また，本コンフリクトマップでは，教授シークエンスを分かりやすくするために垂直方向で時系列を示し，さらに番号（1～10）を添えた。

$1～10$　　：教授の展開順序（教授シークエンス）
$E_1～E_4$　：実験（Experiment），葛藤や確認を引き起こす知覚（感覚）となる
C_1　　　：目標とする科学概念
$C_2～C_5$　：密接に関係する概念
C_1'　　　：C_1とは異なっている生徒の見方や考え方
DE　　　：矛盾した事象（Discrepant Event）（E_1から引き出される）
CE　　　：臨界事象（Critical Event），あるいは，説明（E_4から引き出される）
$A_1～A_4$　：評価（Assessment）を行うためのポートフォリオの作成（ここでは描画，描画を描かせることによって生徒の知覚や感覚を探る）
　　＊なお，構想時の化学の教授マップでは，物理の教授マップとは異なりMindとEnvironmentを分けなかった。

C.C.ツァイのコンフリクトマップを用いた教授シークエンスでは，CE（Critical Event：臨界事象）の前に，C_1が提示されなくてはならないという例外があった。そこで，本検証授業でもこの点を踏まえようと試みたが断念した。それは，気体の性質を初めて学ぶ生徒は，気体の質量・体積・密度，気体の運動性などに関する知識がほとんどなく，教授シークエンスの早い段階で仮にC_1を提示しても，それが「目標とする科学概念」であることに気づけないと判断したからである。検証授業では，生徒達に気体に係わるいろいろな実験を観察させ，気体が示す現象に対して豊かな経験をつませた。この点を，本コンフリクトマップでは，CEを示す前の，$E_2～E_4$の実験活動，

$C_2 \sim C_5$ の密接に関係する概念の提示，$A_1 \sim A_4$ の評価活動として表現した。

ところで，第2章第2節第2項で述べたように中学校1年生レベルでは，事象そのものやその変化を，目で見えるか見えないかのみで捉えがちであり，その変化が物理変化なのか化学変化なのかを識別できない生徒が数多く見られた。たとえば，見えていた溶質が突然見えなくなってしまうと，物質が本当になくなったと捉える生徒がいたり，あるいは，過飽和溶液から結晶が析出してくる事象を見て，突然結晶が生じたと捉えたりする生徒もいた。この事実からは，事象を変化の視点から見る機会がない生徒にとっては，「見えなくなること」も「析出してくること」も，何ら矛盾や不思議さを感じない

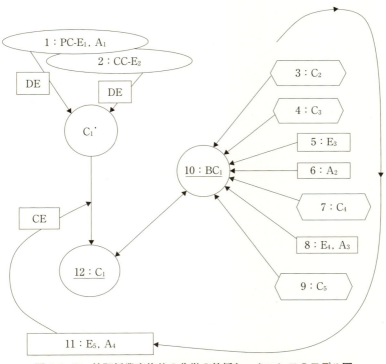

図4-2-17　検証授業実施後の化学の教授シークエンスのモデル図

事象であり，たとえば，特別な事象を見ても「ああそういうものか」といって単純に受け取り，自らの思考の枠組みに簡単に引き入れてしまう傾向があることが推察できる。そこで本Chemicomのモデル図の作成に際しては，このような実態や検証授業の結果を踏まえ，変化の要因そのものを物理変化の実験（Physical Change-Experiment$_1$：以下，PC-E$_1$）と化学変化の実験（Chemical Change-Experiment$_2$：以下，CC-E$_2$）の2つの視点から考えさせる必要があると考えた（図4-2-17参照）。

図4-2-17の中の記号の意味は以下の通りである。ここでは，C.C.ツァイの表記方法に加筆・修正を施し，新たな記号（PC-E$_1$，CC-E$_2$）も加えた。

- 1～12 ：教授の展開順序
- E$_1$～E$_5$ ：実験（Experiment），葛藤や確認を引き起こす知覚（感覚）となる
- PC-E$_1$ ：物理変化の実験（Physical Change-Experiment$_1$）
- CC-E$_2$ ：化学変化の実験（Chemical Change-Experiment$_2$）
- C$_1$ ：目標とする科学概念
- C$_2$～C$_5$ ：密接に関係する概念
- C$_1$' ：C$_1$とは異なっている生徒の見方や考え方
- BC$_1$ ：目標とする科学概念（C$_1$）を支持する基礎概念（Basic Concept）
- DE ：矛盾した事象（Discrepant Event）（E$_1$から引き出される）
- CE ：臨界事象（Critical Event），あるいは，説明（E$_5$から引き出される）
- A$_1$～A$_4$ ：評価（Assessment）を行うためのポートフォリオの作成（ここでは描画，描画を描かせることによって生徒の知覚や感覚を探る）

＊検証授業実践後のマップにおいても，実践前の構想時のマップ同様，MindとEnvirnmentを分けなかった。

本検証授業の中では，「葛藤1」「葛藤2」「葛藤3」を生じさせる事象を準備し実践したが，生徒達が示した応答からは，物理変化と化学変化の理解の不十分さが読み取れた。化学の授業で扱う事象は，今見ていた物質が他の物質に変わったり，あるいは，見えなかった物質が見えるようになったりするため，時に生徒はマジックと見間違うことがある。化学の授業の中で扱わ

れる事象は，化学変化によるものがほとんどであるが，「目に見える変化なのか，目に見えない変化なのか」という観点からは化学変化のみならず，物理変化も数多くみられる。

ところで，物理変化と化学変化に対する理解は，「粒子理論」の学習でも粒子の組み替えや粒子の運動性を考えさせる上では欠かせない前提である。また，図4-2-17に示した教授シークエンスの中では，目標とする科学概念（C_1）と異なっている生徒の見方や考え方（C_1'）と矛盾する実験（PC-E_1，CC-E_2）は，葛藤を生じさせるための反証というだけではなく，「化学変化と物理変化の相違」に気づかせるためにも欠かせない実験となる。

図4-2-17に示した検証授業実施後に作成した化学の教授シークエンスのモデル図は，化学変化と物理変化の相違も考慮して作成しており，新たな粒子理論教授のためのコンフリクトマップと言える。

終章

結語と課題

第1節　本研究の成果

　本研究の目的は，構成主義の立場から粒子理論の教授の構成原理を探り，実証的に明らかにすることにあった。具体的には，構成主義者が重視する学習者のミスコンセプションに関する理論研究，および，「物質の粒子性」に係わる質問紙調査や授業研究を通した児童・生徒の実態調査を行い，さらに，それらの結果をもとにした粒子理論に関する授業を実践した。その結果，次のことが明らかになった。

(1)「物質の粒子性」に関する学習者の発達特性に関しては次の3点を明らかにした。本調査の対象者は，小学生642名，中学生618名，高校生626名である。

・現象を粒子的に捉える応答は，小学校段階から中学校段階ではほぼ学年進行で増加を続けるが，中学校3年生から高校生にかけてほぼ横ばいとなり，粒子的な見方や考え方はほぼ中学校段階で形成されていると言える。

・「粒子からできているもの」に対する小学校5・6年生の応答では，ほとんどの児童が水蒸気，湯気，ドライアイスが気化したものを粒子からできていると回答している。このことから，12歳前後になると，目に見えない対象に対する抽象的な粒子的な見方や考え方が可能になっていると言える。

・「原子や分子からできているもの」に対する高校生への調査では，教科書に出てくる物質については高い正答率を示したものの，日常的な物質や生物に関係する物質についての正答率は非常に低かった。このことから調査対象の高校生は，原子や分子の立場に立つ物質観が十分に形成されているとは言えない。

(2) 生徒のミスコンセプションと概念変容の関係に関して，次の点を明らか

にした。

　G.J.ポスナーらが唱えた概念変容の4条件（①既有の概念では説明できない。②新しい概念は明瞭で理解可能である。③新しい概念の妥当性が高い。④新しい概念は今後も役に立つ。）は，科学者が自らの理論を変える際の認識論的な基準であり，生徒の概念の発達や，生徒が示す合理性は科学者とは異なることを指摘した。さらに，この概念変容の4条件は，学習者を合理的に思考する存在だと仮定することによって生まれたものであり，教授法の枠組みとしては不十分なことを指摘した。

(3) 構成主義者が目指す教授を構成するための観点を実践研究と理論研究から明らかにした。

　本研究では，検証授業を通して，「①ミスコンセプションを引き出す。②認知的な葛藤や不調和を引き起こす。③フィードバックをしながら新しい知識を応用する。④学習全体を振り返る。」が，教授を構成主義者のものにするための必要な4観点であることを明らかにした。この4観点は，理論研究でも指摘したように，概念変容を合理的なものと捉えた教授アプローチで重視されてきた観点でもある。しかし，ここでは，②のアプローチが，葛藤の生成のさせ方によっては，科学と日常の隔たりをより強調してしまう点を問題点として指摘した。さらに，①～④のアプローチの中に，動機や意志など情意面の要素をいかに組み込むかが課題となることも述べた。

(4) 「物質の粒子性」に関する検証授業からは，化学のコンフリクトマップ（Chemical conflict map：Chemicom）の有用性を明らかにした。

　化学のコンフリクトマップ（Chemicom）を用いることにより，教授で用いる葛藤場面を綿密に組織化することができた。中学校1年生に，ミスコンセプションと現象間の葛藤（「葛藤1」「葛藤1'」），及び，新しい理論と現象間の葛藤（「葛藤2」）の3つの葛藤を与えたことにより，概念変容を生じさせ

ることができた．また，学習を通して，自らのミスコンセプションと新しい科学概念の間の相対的位置の変化を生徒が意識しているかどうかをインタビュー法やプロトコル分析から探ったが，この点に関しては十分に検証できなかった．中学校1年生では，自らのミスコンセプションを自覚し，その相対的位置を意識することは難しく，このようなメタ認知を意識するための活動を Chemicom にいかに組み込むかは課題である．

(5) 理論研究や実証研究の分析結果から，新たな粒子理論の教授デザインのあり方に関しては，以下の点が明らかとなった．
・「粒子理論」の学習内容は，目で確認できる現象から推論を伴う内容まで多岐に渡っており，教授の中では，生徒のミスコンセプションを否定せず，それらと正しい科学概念を区別させることが必要である．
・構成主義に基づく教授ではプレコンセプションやミスコンセプションを活用しながら，学習内容と密接に係わる反証を準備することが重要である．しかし，反証が生徒にきちんと「葛藤」を生じさせたか，新たな知識が他の現象の説明に活用できたかに関しては常に生徒の認識実態を確認する必要がある．
・「物質の粒子性」に関する学習環境としては，生徒に類推を求める課題に対する協働作業を含む相互支援的な学習環境が重要である．
・ミスコンセプションの克服状況を評価するためには，レポート，描画，振り返り用紙，授業時の音声記録等のポートフォリオが有効である．

本研究のまとめとして，(1)～(5) の知見を踏まえ，次の3点を上げることができる．
(ア)「物質の粒子性」の理解には，児童・生徒の一定の発達の水準が必要である．小・中・高校生を対象とした調査研究から，「粒子理論」に係わる概念形成は，小学校高学年から中学生の年齢の発達段階で可能になること

が明らかになった。

（イ）コンフリクトマップを用いた教授アプローチにより，中学校1年生に概念変容を生じさせることができた。この教授アプローチでは，葛藤1（初期段階の葛藤）と葛藤2（本質的な葛藤）以外に，初期段階の葛藤1を補足するために第3の反証が必要となった。より多くの反証が必要となるのは，目に見えない現象を扱う化学教授ならではの特色と言える。

（ウ）構成主義に基づく教授では，ミスコンセプションを引き出すこと，反証を準備することは教授を行う際の前提であることが明らかとなった。物質の粒子性に関するミスコンセプションは，コンフリクトマップの「葛藤」状態を引き起こすためには欠かせない対象（前提）であり，「粒子理論」の教授では特に否定すべき対象ではないと言える。

第2節　今後の課題

「物質の粒子性」に関する教授をいかに構想するかという課題のもとに，本研究ではミスコンセプションの問題性や概念変容の有用性を吟味してきたが，ここには幾つかの課題が残されている。

第一の課題は，概念変容に関する課題である。それは，概念変容の教授を考える際，ミスコンセプションに直接働きかける「決定的な証拠（反証）」をどの時点で示したら良いかという点である。先行研究や本研究の調査によっても，物質は連続体よりは粒子的であるとする考え方は，おおよそ12歳前後の生徒達によって急に取り入れられる傾向があることが明らかとなった。しかし，粒子が「圧し縮められやすい」，「熱によって拡張する」などのイメージは，生徒によって大きく異なっている。したがって，粒子の運動性の概念は，生徒の実態を踏まえて取り扱う必要があり，粒子理論の教授の中で，反証を示すタイミングをどこに設けるかは課題となっている。

さらに，生徒が同じ「決定的な証拠（反証）」を観察し記録を行う場合で

も，一人一人の生徒は反証が示す特徴や性質に焦点をあてない場合があり，極端な場合には，同じ反証を異なった証拠として「見ている」場合もあり得る。したがって，「決定的な証拠（反証）」の観察に際しては，今まで以上に生徒の認識や理解の実態に注意を払わなければならない。

　第二の課題は，理科授業における「教師-学習者」，「学習者-学習者」，「教材-学習者」に関する新たな関係性の構築に関する課題である。

　構成主義の立場に立つ教育では，一見すると学習者の主体性を重視した教育が目指されているが，コンフリクトマップを用いた教授ストラテジーでは，従来行われている教授以上に時宜を得た教師の介入が必要だった。特に，「教師-学習者」の関係性を考える上では，生徒の概念の拡張や変容が進行している段階で，介入が必要とされる学習者を瞬時に見分け，それに如何に対応するかが教師の判断として問われることになる。1つの介入は，引き続く介入に備えるためのものであるが，構成主義に基づいた教授では，ダイナミックな介入計画をどう策定するかが課題である。

　「学習者-学習者」の関係では，教師が「生徒同士だけの対話や討論」の質をどう高めるかが課題となる。対話や討論では文脈が重視されており，概念は頭（心）の中の存在物としてだけではなく，社会的交流の道具とみなすことが必要となる。会話の中での文脈，言い換えれば，社会的な文脈が異なれば，概念も異なってくる可能性が生じる。これは，たとえば天文学者であっても，便宜上有効な時には地球中心の見方をすることもある，ということをイメージすると分かりやすい。本研究では，対話や討論という活動に特別な地位を与えたが，「概念的な科学認識」と「談話的な科学認識」の間には相互依存の関係があることを十分に認めなければならないのである。したがって，ここでは，「概念的な科学認識」と「談話的な科学認識」を教師が意識した上で，班やグループで行われる対話や討論の質をいかに高めるかが課題となる。

　最後の「教材-学習者」の関係では，概念変容を促進する「反証」の質に

ついてである。「反証」は学習者の知識では説明できない現象であることが欠かせない。それは，学習者にとって現象の意味を上手く「説明できない」体験が，他の見方や考え方へと移行する動機やきっかけとなるからである。しかし，一方では，反証を示されても説明ができず困惑する学習者にどう対処するべきかという問題も生じている。学習者の困惑した状況に関しては，「科学史上の『科学理論の変化』への後付けの説明はいつでもできるが，当時の人々は混沌とした中で模索していた」ことを考えても，容易に推察できる。ここでは，学習者が自らの説明につまってしまった時に，教師が教材を使いながら新たな見方や考え方の有用性をどの時点で，いかに示すかが課題となる。

引 用 文 献

Adey, P. et al. (eds.) (1989) *Adolescent Development and School Science*, Falmer Press.

Aikenhead, G.S. (2000) Renegotiating the culture of school science. In R. Millar, J. Leach and J. Osborne (eds.), *Improving Science Education: The Contribution of Research*, Open University Press: 245-264.

Aikenhead, G.S. (1996) Science education: Border crossing into the subculture of science, *Studies in Science Education, 27* : 1-52.

Airasian, P.W., Walsh, M.E. (1997) *Constructivism Cautions*, Phi Delta Kappan, *78* (6): 449.

Ausubel, D.P., Novak, J.D. and Hanesian, H. (1978) *Educational Psychology: A Cognitive View, 2nd ed.*, Holt, Rinehart and Winstone: 337.

バーガー, P., ルックマン, T., 山口節郎訳, 現実の社会的構成；知識社会学論考, 新曜社, 2003.

Bent, H.A. (1987) To The Editor, *Journal of Chemical Education, 64* (2): 192.

Bent, H.A. (1985) Should the mole concept be x-rated?, *Journal of Chemical Education, 62* (1): 59.

Berkheimer, G.D., Andersson, C.W. and Blakeslee T.D. (1988) *Matter and Molecules Teacher's Guide: Activity Book* (Occasional paper No. 122), Michigan State university, Institute for Research on Teaching.

Bereiter, C. (1985) Toward a solution of the learning paradox, *Review of Educational Research, 55* (2): 201-226.

Bickhand, M.H. (1995) World mirroring versus world making: there's gotta be a better way, L.P. Steffe, J. Gale (eds.) *Constructivism in Education*, Lawrence Erlbaum: 229-267.

Brickhouse, N.W., Dagher, Z.R., Shipman, H.L. and Letts, W.J.IV (2000) Why things fall : Evidence and warrants for belief in a college astronomy course, In R. Millar, J. Leach and J. Osborne (eds.) *Improving Science Education: The Contribution of Research*, Open University Press: 11-26.

Brickhouse, N.W. (1998) Feminism (s) and science education, In B.J. Fraser, K.G.

Tobin (eds.) *International Handbook of Science Education*, Kluwer Academic Publishers: 1067-1081.

Brooks, J., Brooks, M. (1993) *The Case for Constructivist Classroom*, ASCD.

ブラウン, A.L. 著, 湯川良三, 石田裕久訳, メタ認知—認知についての知識, サイエンス社, 1984.

Caravita, S., Hallden, O. (1994) Re-framing the problem of conceptual change, *Learning and Instruction, 4* : 89-111.

Cary, S. (1985) *Conceptual Change in childhood*, MIT Press.

Champagne, A.B., Gunstone, R.F. and Klopfer, L.E. (1985) Instructional consequences of students' knowledge about physical phenomena. In L.H.T. West, A.L. Pines (eds.) *Cognitive Structure and Conceptual Change*, Academic Press: 61-90.

Chi, M.T.H., Slotta, J.D. (1993) The ontological coherence of intuitive physics, *Cognition and Instruction, 10* (2-3): 249-260.

Chown, M. (1999) *The Magic Furnace*, 糸川洋訳, 僕らは星のかけら—原子をつくった魔法の炉を探して—, ソフトバンククリエイティブ, 2005.

Claxton, G. (n.d.) Minitheories: a pre-liminary model for learning science. Center for Educational Studies, King's College.

Clement, J. (2008) The role of explanatory models in teaching conceptual change, In S. Vosniadou (ed.) *International Handbook of Research on Conceptual Change*, Routledge: 417-452.

Clement, J. (1993) Using bridging analogies and anchoring intuition to deal with students' preconceptions in physics, *Journal of Research in Science Teaching, 30* (10): 1241-1257.

Children's Learning in Science Project (1984) *Approaches to Teaching the Particulate Theory of Matter*, University of Leeds.

Collins, A., Brown, J.S. and Newman, S.E. (1989) Cognitive apprenticeship: Teaching the craft of reading, writing and mathematics. In L.B. Resnick (ed.), *Knowing and Learning: Essays in Honor of Robert Glaser*, Erlbaum: 453-494.

diSessa, A.A. (1993) Toward an epistemology of physics, *Cognition and Instruction, 10* : 105-225.

diSessa, A.A. (1983) Phenomenology and the evolution of intuition. In D. Gentner, A.L. Stevens (eds.) *Mental Models*, Lawrence Erlbaum.

Doran, R.L. (1972) Misconception of selected science concepts held by elementary

school students. *Journal of Research in Science Teaching, 9* (1): 127-137.
Driver, R. (1989) Changing conceptions. In P. Adey, et al. (eds.) *Adolescent Development and School Science*, Falmer Press: 81.
Driver, R. (1989) Student's conceptions and the learning of science, *International Journal of Science Education, 11*: 481-490.
Driver, R., Bell, B. (1986) Students' thinking and the learning of science: A constructivist view, *School Science Review, 67* : 443-456.
Driver, R., Oldham, V. (1986) A constructivist approach to curriculum development in science, *Studies in Science Education, 5* : 61-84.
Driver, R., Guesne, E. and Tiberghien, A. (eds.) (1985) *Children's Ideas in Science*, Open university Press: 200.
Driver, R., Erickson, G. (1983) Theories-in-action: Some theoretical and empirical issues in the study of students' conceptual frameworks in science, *Studies in Science Education, 10* : 7-60.
Driver, R. (1981) Pupil's alternative frameworks in science, *European Journal of Science Education, 3* (1): 93-101.
Driver, R., Easley, J. (1978) Pupils and paradigms: A review of literature related to concept development in adolescent science students, *Studies in Science Education, 5* : 61-84.
Duit, R., Treagust, D.F. and Widodo (2008) Teaching science for conceptual change: Theory and practice, In S. Vosniadou (ed.), *International Handbook of Research on Conceptual Change*, Routledge: 629-630.
Duit, R., Treagust, D. (1998) Learning in Science: From behaviorism toward social constructivism and beyond. In B. J. Fraser, K. G. Tobin (eds.) *International Handbook of Science Education*, Kluwer Academic Publishers: 3-25.
Duncan, I.M., Johnstone, A.H. (1973) The mole concept, *Education in Chemistry, 10* : 212-214.
Dykstra, D.I.Jr., Boyle, C.F. and Monarch, I.A. (1992) Studying conceptual change in learning physics, *Science Education, 76* (6): 615-652.
Fairbrother, R. (2000) Strategies for learning, In M. Monk., J. Osborne (eds.) *Good Practice in Science Teaching: What Research has to say*, 8, Open University Press.
Flavell, J.H. (1979) Metacognition and cognitive monitoring: A new area of cognitive-

developmental inquiry, *American Psychologist, 34* : 906-911.

Ford, K. W., *The Quantum World; Quantum Physics Everyone*, 渡辺正, 黒田和男訳, 不思議な量子―奇妙なルールと粒子たち―, 日本評論社, 2005.

Fraser, B.J., Tobin, K.G. (eds.) (1998) *International Handbook of Science Education*, Kluwer Academic Publishers.

Gauld, C. (1987) Student belief and cognitive structure, *Research in Science Education, 17* : 87-93.

Gentner, D., Stevens, A.L. (eds.) (1983) *Mental Models*, Lawrence Erlbaum.

Georghiades, P. (2000) Beyond conceptual change learning in science education: Forcusing on transfer, durability and metacognition, *Educational Research, 42* (2): 131.

Gilbert, J.K. (2005) *Constructing Worlds through Science Education*, Taylor and Francis.

Griffiths, A.K., Kass, H., Cornish, A.G. (1983) Validation of a learning hierarchy for the mole concept, *Journal of Research in Science Teaching, 20* : 639-654.

Gunstone, R.F. (2000) Constructivism and learning research in science education. In D. C. Phillips (ed.) *Constructivism and Education*, 254-280, The National Society for the Study of Education.

Gunstone, R.F., Watts, M. (1985) Force and motion, In R. Driver, E. Guesne and A. Tiberghien (eds.) (1985) *Children's Ideas in Science*, Open university Press: 85-104.

Hashweh, M. Z. (1986) Toward an explanation of conceptual change. *European Journal of Science Education, 8* (3): 229-249.

波多野完治・滝沢武久, 子どものものの考え方, 岩波書店, 1963.

Hewson, P.W. (1981), A conceptual change approach to learning science, *European Journal of Science Education, 3* (4): 383-396.

Hewson, P.W. (1982) The case study of conceptual change in special relativity: The influence of prior knowledge in learning, *European Journal of Science Education, 4* (1): 61-78.

平川研, 化学における物質の量に関する高校生の理解―量の換算を中心として―, 理科教育研究誌, Vol. 10, 1998, p. 59.

堀哲夫・松森靖夫・市川英貴, 中学生のイオンの認識実態に関する研究, 山梨大学教育学部研究報告, Vol. 48, 1998, p. 64.

深谷優子，わからないがわかるには，学習評価研究，Fall/1998，C.S.L学習評価研究所，みくに出版，1998, p.76.

福嶋正吾，学習内容の定着化を図る指導法の研究―メタ認知ツールとしてのコンフリクトドキュメントの利用―，平成15年度埼玉大学長期研修教員研修報告書，2004.

藤井清久，17世紀におけるキリスト教的原子論の系譜，東京工業大学人文論叢，Vol. 12, 1986, pp. 87-99.

兵庫将夫・前田勝・池尾和子・藤村亮一郎，中学・高校生徒および大学生の原子分子理解の発達―学年変化の調査と分析．日本理科教育学会研究紀要，Vol. 22, No. 1, 1981, pp. 67-76.

Ivasson, J., Schoultz, J. and Saljo, R. (2002) Map reading versus mind reading: Revisiting children's understanding of the shape of the earth. In M. Limon, L. Mason (eds.), *Reconsidering Conceptual Change. Issues in Theory and Practice*, Kluwer Academic Press.

片平克弘，「エネルギー・粒子」の内容構成，橋本健夫，鶴岡義彦，川上昭吾編，現代理科教育改革の特色と具現化，東洋館出版社，2010, pp. 58-65.

片平克弘，ポートフォリオ，日本理科教育学会編，キーワードから探るこれからの理科教育，1998, pp. 300-305.

片平克弘，理科教育における構成主義的認知研究と授業改善―物質の粒子性を事例に―，日本科学教育学会第15回年会論文集，1991, pp. 87-90.

片平克弘・高野恒雄・長洲南海男，モル概念の定義と必要性に関する教科書記述の分析および生徒の意識調査―モル概念指導のための基礎的資料として―，日本理科教育学会研究紀要，Vol. 28, No.1, 1987, pp. 27-34.

清原洋一，学習指導要領移行期の新内容・新教材への対応―A区分・第1分野―，理科の教育，No. 4, 2009, pp. 5-7.

清原洋一，理科の各調査との関連を踏まえて，理科の教育，No. 8, 2008, pp. 4-9.

Krajcik, J.S. (1991) Developing students' understanding of chemical concept, In S.M. Glynn, R.H. Yeany and B.K. Britton, (eds.) *The Psychology of Learning Science*, LEA: 117-147.

Kuhn, T.S. (1970) *The Structure of scientific revolutions*, University of Chicago Press.

Lave, J., Wenger, E. (1991) *Situated Learning: Legitimate Peripheral Participation*, Cambrige University Press. 佐伯胖訳，状況に埋め込まれた学習，産業図書，1993.

Lawson, A. E. (1989) Research on advanced reasoning, concept acquisition and a theory of science education. In P. Adey, et al. (eds.) *Adolescent Development and School Science*, Falmer Press: 11-38.

Leach, J., Driver, R. and Scott, P. (1997) A study of progression in learning about 'nature of science': Issues of conceptualization and methodology. *International Journal of Science Education, 19* : 147-166.

Load, T. R. (1994) Using constructivism to enhance student learning in college biology, *Journal of College Science Teaching, 23* (6): 346-348.

Marin, N., Benarroch, A. and Jimenez-Gomez, E. (2000) What is the relationship between social constructivism and Piagetian constructivism? An analysis of the characteristics of the ideas within both theories, *International Journal of Science Education, 22* (3): 225-238.

Matthews, M.R. (2000) Editorial, *Science and Education, 9* (6): 481-505.

Matthews, M.R. (1997) Introductory comments on philosophy and constructivism in science education, *Science and Education, 6* : 5-14.

Matthews, M.R. (1994) *Science Teaching: The Role of History and Philosophy of Science*, Routledge.

Matthews, M.R. (1993) Constructivism and science education: some epistemological problems, *Journal of Science Education and Technology, 2* : 359-370.

三木清,哲学入門,岩波書店,1940.

Millar, R. (1989) Constructive criticism, *International Journal of Science Education, 11* : 587-596.

Millar, R., Leach, J. and Osborne, J. (eds.) (2000) *Improving Science Education: The Contribution of Research*, Open University Press.

Minstrell, A. (1989) Teaching science for understanding. In L.B. Resnick, L.E. Klopfer (eds.) *Toward the Thinking Curriculum: Current Cognitive Research*, ASCD Books.

文部科学省,小学校学習指導要領解説理科編,2008.

文部科学省,中学校学習指導要領解説理科編,2008.

村上陽一郎,「科学的」って何だろう,ダイヤモンド社,1986, pp. 79-84.

中山迅,メタ認知,理科の教育,Vol. 44, No. 4, 1995, p. 30.

日本教材システム,小学校学習指導要領新旧比較対照表,教育出版,2008.

Novak, J. D. (ed.) (1987) *Proceeding of the Second International Seminar on*

Misconceptions and Educational Strategies in Science and Mathematics, Cornell University, Department of Education.
Novak, J.D. (1986) *A Theory of Education*, Cornell University Press.
Novak, J.D. (1977) Epicycles and the homocentric earth: Or what is wrong with stage of cognitive development, *Science Education, 61* : 393-395.
Novick, S., Nussbaum, J. (1981) Pupils' understanding of the particulate nature of matter: A Cross age study. *Science Education, 65* (2): 187-196.
Novick, S., Nussbaum, J. (1978) Junior high school pupils' understanding of the particulate nature of matter: An interview study. *Science Education, 62* : 273-281.
Novick, S., Menis, J. (1976) A study of student perceptions of the mole concept, *Journal of Chemical Education, 61*: 720-722.
Nussbaum, J. (1985) The particle nature of matter in the gaseous phase. In R. Driver (ed.) *Children's Ideas in Science*, Open University Press: 124-144.
Nussbaum, J., Novick, S. (1981) Brainstorming in the classroom to invent a model : A case study, *School Science Review, 62*, 221: 771-778.
Osborne, R.J. (1985) Theories of learning: Wittrock, In R. Osborne., J. Gilbert (eds.) (1985) *Some Issues of Theory in Science Education*, Science Education Research Unit, University of Waikato: 6-18.
Osborne, R.J., Freyberg, P. (1985) *Learning in Science: The Implications of Children's Science*, Heinemann. 森本信也・堀哲夫（共訳）子ども達はいかに科学理論を構築するか，東洋館出版社，1988.
Osborne, R.J., Wittrock, M.G. (1985) The generative learning model and implications for science education, *Studies in Science Education, 12* : 59-87.
Osborne. R.J, Gilbert, J. (eds.) (1985) *Some Issues of Theory in Science Education*, Science Education Research Unit, University of Waikato.
Osborne, R.J., Wittrock, M.G. (1983) Learning science: a generative process, *Science Education, 67* (4): 489-508.
Osborne, R., Bell, B. and Gilbert, J. (1983) Science teaching and children's views of the world, *European Journal of Science Education, 5* (1): 1-14.
Palmer, D. H. (2001) Investigating the relationship between students' multiple conceptions of action and reaction in cases of static equilibrium, *Research in Science & Technological Education, 19* (2): 199.

ピアジェ,J.,滝沢武久訳,誠信ピアジェ選書2,心理学と認識論,誠信書房,1970.
ピアジェ,J.,中垣啓訳,J.ピアジェに学ぶ認知発達の科学,北大路書房,2007.
Posner, G.J. (1982) A cognitive science conception of curriculum and instruction, *Journal of Curriculum Studies, 14* (4): 343-351.
Posner, G.J., Strike, K.A., Hewson, P.W. and Gertzog, W.A. (1982) Accommodation of scientific conception: Toward a theory of conceptual change, *Science Education, 66* (2): 211-227.
Reigeluth, C.M. (1999) What is instructional-design theory and how is it changing? In C. M. Reigeluth (ed.) *Instructional-Design Theories and Models*, Lawrence Erlbaum.
Resnick, L.B., Klopfer, L.E. (eds.) (1989) *Toward the Thinking Curriculum: Current Cognitive Research*, ASCD Books.
Roth, K. (2002) Talking to understand science. In J. Brophy (Ed.) *Social Constructivist Teaching: Affordances and Constraints*, Elsevier Science, 197-262.
Roth, M., Roychoudhury, A. (1994) Physics students' epistemologies and views about knowing and learning, *Journal of Research in Science Teaching, 31* (1): 5-30.
柞磨昭考,イオン概念形成のために,理科の教育,Vol. 43, No. 6, 1994, p. 40.
サミール・オカーシャ著,廣瀬覚訳,科学哲学,岩波書店,2008.
笹尾幸夫,中学校理科第1分野の改善事項,理科の教育,No. 8, 2008, pp. 16-21.
三宮真知子,認知心理学からの学習論―自己学習力を支えるメタ認知―,鳴門教育大学研究紀要(教育科学編),Vol. 12, 1997, p. 2.
Saunders, W.L. (1992) The constructivist perspectives: Implications and teaching strategies for science, *School Science and Mathematics, 92* (3): 138.
Schonland, B. (1968) *The Atomist 1805-1933*, Clarendon Press. 広重徹・常石敬一(訳)原子の歴史―ドルトンから量子力学まで―,みすず書房,1977.
Scott, P., Asoko, H., Driver, R. and Emberton, J. (1994) Working from children's ideas: Planning and teaching a chemistry topic from a constructivist perspectives, In P. Fensham, R. F. Gunstone and R. White (eds.) *The Content of Science: A Constructivist Approach to its Teaching and Learning*, Falmer Press: 201-220.
Sewell, A. (2002) Constructivism and student misconceptions, *Australian Science Teachers' Journal, 48* (2): 24-28.
Shavelson, R.J. (1974) Methods for examining representations of a subject matter structure in students' memory, *Journal of Research in Science Teaching, 11* (3):

213-250.

Shipstone, D. (1985) Electricity in simple circuits, In R. Driver, E. Guesne, and A. Tiberghien (eds.) (1985) *Children's Ideas in Science*, Open university Press: 33-51.

柴田義松, 批判的思考力を育てる;授業と学習集団の実践, 日本標準, 2006.

Smith, J.P., diSessa, A.A. and Roschelle, J. (1993) Misconceptions reconceived: A constructivist analysis of knowledge in transition, *Journal of Learning Sciences, 3* (2): 115-163.

Solomon, J. (1987) Social influences on the construction of pupils' understanding of science, *Studies in Science Education, 14* : 63-82.

Solomon, J. (1983) Learning about energy: How pupils think in two domains, *European Journal of Science Education, 5* (1): 49-59.

Stavy, R., Stachel, D. (1985) Children's ideas about 'solid' and 'liquid', *European Journal of Science Education, 7* (4): 407-427.

Strike, K.A., Posner, G.J. (1992). A revisionist theory of conceptual change. In R. Duschl and R. Hamilton (eds.) *Philosophy of Science, Cognitive Science, and Educational Theory and Practice*, Academic Press: 147-176.

Strike, K.A., Posner, G.J. (1985) A conceptual change view of learning and understanding. In L.H.T. West, A.L. Pines (eds.), *Cognitive Structure and Conceptual Change*, Academic Press: 211-231. K.A.ストライク, G.J.ポスナー, 概念変化として見た学習と理解, L.H.T.ウエスト, A.L.パインズ監修, 進藤公夫監訳, 認知構造と概念転換, 東洋館出版社, 1994, pp. 259-285.

杉本美穂子, 平成10・11年度埼玉大学大学院派遣教員研修報告書:対話と協同の中での学びを生かした授業デザインと教師の変容—中学生の粒子概念形成を事例に—, 2000.

鈴木秀幸, 自己評価からメタ認知へ, 指導と評価, 2月号, 日本教育評価研究会, 1998, p. 40.

高野圭代・堀哲夫・平田邦男, 粒子概念の理解に関する研究—空気の温度による体積変化を事例にして—, 日本理科教育学会研究紀要, Vol. 32, No. 2, 1991, pp. 91-100.

田代直幸, 中学校理科第2分野の改善事項, 理科の教育, No. 8, 2008, pp. 22-27.

Tenenbaum, G., Naidu, S., Jegede, O. and Austin, J. (2001) Constructivist pedagogy in conventional on campus and distance learning practice: An exploratory investigation, *Learning and Instruction, 11* : 87-111.

Tennyson, R.D., Elmore, R.L. (1997) Learning theory foundations for instructional design In R.D. Tennyson, F. Schott, N.M. Seel and S. Dijkstra (eds.) *Instructional Design: International Perspectives*, Lawrence Erlbaum: 55-78.

Terhart, E. (2003) Constructivism and teaching: A new paradigm in general didactics? *Journal of Curriculum Studies, 35* (1): 25-44.

Tsai, C. C. (2000) Enhancing science instruction: The use of 'conflict maps', *International Journal of Science Education, 22* (3): 285-302.

Tiberghien, A. (1980) Modes and conditions of learning. An example: The learning of some aspects of the concepts of heat, In W. F. Arehenhold, R. Driver, A. Orton and C. Wood-Robin (Eds.) *Cognitive Development Research in Science and Mathematics*, University of Leeds: 288-309.

Tobin, K. (1998a) Issues and trends in the teaching of science. In B.J. Fraser, K.G. Tobin (eds.) *International Handbook of Science Education*, Kluwer Academic Publishers: 129-151.

Tobin, K. (1998b) Sociocultural perspectives on the teaching and learning of science. In M. Larochelle, N. Bednarz and J. Garrison (eds.), *Constructivism and Education*, Cambridge University Press: 195-212.

Tobin, K. (1993) *The Practice of Constructivism in Science Education*, LEA.

塚田昭一，新Ａ区分「物質・エネルギー」の内容，理科の教育，No.5, 2008, pp. 16-19.

露木和男：支援という営みの奥にあるもの，理科の教育，Vol. 46, 1997, p. 14.

Vermette, P., Foote, C., Bird, C., Mesibov, D., Harris-Ewing, S. and Battaglia, C. (2001) Understanding constructivism(s): A primer for parents and school board members, *Education, 122* (1): 87-93.

Viennot, L. (1979) Spontaneous reasoning in elementary Dynamics, *European Journal of Science Education, 1* : 205-221.

von Glasersfeld, E. (1998) Cognition, construction of knowledge and teaching. In M. R. Matthews (ed.) *Constructivism in Science Education*, Kluwer Academic Press : 11-30.

von Glasersfeld, E. (1989) Cognition, construction of knowledge, and teaching, *Synthese, 80* : 122.

Vosniadou, S. (ed.) (2008) *International Handbook of Research on Conceptual*

Change, Routledge.
Vosniadou, S., et al. (2008) Conceptual change research: An introduction, In S. Vosniadou (ed.), *International Handbook of Research on Conceptual Change*, Routledge: xiii-xxviii.
Vosniadou, S. (1994) Capturing and modeling the process of conceptual change, *Learning and Instruction, 4* (1): 45-70.
West, L.H.T., Pines, A.L. (eds.) (1985) *Cognitive Structure and Conceptual Change*, Academic Press.
Wheatley, G. (1991) Constructivist perspectivists on science and mathematics learning, *Science Education, 75* (1): 9-22.
White, R.T., Gunstone, R.F. (1989) Metalearning and conceptual change, *International Journal of Science Education, 11*: 577-586.
White, R.T., Gunstone, R. (1992) *Probing Understanding*, Falmer Press. 中山迅・稲垣成哲監訳, 子どもの学びを探る, 東洋館出版社, 1995.
Widodo. A. (2004) *Constructivist oriented lessons; The learning environments and the teaching sequences*, Peter Lang.
Willis, J.W. (ed.) (2009) *Constructivist Instructional Design (C-ID); Foundations, Models, and Examples*, Information Age Publishing.
Windschitl, M (2002) Framing constructivism in practice as the negotiations of dilemmas : An analysis of the conceptual, pedagogical, cultural and political challenges facing teachers, *Review of Educational Research, 72* (2): 131-175.
Wiser, M., Smith, C. L. (2008) Learning and teaching about matter in grade K-8: When should the atomic-molecular theory be introduced? In S. Vosniadou (ed.), *International Handbook of Research on Conceptual Change*, Routledge: 205-239.
Wittrock, M.C. (1985) Learning science by generating new conceptions from old ideas. In L.H.T. West, A.L. Pines (eds.) *Cognitive Structure and Conceptual Change*, Academic Press: 259-266.
Yager, R. (1991) The constructivist learning model, towards real reform in science education, *The Science Teacher, 58* (6): 52-57.

資　　料

【第2章】
資料1　中学校・高校向けの調査問題

理科調査問題

　　　　　　　　　　　　　　　　　年　　組　　番
　　　　　　　　　氏名　　　　　　　男・女

これはテストではありません。みなさんの理解しているところ，理解できないところを調べる問題です。まわりの友達とは相談せずに，自分の思ったとおりにこたえてください。みなさんのこたえは，貴重な資料になりますので，よく考えて，真剣に，こたえてください。選択の問題では，こたえを選んで数字に○をつけてください。

1．やかんの中のお湯が沸騰しているとき，やかんの口から白いものがでてきました。これは，何ですか。
（1．水　　2．お湯　　3．ゆげ　　4．水蒸気　　5．わからない）

2．やかんの中のお湯が沸騰しているとき，お湯の中では，たくさんの泡が発生しています。このあわはなんですか。
（1．空気　　2．水蒸気　　3．水の中に含まれている気体　　4．わからない）

3．やかんの中のお湯が沸騰しているとき，お湯の表面からふたのところまでの①の空間は，どのようになっていると思いますか。

1．ゆげでみたされ，もやもやしている
2．ゆげでみたされ，透きとおっている
3．水蒸気にみたされ，もやもやしている
4．水蒸気にみたされ，透きとおっている
5．わからない。

4. 水に塩を溶かし，棒でよくかきまぜ，完全に溶かした後，しばらくそのままにしておきました。もし，塩のとけているようすを，めでみることができるとしたら，どのようになっていると思いますか。

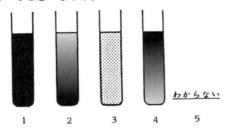

5. このとき，食塩水に溶けている塩を見てみようと思いました。次の中で，どれが正しいですか。
    1．塩は目でも見える大きさになっている。
    2．塩はむしめがねでなら見える大きさになっている。
    3．塩は顕微鏡でなら見える大きさになっている。
    4．塩は顕微鏡でも見えない大きさになっている。
    5．わからない。

6. 図のような簡単な装置を作り，三角フラスコの中の空気を注射器をつかってぬきました。このときのフラスコの中の様子を，もし目で見ることができるとしたら，どのようになっていると思いますか。

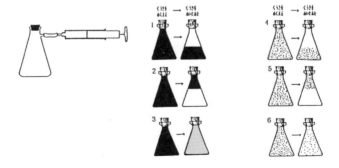

本研究で用いた質問紙法の調査問題（中学生，高校生，大学生）

7．原子や分子からできているものに○を，原子や分子からできていないものに×をつけなさい。どちらか，わからないものには△をつけなさい。
　　1．水　　　　　2．鉄クギ　　　3．セロハン　　4．ガラス　　　5．空気
　　6．ごはん粒　　7．塩　　　　　8．硫酸銅　　　9．ミジンコ　　10．血液
　　11．酸化マグネシウム　　　12．たまねぎの細胞　　　13．からだの皮膚
　　14．発泡スチロール　　　　15．アルミニウム

8．原子という言葉を聞いたとき思いつくものは何ですか。5個答えてください。
　　　　1(　　　　　　　) 2(　　　　　　　　) 3(　　　　　　　　　)
　　　　4(　　　　　　　) 5(　　　　　　　　)

9．いろいろな物質は原子や分子などからできています。このことは，どのようなことからわかると思いますか。あなたの考えをかいてください。

10．気体では，分子と分子の間はどうなっていると思いますか。

　　　　1．分子と分子の間にはすきまがない。
　　　　2．空気が入り込んでいる
　　　　3．他の気体が入り込んでいる
　　　　4．なにもない（真空である）
　　　　5．わからない

11. 50ccの水に50ccのアルコールを混ぜると，全体の体積はおよそ96ccになります。この理由を図を用いて説明して下さい。

12. 化学薬品の中には，混ぜ合わせると体積がふえる物質があります。たとえば，50ccのベンゼンに500ccの酢酸を混ぜると，全体の体積はおよそ101ccになります。この現像をもし目で見ることができるとしたら，どのようになっていると思いますか。図や言葉を用いて説明して下さい。

資料2　小学校向けの調査問題

理科調査問題（小学生用）

ねん	くみ	ばん

なまえ

（おとこ・おんな）

> これは　テストでは　ありません。みなさんの　しっているところや，わかりにくいところを　しらべる　もんだいです。こたえを　えらんで　すうじに　○をつけてください。むずかしい　しつもんの　ときは，その　しつもんを　とばしてつぎの　しつもんに　うつってください。

1. おかあさんが　やかんのはんぶんまで　水をいれ，ふたをして　コンロの火にかけました。しばらくすると　やかんの　くちから　しろいものが　でてきました。

しつもん　1　このときの　ようすが　わくで　かこんだ　なかに　かいてあります。やかんのくちから　でている　しろいところを　もし　おおきくして（かくだいして）めで　みることができるとしたら，どのようになっているとおもいますか。つぎの　1〜5のなかから　えらんでください。

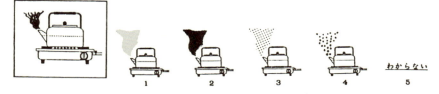

しつもん　2　コンロにかけた　やかんの　②のところは　どうなっていると　おもいますか。

1．もやもやしている。
2．ゆげで　いっぱいに　なっている。
3．すきとおっている。
4．あわが　はじけている。
5．わからない。

2. おかあさんが れいぞうこの ドアを あけたら,ドアの ふきんに しろい
けむりのような ものが でてきました。
　このときの ようすが わくで かこんだ なかに かいてあります。このドア
のふきんの しろいところを,もし おおきくして（かくだいして),めで みる
ことができるとしたら どのように なっていると おもいますか。つぎの 1〜
5の なかから えらんでください。

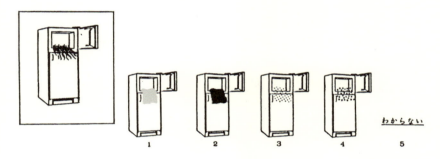

3. ビニールの ふくろに ドライアイスをいれて くちを しめました。しばらく
すると ふくろは どんどん ふくれだしました。
　ふくろの なかのようすを,もし めで みることができるとしたら どのよう
になっていると おもいますか。
　あなたの かんがえた えがないときは,5のところに かいてください。

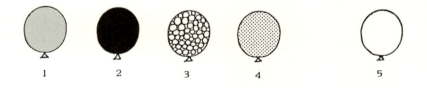

本研究で用いた質問紙法の調査問題（小学生用）

ねん　くみ　ばん　なまえ

4．水に　しおを　いれて　よーく　かきまぜたあとの　しょくえんすいの　ようすは，わくで　かこんだなかの　えのように　とうめいで　なにも　みえません。
　　もし　しおが　とけているようすを　めで　みることが　できるとしたら　どのようになっていると　おもいますか。つぎの　1〜5の　なかから　えらんでください。

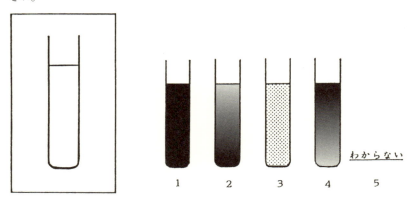

5．（このもんだいは，4年生，5年生，6年生が　こたえてください）
　　このとき，しおみずに　とけている　しおを　みてみようと　おもいました。
　つぎのなかで　どれが　ただしいですか。

　　　1．しおは　めでも　みえる　おおきさに　なっている。
　　　2．しおは　むしめがねでなら　みえる　おおきさに　なっている。
　　　3．しおは　けんびきょうでなら　みえる　おおきさに　なっている。
　　　4．しおは　けんびきょうでも　みえない　おおきさに　なっている。
　　　5．わからない。

6. さんかくフラスコの なかの くうきを，ちゅうしゃきでぬきました。
   もし このときの ようすを，めで みることが できるとしたら，どのように なっていると おもいますか。つぎの 1〜6の なかから えらんでください。

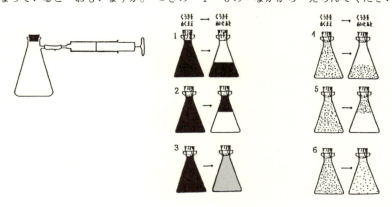

7. ちゅうしゃきを つかって つつのなかの くうきを おしこめました。
   おしこめるまえと おしこめたあとの つつのなかの くうきのようすを，もし めで みることが できるとしたら，どのように なっていると おもいますか。えにかいてください。

<u>おしこめるまえ</u>

<u>おしこめたあと</u>

資料3　沸騰しているやかんの口から出るゆげに関する応答結果（小学生）

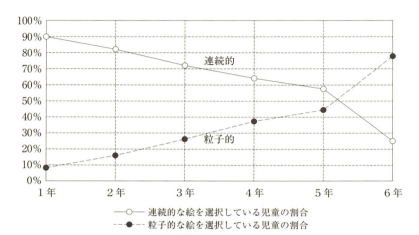

図1．ゆげの絵を選択させる問いの応答率の変化

（単位：人）

状態 学年	連続 薄い色	連続 濃い色	粒子 小さい	粒子 大きい	その他	合計
小学1年	60	9	3	3	1	76
小学2年	72	14	10	6	2	104
小学3年	52	17	23	2	2	96
小学4年	66	10	41	3	0	120
小学5年	60	12	53	2	0	127
小学6年	20	6	83	3	0	112
合計	330	68	213	19	5	635

資料4　冷凍庫のドアを開けた時に出る白いもやに関する応答結果（小学生）

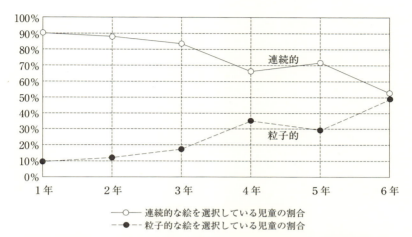

図2．冷凍庫のドアを開けた時に出る白いもやに関する問いの応答率の変化

（単位：人）

状態 学年	連続 薄い色	連続 濃い色	粒子 小さい	粒子 大きい	その他	合計
小学1年	55	13	4	3	0	75
小学2年	66	30	9	4	0	109
小学3年	54	26	12	4	0	96
小学4年	60	18	38	3	0	119
小学5年	59	32	29	8	0	128
小学6年	44	14	41	13	0	112
合計	338	133	133	35	0	639

資料5　ドライアイスを入れた透明な袋の膨張に関する応答結果（小学生）

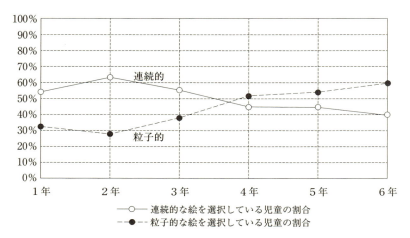

図3．ドライアイスを入れた透明な袋の膨張に関する問いの応答率の変化

(単位：人)

学年＼状態	連続 薄い色	連続 濃い色	粒子 小さい	粒子 大きい	その他	合計
小学1年	40	2	11	14	10	77
小学2年	37	13	8	14	7	79
小学3年	33	20	16	20	7	96
小学4年	33	20	40	21	6	120
小学5年	13	35	30	29	4	111
小学6年	22	21	44	21	4	112
合計	178	111	149	119	38	595

資料 263

資料6　インタビュー調査の問題と回答用紙
　　　　本研究で用いたインタビュー法の調査問題（教師用）
　　　　　　　　インタビュー調査問題

1．やかんにポットのお湯を移し，コンロにかける。児童・生徒に，やかんの加熱を続け，その中のお湯が沸騰している様子を観察させる。

やかんの口に関心をむけさせ
質問1　やかんの口から出ている白い物はなんですか。
質問2　やかんの口のすぐ近くはどうなっていますか。
質問3　この白いものは何だろうか。（水蒸気，水，空気，かな？）
質問4　この白い物は何にみえるだろうか。（粒？，粒ではない？）
質問5　白い物（ゆげ）のもとはなんですか。（水蒸気に関しては，小学4年で既習）
質問6　この時，やかんの中のお湯はどうなっていますか。

やかんの蓋をあけ，お湯が沸騰している様子を観察させる。
質問7　お湯の温度は何度ですか。（答えの後，温度計で温度を確認する）
質問8　やかんの中のお湯から蓋のところまでの間はどうなっているだろうか。
　　（もやもやしているかな？　すきとおっているかな？　さてどうなっているかな？）

2．やかんの中の様子を確認するために，コーヒーポットにお湯をいれ（透明な耐熱性のやかんがあればいいが，ないので），木の蓋をし加熱を開始する。

質問9　コーヒーポットの壁のガラスはどうなっているだろうか。（くもっている？）
質問10　この壁のガラスについているものは何だろうか。（水蒸気？　お湯？　ゆげ？）
質問11　口のところから出ている白い物（ゆげ）は，どこで白くなっているかな。

質問12　コーヒーポットのお湯の表面から蓋までの隙間は，どのようになっているだろうか。
質問13　コーヒーポットのお湯から蓋までの隙間には，何があるのだろうか。
質問14　この隙間を，もし目で見ることができるとしたら，どうなっているだろうか。その様子を絵に描いてみよう。（回答用紙を配布する）

3．ドライアイスをさらの上に置いて，なくなる様子を観察させる。

質問15　ドライアイスはどこにいってしまったのだろうか。
　　　　（さらのなかにきえた？　くうきのなかにきえた？　くうきとまじった？
　　　　どこかにいった？　など）

4．ビニールの袋にドライアイスを入れて口をしめる。しばらくし，袋がどんどんふくれる様子を観察させる。

質問16　ビニールの袋の中の様子を，もし，目でみることができるとしたらどうなっているだろうか。その様子を絵に描いてみよう。

本研究で用いたインタビュー法の調査の回答用紙（児童用）

<u>インタビュー調査問題　回答用紙</u>

がくねん　　　　ねん
なまえ
（おとこ　おんな）

しつもん1	
しつもん2	
しつもん3	
しつもん4	
しつもん5	
しつもん6	
しつもん7	
しつもん8	
しつもん9	
しつもん10	
しつもん11	
しつもん12	
しつもん13	
しつもん14	せんせいから　わたされた　べつの　かみに　かいて　ください。

しつもん15	
しつもん16	

資料　267

インタビュー問題回答用紙
　　　　　　　　　がくねん　　　　ねん
　　　　　　　なまえ
　　　　　　　　　（おとこ　おんな）

コーヒーポットの　なかのようす
おゆの　うえから　ふたまでの　あいだの　えを　かいてください。
えの　せつめいを　かける　ひとは，せつめいも　かいてください。

資料7　インタビュー時の児童の回答と児童が描いた絵（ドライアイスの気化・食塩の溶解）

4年生（成績下）

インタビュー調査問題　回答用紙

がくねん　　　ねん
なまえ
（おとこ　おんな）

しつもん1	ゆげ
しつもん2	とうめいに見える
しつもん3	つぶにみえなくてもやもやしている
しつもん4	おゆ
しつもん5	ぶくぶくしている
しつもん6	180℃
しつもん7	ゆげがもやもやして~~ている~~たまっている
しつもん8	あせになっていた
しつもん9	すいじょうき
しつもん10	ちょっとたってから白くなっている
しつもん11	とうめいになっている
しつもん12	あついすいじょうき
しつもん13	
しつもん14	せんせいから　わたされた　べつの　かみに　かいて　ください。

資料 269

4年生（成績下）

インタビュー問題回答用紙

がくねん　　　ねん
なまえ　　　　　　　　　　
　　　（おとこ　おんな）

<u>コーヒーポットの　なかのようす</u>
おゆの　うえから　ふたまでの　あいだの　えを　かいてください。
えの　せつめいを　かける　ひとは、せつめいも　かいてください。

1年生（成種中）

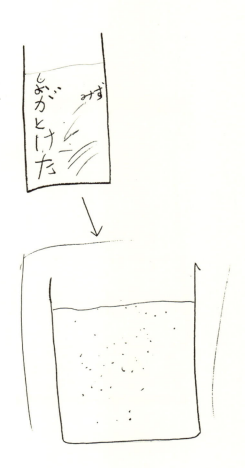

1年生（成績中）

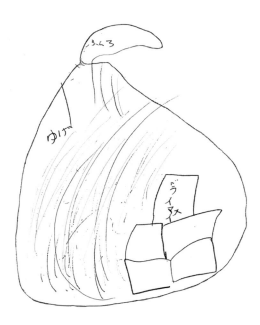

6年生（成績上）

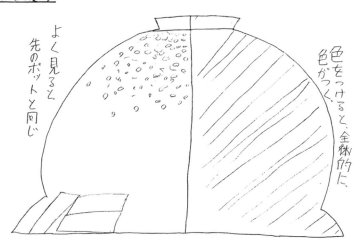

資料 273

資料8 インタビュー時に児童が描いた絵（水蒸気）
　　　調査結果のコピー（特徴的なもの）

1年生（成績中）

1年生（成績下）

5年生（成績下）

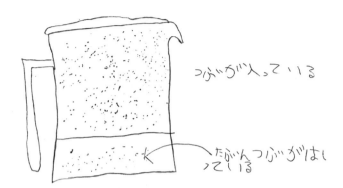

つぶが入っている

たぶんつぶがはいっている

5年生（成績上）

小さいつぶ
おゆ

◎もっと小さいつぶがたくさん集っていると思う。

資料 275

6年生（成種上）

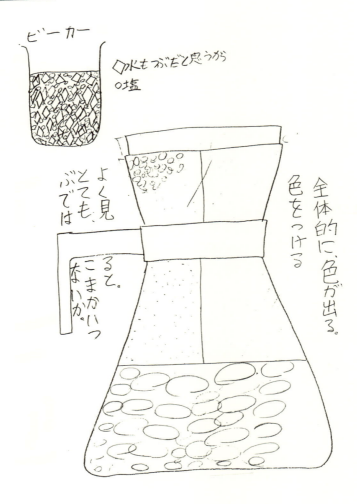

あ と が き

　本研究をすすめるにあたって，実に多くの方々からご指導，ご助言を賜りました。

　大髙泉先生（筑波大学人間系教授）には，ドイツ科学教育論研究に深く根ざした懇切なご教示と厳しくも温かいご指導を賜りました。先生には学位論文審査の主査の労をお取りいただき，博士論文執筆へのひとかたならぬご支援とご尽力をいただきました。先生の存在，そして先生の叱咤激励なくしては，本書のもととなった学位請求論文の完成はなかったと実感しております。先生が理科教育学研究に向き合う姿は，32年前，当時院生であった私が初めてお会いした時から全く変わらず，研究に行き詰まっている私を見ると，常に進むべき方向を示してくださいました。この学恩に報いるには本研究があまりにも拙いことを痛感しておりますが，心より深く感謝申し上げます。

　学位請求論文の審査にあたって，丁寧な査読をしていただき，貴重なご教示とご示唆を賜った塚田泰彦先生（筑波大学人間系教授），清水美憲先生（筑波大学人間系教授），吉江森男先生（元筑波大学人間系教授・現常磐大学人間科学部教育学科長），茂呂雄二先生（筑波大学人間系教授）に，心より御礼を申し上げます。

　さらに，筑波大学大学院在籍中は，故高野恒雄先生（筑波大学名誉教授）と長洲南海男先生（筑波大学名誉教授）のご指導を賜りました。お二人の先生の温かいご指導とご助言が，本書のもととなった学位請求論文の礎になったことはいうまでもありません。特に，長洲南海男先生には，調布学園調布中学高等学校の職を辞し大学院に入学した私に，研究のみならず院生生活につきましてもいろいろとご配慮いただきました。深く感謝申し上げます。

　また，前聖徳大学児童学部教授木下昭一先生（元都立向ヶ丘高等学校教諭）

と前十文字学園女子大学社会情報学部教授井口磯夫先生（元都立向ヶ丘高等学校教諭）は，私が教員を辞し，大学院へ進学することを後押ししてくださいました。あの時，両先生から背中を押していただいたからこそ，理科教育学研究者としての今の私があるのだと思っております。心より御礼を申し上げます。

　本書の刊行にあたっては，風間書房の風間敬子社長のお力添えをいただきました。風間社長のご支援がなければ，本書の刊行は実現しなかったと感じております。厚く御礼申し上げます。そして，実際に編集を担当していただいた斉藤宗親さんにも御礼申し上げます。

　お名前を記すことができなかった多くの方々にも，多大なご支援をいただきました。ここに，感謝申し上げます。

　最後に，絶えまない葛藤の中での論文作成にあたり，常に精神的な支えとなってくれた妻の敏栄，息子の啓，娘の秀に心からの愛と感謝を捧げます。

2016年1月

片平　克弘

著者略歴

片平克弘（かたひら　かつひろ）

昭和31年生まれ
昭和54年　筑波大学第一学群自然学類化学専攻卒業
昭和55年　調布学園調布中学高等学校教諭
昭和61年　筑波大学大学院修士課程教育研究科教科教育専攻修了
　　　　　（教育学修士）
平成１年　筑波大学大学院博士課程教育学研究科学校教育学専攻
　　　　　退学（昭和63年　教育学修士）
平成１年　鳴門教育大学助手学校教育学部
平成５年　放送教育開発センター助教授研究開発部
平成７年　埼玉大学助教授教育学部
平成17年　国立大学法人埼玉大学教育学部教授
平成20年　国立大学法人筑波大学大学院人間総合科学研究科准教授
平成24年　国立大学法人筑波大学人間系教授　博士（教育学）
平成26年　国立大学法人筑波大学附属小学校長
現在に至る

粒子理論の教授学習過程の構成と展開に関する研究

2016年1月31日　初版第１刷発行

　　著　者　　片　平　克　弘
　　発行者　　風　間　敬　子

発行所　　株式会社　風　間　書　房
〒101-0051　東京都千代田区神田神保町 1-34
電話 03(3291)5729　FAX 03(3291)5757
振替 00110-5-1853

印刷　太平印刷社　　製本　井上製本所

©2016　Katsuhiro Katahira　　　　　NDC 分類：375
ISBN978-4-7599-2105-2　　Printed in Japan

〈JCOPY〉〈(社)出版者著作権管理機構　委託出版物〉

本書の無断複製は，著作権法上での例外を除き禁じられています。複製される場合はそのつど事前に(社)出版者著作権管理機構（電話 03-3513-6969, FAX 03-3513-6979, e-mail: info@jcopy.or.jp）の許諾を得て下さい。